Manfred Höckert

SAUNA

Planung

Ausführung

Zubehör

Manfred Höckert

Sauna

Planung
Ausführung
Zubehör

11. Auflage

Mit 262 Bildern und 62 Tabellen

huss
HUSS-MEDIEN GmbH · 10400 Berlin

Bibliografische Information der Deutschen Nationalbibliothek

Die Deutsche Nationalbibliothek verzeichnet diese Publikation in der Deutschen Nationalbibliografie; detaillierte bibliografische Daten sind im Internet über http://dnb.d-nb.de abrufbar.

ISBN 978-3-345-00916-7

11., durchgesehene und leicht bearbeitete Auflage

Telefon: 030 42151-0, Fax: 030 42151-273
E-Mail: huss.medien@hussberlin.de
Internet: http://www.huss-shop.de

Eingetragen im Handelsregister Berlin HRB 36260
Geschäftsführer: Wolfgang Huss, Erich Hensler

Layout: HUSS-MEDIEN GmbH
Einbandgestaltung: HUSS-MEDIEN GmbH
Druck und Bindearbeiten: Mediaprint, Paderborn

In den vergangenen 29 Jahren, seit dem Erscheinen der 1. Auflage dieses Saunabuches, haben sich die Lebensumstände der Menschen und ihre Einstellung zum eigenen Körper verändert. Das größere Freizeitvolumen, das ständig wachsende Interesse an Erholung und das Bestreben, den Körper gesund zu erhalten, zu pflegen und zu trainieren sind Anreiz für eine ständig steigende Zahl von Menschen, das Saunabaden aufzunehmen und regelmäßig durchzuführen. Diesem Bedarf sind die Anbieter mit ihren Sauna-Bäder-Angeboten gefolgt. Die Anzahl an Familiensaunen hat auch erfreulich zugenommen.
War Sauna einst nur ein Wort aus dem Finnischen, wofür oft ein Fragezeichen stand, sind die Sauna und das Saunabaden heute zum Begriff geworden. Die Anbieter von öffentlichen Saunaanlagen sprechen heute von der Saunalandschaft, der Saunawelt, dem Saunaparadies und meinen damit viel mehr. Neben der klassischen finnischen Sauna werden Badeformen unter den unterschiedlichsten Bezeichnungen, die gelegentlich auch falsch und irreführend sind, angeboten. Diese Badeformen übersteigen prozentual gesehen sogar das Saunaangebot. Dabei ist man sich nicht immer sicher, was da tatsächlich angeboten wird – und Fragen tauchen auf:

- Welcher gesundheitliche Nutzen ist gegeben?
- Sind die Anwendungshinweise für den einzelnen Badenden immer richtig?
- Welches sind die für den einzelnen Badenden richtigen Klimawerte?

Beim Saunabad liegt eine klare Definition zum Wohle der Gesundheit vor:
Ein trockenes Heißluftbad mit 80 bis 100 °C Temperatur bei ca. 10 % relativer Luftfeuchte mit anschließender Abkühlung in kalter Luft unter Anwendung von kaltem Wasser – ein Wechsel zwischen kräftigen, kurzzeitigen Wärme- und Kältereizen.

Dem »Sauna-Boom« folgend, soll die 11. Auflage dieses Buches Ihnen bei der Planung und dem Bau Ihrer Sauna Anleitungen und Hinweise geben. Denn in meiner mehr als dreißigjährigen Tätigkeit als Architekt habe ich bei Beratungen und Besuchen von Anlagen immer wieder feststellen müssen, dass in Funktion und vor allem in der Bauausführung grobe Fehler gemacht werden; so z. B.:

- falsche Zuordnung der Funktionsräume zueinander
- bauphysikalische Mängel als Folge von »Sparmaßnahmen« und Einsatz ungeeigneter Materialien
- Einbau von ungeeigneten Lüftungsanlagen
- Nichtbeachten der geltenden Sicherheitsbestimmungen und der Forderungen des bautechnischen Brandschutzes.

Ich will versuchen, in diesem Buch darzustellen, dass der Bau einer Saunaanlage, ob groß oder klein, ob sparsam oder etwas luxuriöser, ein selbstverständliches Vergnügen sein kann, das weder hochtrabender Detailkenntnisse noch einer schweren Brieftasche bedarf. Auch das Bauen sollte – wie alles rund um das Saunabaden – Freude machen und nicht durch »Stress« verdorben werden. Es braucht jedoch immer eine fachkundige Anleitung oder Beratung.

Das Buch soll Anregungen geben und zeigen, wie auch Sie zu Ihrer »Finnischen Sauna« – gleich welcher Art und Größe – kommen können und welche Parameter zu beachten bzw. für Sie wichtig sind. Denn es ist nicht damit getan, irgendeine Kabine zu erwerben und sie irgendwie und irgendwohin zu stellen, um eine Sauna zu betreiben. Ich will ich Ihnen die Funktionszusammenhänge deutlich machen und die unterschiedlichsten Konstruktionsmöglichkeiten – vor allem Details – erläutern. Denn gerade die Ausbildung der durch Wärme, Kälte, Feuchte und Wasser bauphysikalisch hoch beanspruchten Bauteile ist in Bezug auf Materialauswahl und -anwendung, auf Energieverbrauch und physiologische Effekte von besonderer Bedeutung.

Dieses Buch

- macht die Sauna transparent
- zeigt die Anwendung
- bietet ausführliche Beschreibungen sowohl für die eigene als auch für eine gewerblich genutzte Anlage
- zeigt zahlreiche Details der wichtigsten Konstruktionsteile
- zeigt eine Reihe von gut gelösten Anlagen
- zeigt eine Reihe empfehlenswerter Angebote an Kabinen und Zubehör
- beschreibt alle Räume mit den zu erfüllenden Bedingungen und
- gibt einen Überblick über Saunahersteller und -anbieter.

Außerdem finden Sie Wissenswertes über Saunaklima, die physiologische Wirkung der Sauna und die Baderegeln.

Manfred Höckert

INHALTSVERZEICHNIS

KURZE HISTORISCHE EINFÜHRUNG

Die Sauna ist wohl die gebräuchlichste und beliebteste Form des Steinschwitzbades. Sie hat sich in der heutigen Zeit dank ihrer außergewöhnlich guten Verträglichkeit und unkomplizierten Anordnung und Nutzung stark verbreitet.
Bereits 1924 soll es in Wünsdorf bei Potsdam die erste Sauna in Deutschland gegeben haben. Nachweisbar ist jedoch, dass eine Familie Moldenhauer, die lange in Finnland lebte, ab 1932 in Berlin eine öffentliche Sauna betrieb.

Vorgeschichte – Steinschwitzbad

Die Vorgeschichte der Sauna ist in den Steinschwitzbädern zu suchen. Eine Badeform, die besonders in den kalten und gemäßigten Zonen der nördlichen Halbkugel unserer Erde weit in die Frühgeschichte der Menschheit zurückgreift.
Aus dem Inneren Asiens kommend, hat sich das **Steinschwitzbad** weiter verbreitet. In Korea und Japan finden wir ebenfalls diese Form des Badens. Die Griechen haben es bei den asiatischen Völkern kennen gelernt, von ihnen übernahmen es die Römer. Auch die Finnen sollen die Saunagewohnheiten aus ihrer asiatischen Heimat vor ca. 2000 Jahren nach Finnland gebracht haben.

vor ca. 2000 Jahren nach Finnland gebracht

Aufgeschichtete Steine, unter denen ein Holzfeuer brennt, werden erhitzt. Sie erwärmen den Schwitzraum. Durch das Übergießen mit Wasser wird Dampf erzeugt. Das ist die Grundlage. In den ländlichen Gebieten Finnlands hat sich die Ursprünglichkeit dieses Steinschwitzbades in der Form der **Rauchsauna** erhalten. Ein einfaches Blockhaus; ein lose aufgeschichteter Berg Feldsteine, unter dem ein Feuer brennt, erhitzt den Raum. Der Rauch durchzieht diesen Raum und gelangt dann durch die Tür oder spezielle Rauchöffnungen ins Freie. Wenn die gewünschte Temperatur erreicht ist, wird das Feuer gelöscht, und das Baden kann beginnen. Mehr oder weniger tief in die Erde eingegrabene Blockhäuser, auch als »**Erdsaunen**« bezeichnet, sind typisch für diese Saunaart. Der Einsatz der geschlossenen Öfen und schließlich der elektrischen Saunaöfen bot die Möglichkeit, die Sauna nach altem Vorbild in die Wohnhäuser der Dörfer und Städte einzubauen.

Rauchsauna

Erdsauna

nicht alles was warm ist, ist auch eine Sauna

Verwandte Schwitzbäder aus vielen Epochen der Zeitgeschichte begegnen dem Interessierten in der Literatur oder beim Besuch fremder Länder. Sie unterscheiden sich jedoch alle in ihrer Badeform, Badetemperatur und Wirkungsweise von der finnischen Sauna – denn nicht alles was warm ist, ist auch eine Sauna.

- So kennen wir die Erzählungen über das Dampfbad bereits aus den altgriechischen Mythen, als eine kultähnliche Badehandlung in beheizten Steinräumen

Bild 1.1 *Erdsauna*

mit Temperaturen zwischen 45 bis 50 °C bei reichlicher Wasseranwendung und Waschungen mit Warmwasser und Seife.

- Die Griechen kannten die Schwitzbadgewohnheiten von den asiatischen Stämmen und nutzten das trockene Heißluftbad mit anschließendem Kaltwasserbad.

römische Thermen

- Noch heute können wir die Reste der **römischen Thermen** bewundern und sind fasziniert von der Ausstattung und der technischen Ausführung. Die Thermen waren sowohl zentraler Punkt der Gesundheitspflege als auch kultureller Veranstaltungen. Durch die Aufzeichnungen der Philosophen und Geschichtsschreiber erfahren wir viele Einzelheiten über die Baderituale und auch darüber, in welcher Weise die Römer die Badeformen der Griechen übernahmen (z. B. haben die Römer den Namen des Schwitzbades nach dem Ursprungsort dieser Badeform, dem Spartaner-Bad, gewählt und nannten es Laconicum). Durch die Römer kamen die Thermen auch in die durch sie besetzten Länder. Diese bildeten die Grundlage des Badewesens (z. B. arabisches oder türkisches Bad).
- Die Japaner kennen ein Schwitzbad anderer Art: »**Ofuro**« – ein Heißwasserbad dient zur Wärmeeinleitung am Körper. Anschließend wird der Körper, in ein Laken gewickelt, in Ruhestellung der Schwitzprozedur unterzogen.

russisch-römisches Bad

- Das **russisch-römische Bad** – mitunter auch als römisch-irisches Bad bezeichnet – verfügt im Allgemeinen über einen Warmluft-, einen Heißluft- und einen Dampfraum bei Temperaturen um 50 °C und einer Luftfeuchte über 75 %.

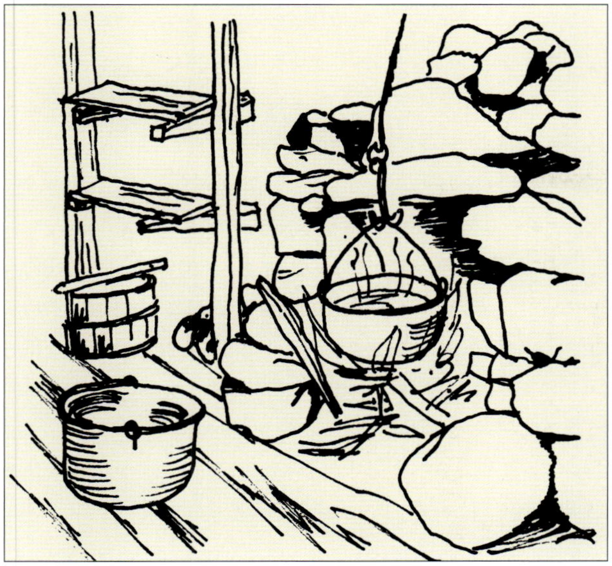

Bild 1.2 Saunaofen in einer alten finnischen Rauchsauna

Bild 1.3 Rauchsauna

Diese nacheinander zu benutzenden Räume werden ergänzt durch Warm- und Kaltwasserbecken sowie Duschen.

- **Russische Banja** – die »Schwester« der finnischen Sauna. Ursprünglich der gleiche Ausgangspunkt, das Steinschwitzbad, wurde die Banja mehr und mehr zur Badestube entwickelt, mit Körperreinigung und großzügiger Wasseranwendung. Die Lufttemperatur liegt bei 40 bis 50 °C. Die Raumluft wird durch das Übergießen heißer Steine mit Wasser bis zur Sättigung, d. h. bis zur Nebelbildung, angereichert. Das Bad wird als Wechselbad mit Abkühlung durch kaltes Wasser und Aufenthalt in der Außenluft angewendet.
- **Badestuben** mit Schwitzbädern, die der Sauna entsprechen, waren in Mitteleuropa bis zum 17., Anfang des 18. Jahrhunderts in Stadt und Land Stätten des Wohlbefindens für Gutbetuchte. Aus den Überlieferungen erfährt man von der Beliebtheit der saunaähnlichen Körper- und Gesundheitspflege, die in allen Ständen und Schichten über viele Jahrhunderte hinweg gepflegt wurde. Für den Niedergang der öffentlichen Badestuben gab es eine Vielzahl von Gründen. Es seien hier nur genannt: Kriege, Zerstörungen, Entvölkerung, wirtschaftliche Schwierigkeiten und – nicht zuletzt – der damals große Einfluss der Kirche.

Sauna-Boom der Neuzeit

Erst seit den 20er Jahren des 20. Jahrhunderts fand die finnische Sauna hierzulande wieder lebhaftes Interesse, da mehr und mehr die gesundheitsfördernde Wirkung dieses Bades bekannt wurde. Es hat sich ein regelrechter Sauna-Boom entwickelt, denn in der Sauna finden die Menschen unserer Tage Ruhe, körperliche Erholung und psychische Entspannung, Stärkung der Körperfunktionen und Wohlbefinden, also genau das, was sie im hektischen Alltag kaum noch finden.

Begriffs-Wirrwarr

In den letzten Jahren hat sich ein **Begriffs-Wirrwarr** um die Warmluftbäder herausgebildet, alles und jedes wird mit dem Begriff »Sauna« verbunden. So finden wir die Namen Saunarium, Bio-Fire-Sauna, Dampfsauna, Bauernsauna, Meditationssauna, Steinsauna etc.: Eine Vielzahl unterschiedlicher Badeformen und Badekombinationen, die in Fitnessstudios und Erlebnisbädern, sinnvoll ergänzt durch therapeutische Maßnahmen, angeboten werden und die jede Einzelne und in den jeweiligen Kombinationen ihre eigenen besonderen Erlebnisformen und Reize bietet – aber bitte unter den richtigen fachlichen Bezeichnungen des Bades anbieten und nicht unter dem Sammelnamen »Sauna«, denn: Mit der klassischen finnischen Sauna haben all diese Badeformen nichts zu tun; vielmehr handelt es sich um verschieden temperierte Warmluftbäder. Auch sollten Begriffe wie »**trockene Sauna**« und »**nasse Sauna**« aus dem Sprachgebrauch gestrichen werden.

All diese einzelnen Bäder und Badeformen stellen, bedingt durch ihre speziellen Raumtemperaturen in Verbindung mit der relativen Luftfeuchte und den Dampf-Anwendungen, jeweils sehr unterschiedliche bauphysikalische Anforderungen an ihre bauliche Hülle.

die Sauna ist ein Wechselbad

kurzzeitiger Wechsel zwischen kräftigen Wärme- und Kältereizen

Die Frage »Was ist Sauna?« kann mit dem Vorgang der Badeanwendung beantwortet werden: **Die Sauna ist ein Wechselbad**. Ein Saunabad beruht auf dem wiederholten Wechsel zwischen dem Aufheizen des Körpers in einem heißen, relativ trockenen Raum, der Sauna, und dem gezielten Wiederabkühlen unter Anwendung von kaltem Wasser und kalter Luft – also einem Wechsel zwischen kräftigen, kurzzeitigen Wärme- und Kältereizen.

Bei uns versteht man unter dem Begriff »**Sauna**« die Einrichtung, in der man ein Saunabad nehmen kann. Dabei ist die Sauna im engeren Sinn das Herz der Saunaanlage, also die hölzerne Kabine mit den aufsteigenden hölzernen Bänken und dem Ofen mit aufgelegten Steinen. Dessen Aufgaben sind die Erzeugung der für die Sauna typischen Temperaturen – von 80 bis 100 °C im oberen Badeteil – und die Mitwirkung bei der Regulierung der Luftfeuchte.

2 CHARAKTERISTIK DER SAUNA

Das Saunabad ist ein **Wechselbad in trocken-heißer Luft bei Temperaturen von 80 bis 100°C** mit anschließender Abkühlung in kalter Luft unter gleichzeitiger Anwendung von Kaltwasser in Form von Güssen, Duschen oder in Tauchbecken. Für die Wirkung des Saunabades sind beide Phasen, **Erwärmung und Abkühlung, von gleicher Bedeutung**.

2.1 Das Saunaklima

Faktoren für ein bekömmliches Saunaklima

Folgende **Faktoren** sind für ein bekömmliches Saunaklima wesentlich:

- ausreichend hohe Lufttemperatur
- zugfreier Luftwechsel
- saubere und sauerstoffreiche Luft in ausreichender Menge
- niedrige Luftfeuchte
- milde Wärmerückstrahlung von den Holzteilen
- geringe seitliche Wärmestrahlung des Saunaofens.

Temperaturgefälle

Die **Temperaturen** der Luft und der begrenzenden Holzflächen sollen an der Decke etwa 100°C betragen; mit einem Temperaturgefälle von 60 K zum Fußboden hin werden dort 40°C erreicht (Bild 2.1).

Der Wassergehalt der Saunaluft beträgt 10 bis 30 g Wasser je m^2 Raumluft, d. h.:

2 bis 5 % relative Feuchte bei 100°C
3 bis 10 % relative Feuchte bei 80°C
5 bis 15 % relative Feuchte bei 70°C
8 bis 23 % relative Feuchte bei 60°C.

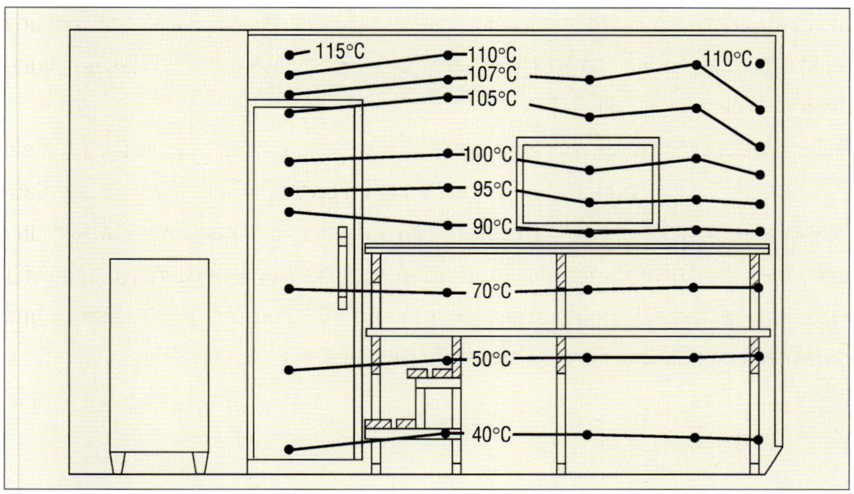

Bild 2.1 *In einer gut geheizten Sauna besteht eine Temperaturdifferenz vom Fußboden zur Decke von etwa 60 bis 70 K (nach P. Piironen und E. Aikäs, 1960)*

relative Feuchte

Die unterschiedlichen Werte der relativen Feuchte sind auf die mit der Temperatur steigenden Sättigungswerte zurückzuführen, zu denen der vorhandene Wassergehalt der Luft ins Verhältnis gesetzt ist.

Einflüsse auf die Luftfeuchte in der Sauna

Folgende Faktoren haben einen Einfluss auf die Luftfeuchte in der Sauna:

- der atmosphärische Dampfdruck in der Umgebung, mit der sich der Luftwechsel des Saunaraumes vollzieht (Freiluft, benachbarte Funktions-, insbesondere Nassräume)
- die Art der Be- und Entlüftung (Bild 2.2)
- Sorbtionseigenschaften der Innenauskleidung des Saunaraumes
- Schweißverdunstung der Badenden
- Wasserabgabe der Atemorgane mit der Ausatmungsluft
- Verwendung von Wasser in der Saunakabine zu Reinigungszwecken
- Handhabung des Dampfstoßes durch Wasseraufguss auf die Steine.

Bild 2.2 *Schematische Darstellung des auf modernen Erkenntnissen beruhenden Entlüftungssystems*
Ständige Frischluftzufuhr und Abtransport der feuchten und verbrauchten Luft sind wichtige Faktoren für ein gutes Saunaklima.

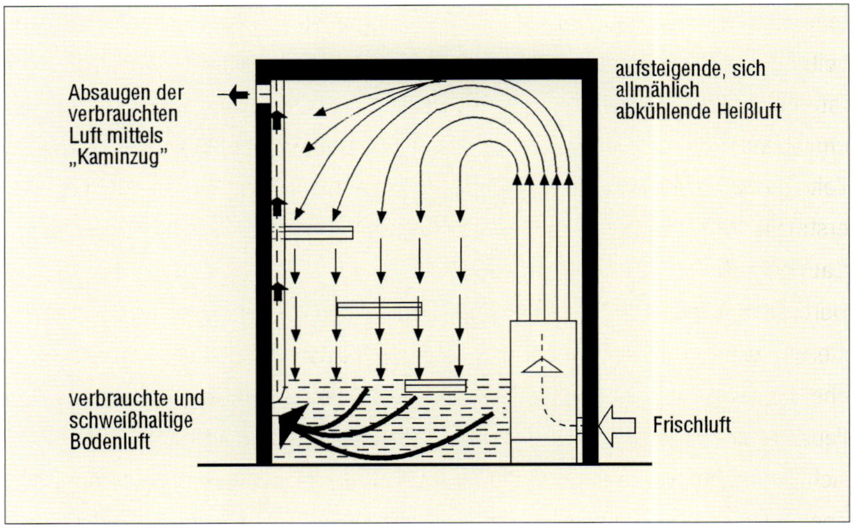

Anwendung von Aufgüssen (finnisch: Löyly)

Die hohe Temperatur im Saunaraum wird durch spezielle Saunaöfen garantiert, die außerdem die **Anwendung von Aufgüssen** (finnisch: **Löyly**) gestatten. Durch den Aufguss wird die Luftfeuchte in der Saunakabine für kurze Zeit erhöht. Der Badende erfährt einen zusätzlichen Wärmereiz und reagiert mit verstärktem Schweißausbruch. Für den Aufguss rechnet man mit 10 bis 15 g Wasser/m^2 Raumluft (Wichtig: Wassermenge gering halten, sonst Überfeuchtung des Raumes).

2.2 Physiologische Wirkung der Sauna

2.2.1 Der Wärmeübergang auf den menschlichen Körper

In der extremen Temperatursituation der Sauna bewirkt die hohe Umgebungstemperatur, dass der Körper Wärme aufnimmt, d. h., dass sein Wärmegehalt während des Bades ansteigt. Der zwischen Körper und Umgebung auftretende Wärmeaustausch vollzieht sich als Konvektion, Wärmestrahlung und Wärmeleitung.

Temperatursituation der Sauna

Die Wärmeaufnahme aus der Luft ist bei einem in der Sauna weilenden Badenden gering; auch die durch Wärmeleitung aus der heißen Bank in den Körper übergehende Wärmemenge ist nicht erheblich. Für Konvektion und Wärmeleitung wurden Werte um 279 W bestimmt.

Von größerer Bedeutung ist die **Wärmeaufnahme des Körpers** in der Sauna aus der Einstrahlung von Decke und Wänden. Beträgt in der Sauna die Durchschnittstemperatur von Decke und Wänden 80 °C, so werden dem Körper 1535 W zugestrahlt. Die Differenz zwischen der Zustrahlung und der Abstrahlung der mindestens 37 °C warmen Haut beträgt 558 W, das Doppelte der Wärmeaufnahme durch Leitung und Konvektion. Daraus ergibt sich, dass eine Sauna nicht nur Lufttemperaturen bis 100 °C aufweist, sondern dass dem auch die Strahlungstemperatur der umgebenden Bauteile entsprechen muss. Die Sauna braucht beim Aufheizen eine Zeit von 30 bis 60 Minuten über den Zeitpunkt hinaus, an dem das Thermometer erstmalig 100 °C Lufttemperatur unterhalb der Decke angezeigt hat. – **Dann ist die Sauna »reif«**.

Wärmeaufnahme des Körpers

»Dann ist die Sauna reif«

Durch die genannte Wärmeaufnahme würde die Körpertemperatur sehr steil ansteigen, wenn nicht ein Teil der Wärme durch Verdunstung an der Körperoberfläche verbraucht würde. Für die **Verdunstung über die Haut** spielt die absolute Feuchte eine Rolle. Wird die Luftfeuchtigkeit kurzfristig durch den Aufguss absichtlich erhöht, verringert sich die Möglichkeit der Wärmeabführung an der Hautoberfläche durch Verdunstung, und es tritt ein Wärmestau ein, der äußerlich durch starke Schweißbildung sichtbar wird.

2.2.2 Wirkung der Sauna auf den menschlichen Körper

Das Saunabad ist gekennzeichnet durch eine **Summe von Reizen** auf den menschlichen Organismus wie:

Summe von Reizen auf den menschlichen Organismus

- thermische Einwirkungen durch Saunawärme in der Wärmephase und Abkühlen des Körpers in kühler Luft oder durch kaltes Wasser

- kurzfristige Veränderungen der Luftfeuchte durch Aufgüsse
- mechanische Einwirkung durch Massage mit Birkenbüscheln oder Bürsten oder durch Regen- und Stacheldusche
- mehrmaliger Wechsel dieser Faktoren während des Saunabades.

Wärmeaufladung des Körpers

Trotz der **Kühlwirkung der Schweißverdunstung** steigt in der Sauna die Körpertemperatur an, es kommt zur **Wärmeaufladung** des Körpers über den Normalbereich hinaus.

Die Hauttemperatur steigt in der Sauna um etwa 10 K an; die Subkutan- und Muskeltemperaturen verlaufen ähnlich, woraus sich eine starke Erwärmung der gesamten Körperschale ergibt. Die Kerntemperatur steigt um 0,5 bis 1 K. Nach Verlassen des Saunaraumes und nach der Abkühlung erreichen die Körpertemperaturen in kurzer Zeit wieder die Normalwerte.

Folgende Faktoren bestimmen den Wärmehaushalt beim Saunabad:

- Lufttemperaturen im Aufenthaltsbereich des Badenden
- Feuchtigkeitsgehalt der Luft
- Luftbewegung
- Dauer der Wärmeeinwirkung (Bild 2.3)
- Verhältnis zwischen Körperoberfläche und Masse des Badenden
- Wärmeleitfähigkeit der Körperdecke
- Durchblutungsgrad der Haut und des Unterhautzellgewebes
- Grad der Schweißbildung
- Sekretionsleistung der Atemwege
- Bewegungsverhalten des Saunabadenden.

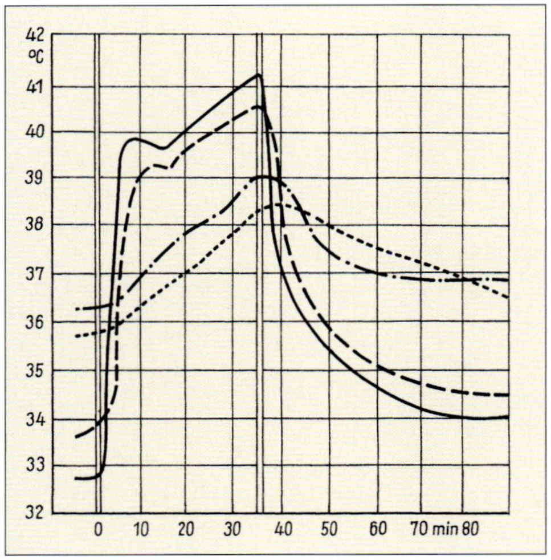

Bild 2.3 *Veränderung der Körpertemperaturen während eines Saunabades von 36 min Dauer bei 100 °C Lufttemperatur, 2 % Luftfeuchtigkeit, 10 bis 20 cm/s Luftbewegung*

——— *mittlere Hauttemperatur*

- - - - - - - *Temperatur des subkutanen Gewebes (Unterhautgewebe)*

- · - · - · - *Mediastinaltemperatur (Mittelfelltemperatur)*

.... *Muskeltemperatur*

Messungen verschiedener Autoren ergaben, dass das Saunabad **aktivierend auf die Stoffwechselvorgänge** des Körpers einwirkt; als Mittel zur Gewichtsabnahme ist die Sauna jedoch nicht geeignet. *Fritzsche* stellt fest, dass sich Atemtiefe und -frequenz beim normalen Verweilen (empfohlene Dauer unter Muskelruhe) in der Sauna nicht verändern, obwohl das Sauerstoffangebot vermindert und die O_2-Bindung des Blutes temperaturgemäß verringert ist.

Der Aufenthalt im Freiluftbad behebt einen in der Wärme entstandenen Sauerstoffmangel schnell. *M. v. Ardenne, Lippmann* und *Krauss* empfehlen die Anreicherung der Einatmungsluft mit Sauerstoff (O_2-Sauna).

Verbesserung der Atemwerte

Nach der Abkühlung kann eine Verbesserung der Atemwerte (Atemgrenzwert, Vitalkapazität, Atemstoßtest) verzeichnet werden, was in Verbindung mit Sekretverflüssigung die günstige Wirkung beim Bronchialasthma erklärt.
Im Durchschnitt werden 20 bis 30 g Schweiß pro Minute abgesondert, wovon 10 g/min verdunsten; der Rest bedeckt den Körper in Form von Schweißtropfen. Konstitutionelle und dispositionelle Gesichtspunkte können sich auf die Schweißmenge auswirken. Durch regelmäßiges Saunabaden wurde ein gewisses Training des Schwitzvermögens beobachtet. Mit dem Schweiß werden Elektrolyte, Natriumchlorid, Kaliumchlorid ausgeschieden, wobei die Kaliumverluste durch Obst oder Fruchtsäfte wieder ersetzt werden sollten. Außerdem werden andere Substanzen wie Milchsäure, Eisen und Harnstoff ausgeschieden.

Training des Schwitzvermögens

Die großen Wasserverluste infolge des starken Schwitzens versucht der Körper durch Einschränkung der Harnbildung (Diuresehemmung) auszugleichen. Die Einschränkung der Elektroytabgabe mit dem Harn gleicht jedoch die vermehrte Ausscheidung über die Haut nicht aus. Wird während oder gleich nach dem Bad Flüssigkeit zugeführt, entfällt der Effekt der Diuresehemmung.

Ansteigen der Körpertemperatur

Durchblutung

Die kühlende Wirkung der Schweißverdunstung kann nicht verhindern, dass es zu einem Ansteigen der Körpertemperatur kommt. Die starke Wärmeaufnahme erfordert eine Steigerung des konvektiven Wärmetransportes, d. h., der Körper versucht, durch eine stärkere Durchblutung der Körperdecke (Erweiterung der Blutgefäße), insbesondere der Haut und der Schleimhäute an den Luftwegen, sowie die Eröffnung arteriovenöser Kurzschlussverbindungen entlastend zu wirken. Dadurch sinkt der periphere Widerstand, der Venendruck steigt an. Ebenso steigen die Blutströmungsgeschwindigkeiten, die durchschnittliche Herzfrequenz und das Minutenvolumen. Um den anfallenden Blutbedarf zu decken, werden Blutspeicher im Bauchraum entleert. Die **coronare Durchblutung** ist während der Wärmephase deutlich verbessert (Tabelle 2.1). Im EKG konnten keine krankhaften Reizbildungen oder Reizleitungsstörungen festgestellt werden. In der Sauna sinkt zu hoher Blutdruck (Hypertonie), zu niedriger Blutdruck (Hypotonie) steigt an (stimulierende Wirkung der Sauna – Tabelle 2.2).

Normalisierung der Werte

Die Anwendungen der **Abkühlphase** führen zur Normalisierung der Werte, wobei sich das kalte Tauchbecken belastend auf Herz und Kreislauf auswirkt und starke Druckanstiege auslöst.

Tabelle 2.1 Wirkung der Wärmephase auf Herz und Kreislauf

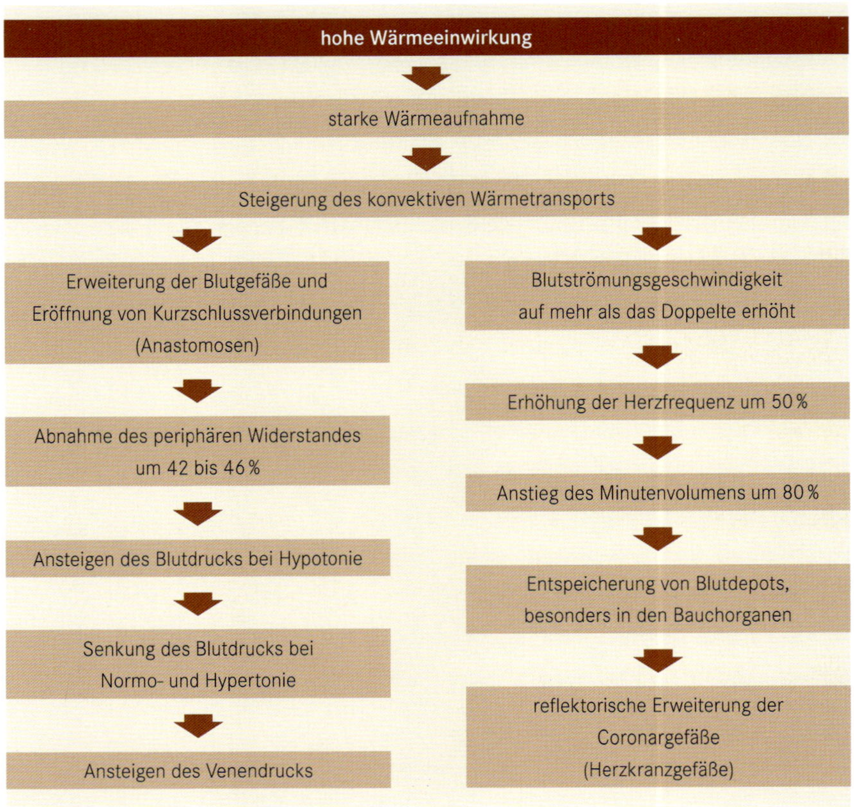

positive Wirkungen des Saunabades

Die Sauna wirkt auf das **vegetative Nervensystem** im Sinne der Umstimmung ein. Im Allgemeinen empfindet der Badende nach dem Saunabad Ruhe und ein angenehmes Gefühl der Entspannung.

Sonstige positive Wirkungen des Saunabades:
Auf die Drüsen der inneren Sekretion wirkt das Saunabad im Sinne der Anregung. Außerdem hat es einen Einfluss auf Immunprozesse.

Tabelle 2.2 Der arterielle Blutdruck unter Saunabedingungen

Versuchspersonen Anzahl und Geschlecht	Blutdruckwerte vor der Sauna	nach 1 min Sauna	nach 5 min Sauna	nach 10 min Sauna	nach 20 min Sauna	nach kalter Dusche und 5 min Ruhe	nach 10 min Ruhe nach 2. Saunagang
38, männlich	127/84	123/86	126/84	128/82	130/79	124/83	125/80
22, weiblich	120/80	117/78	113/75	112/74	119/70	113/74	109/61
18, männlich	172/111	160/109	157/105	156/100	154/93	149/98	143/85
25, weiblich	205/117	187/107	171/105	160/103	151/98	177/103	160/93

I. = Wärmephase	II. = Abkühlphase
Entspannung von Muskeln und Psyche	Sauerstoffsättigung des Blutes
Schweißabsonderung, Entschlackung	Übung der peripheren Blutgefäße
ggf. Normalisierung des arteriellen Blutdrucks	Normalisierung der Körpertemperaturen
Überwärmung des Körpers	psychischer Effekt der Erfrischung, Anregung

I. und II. = Saunabad insgesamt
Hautreinigung und Anregung der Zellneubildung
Übung des Herzens und der Kreislaufanpassung
Abhärtung, Steigerung der Abwehr gegen Infekte
Anregung des Hypophysen-Nebennierenrinden-Systems

Tabelle 2.3 *Wirkungen des Saunabades*

In der Sauna konnte man eine weitgehende Entspannung hypertoner Muskulatur und eine Auflockerung narbig verschrumpften Bindegewebes feststellen. Versteifte Extremitäten und Wirbelsäulengelenke konnten in ihrer Beweglichkeit verbessert werden (Tabelle 2.3).

2.2.3 Saunabaden kann helfen ...

Heilanzeigen

- bei katarrhalischen Infekten und Erkältungskrankheiten
- bei Hautkrankheiten, wie Hautunreinheiten, Furunkulose, Ekzemen, nichtparasitäre Hautkrankheiten
- bei Nachbehandlung von Unfallverletzungen
- bei Herz- und Kreislaufkrankheiten wie Hypotonie, bestimmten Formen der Hypertonie, peripheren Kreislaufstörungen, Durchblutungsstörungen des Gehirns und des Herzens
- bei Stoffwechselstörungen wie Diabetes, Fettsucht

- bei allergischen Krankheiten
- bei vegetativen Störungen
- bei Erkrankungen des Bewegungs- und Stützapparates wie Muskelrheumatismus, Gelenkentzündungen, Ischialgie, Spondylosis
- bei Kinderkrankheiten wie Erkältungsneigung, sich chronisch wiederholenden Katarrhen der Luftwege, Keuchhusten, Appetitlosigkeit
- bei Frauenkrankheiten wie Störungen der Regelblutung, Störungen durch hormonelle Unausgeglichenheiten in den Entwicklungs- und Wechseljahren, chronisch entzündeten Eierstöcken und Eileitern.

2.2.4 Saunaverbot

Saunaverbot

Ein Saunaverbot besteht bei folgenden Erkrankungen:

- Herzklappenfehler
- Überfunktion der Schilddrüse
- aktiver Tuberkulose
- akuter Herz- und Kreislauferkrankung
- voll ausgeprägten Magen- und Darmgeschwüren
- reizbaren Formen vegetativer Störungen
- Fieberkrankheiten
- akuten Infektionsformen
- bösartigen Geschwülsten
- akuten Haut- und Geschlechtskrankheiten
- Epilepsie und anderen Gehirnkrankheiten mit leicht auslösbaren Krampfzuständen
- verschiedenen Augenkrankheiten.

Achtung: Davon betroffene Personen dürfen, wenn überhaupt, nur unter ärztlicher Kontrolle die Sauna benutzen!

2.2.5 Saunaverträglichkeit

Wer laufen kann, verträgt die Sauna auch

Ein Mensch der gesund ist, kann in die Sauna gehen. Eine **finnische Saunaregel** sagt: »Wer laufen kann, verträgt die Sauna auch«. Etwa 95 % der finnischen Bevölkerung suchen regelmäßig die Sauna auf – das spricht für die Saunaverträglichkeit. Einschränkend kann erwähnt werden, dass eine so umfassende Nutzung der Sauna Sicherheit und Gewöhnung über Generationen voraussetzt, wie es eben in Finnland Tradition ist. In Zweifelsfällen sollten Saunainteressenten ihren Arzt konsultieren.

2.2.6 Sauna im Sport

Saunabad wirkt konditionsverbessernd

Durch die Durchblutungssteigerung der Muskulatur, die Anregung des Muskelstoffwechsels und anderer Wirkungsmechanismen wirkt das Saunabad konditionsverbessernd. Es konnten Umfangszunahmen der Extremitäten um 4 bis 5 % und eine Zunahme der Muskelkraft durch regelmäßiges Saunabaden festgestellt werden.

Sauna nach Training und Wettkampf

Eine wichtige Funktion hat die Sauna nach dem Training bzw. dem Wettkampf. Es kommt zum beschleunigten Abtransport von Zwischen- und Endprodukten des Muskelstoffwechsels (Milchsäure, Phosphorsäure), dadurch rasch zur Erholung. Die Dehnbarkeit und Elastizität des Bewegungsapparates nimmt infolge der Durchwärmung deutlich zu, was zu einer **verbesserten Geschicklichkeit und Beweglichkeit** der Sportler führt. Bei verschiedenen kleineren Sportverletzungen und Schäden am Bewegungsapparat wirkt die Sauna beschleunigend auf den Heilverlauf und schmerzlindernd. Während des Konditionstrainings sollte die Sauna ein- bis zweimal wöchentlich aufgesucht werden, am besten nach dem Training. Unmittelbar vor dem Wettkampf ist ein Saunabesuch nicht angezeigt.

2.2.7 Kinder in der Sauna

Abhärtung und Stärkung

Kinder baden erfahrungsgemäß gern in der Sauna. Abhärtung und Stärkung der **Widerstandsfähigkeit** gegen Infekte mag die typische Saunabegründung für Kinder sein. Gestörte Kreislaufregulationen in bestimmten Wachstumsperioden können durch regelmäßiges Saunabaden gebessert werden.

Erziehung

Erziehung zur Reinlichkeit, Körperhygiene sowie Aspekte der Sexualerziehung sind weitere positive Gesichtspunkte.

Kinder können nach den gleichen Prinzipien baden wie Erwachsene, jedoch sollten die **Reize vorsichtig dosiert** werden.

2.2.8 Gesundheitliche Gegensätze zwischen Sauna und anderen Schwitzbädern

Die in den Abschnitten 2.1 und 2.2 beschriebenen charakteristischen Merkmale, Mechanismen und Wirkungen sind nur für die Sauna zutreffend. Für andere

Schwitzbadformen, sei es das russisch-römische Bad oder Heißluftbad, treffen die genannten Kriterien nicht zu, da bei diesen Einrichtungen andere Werte (Temperatur, Luftfeuchte) vorliegen. Wissenschaftliche Untersuchungen haben gezeigt, dass ein Heißluftbad nicht den gleichen prophylaktischen und therapeutischen Wert wie ein Saunabad hat.

In der Sauna wird eine Überwärmung des Körpers bereits in der kurzen Zeit von 8 bis 12 min erreicht, wofür im Heißluftbad bis zu 30 min nötig werden. Außerdem entfällt hier das wirksame Einatmen der heißen Luft. Die Erfolge der Sauna für das Training des Kreislaufes durch den mehrfachen Wechsel von Wärme- und Abkühlphase können ebenfalls nicht auf das Heißluftbad übertragen werden.

Verwechslungen vermeiden

Verwechslungen sind zu vermeiden; keinesfalls dürfen die für die Sauna ermittelten Bedingungen und Wirkungen auf andere Schwitzbadformen übertragen werden.

2.3 Sauna und Gesundheit

Ausgleich nachteiliger Lebensformen

Stärkung des Gesundheitszustandes

Die Sauna deckt ein echtes Bedürfnis der Menschen unserer Zeit. Sie finden hier körperliche und seelische **Entspannung** und damit einen Ausgleich zu den nachteiligen Lebensformen. Die Sauna wird von den meisten Besuchern mit dem Ziel aufgesucht, in ihr ein Mittel zur Stärkung des Gesundheitszustandes zu finden, um den Körper gegenüber äußeren Einflüssen widerstandsfähig zu machen.

Überfluss optischer und akustischer Reize

Fortschreitende Technisierung und Mechanisierung haben zahlreiche Lebenserleichterungen zur Folge, so dass uns viele Reize der Umwelt in ihrem mannigfaltigen Wechsel, denen die Menschen früher ausgesetzt waren, seltener treffen, ja, oft fehlen. Der Organismus wird nicht mehr gezwungen, sich immer wieder an äußere Verhältnisse anzupassen, seine Reaktionsbereitschaft lässt nach und versagt gegenüber größeren Anforderungen. Einem Überfluss an optischen und akustischen Reizen, unzweckmäßiger Kleidung sowie Stresssituationen stehen unzureichende thermische Reize und mangelnde Bewegung gegenüber.

Abhärtung

Eine große Bedeutung, die Hautfunktion und Abwehrbereitschaft zu erhalten, kommt der **Abhärtung** zu. Unter »Abhärten« versteht man im Allgemeinen das Gewöhnen an äußere Einwirkungen verschiedener Art, im engeren Sinne an Übergänge von der wärmeren zur kühleren Umgebung. Häufig wird jedoch das Zurückdrängen von Erkältungen durch eine bewusste vernünftige Lebensweise als Abhärtung bezeichnet. Neben anderen Formen der Abhärtung (Luftbad, Solarium, Wasseranwendungen) ist die Sauna eine sehr empfehlenswerte Form, den Organismus zu trainieren. Durch die vielen thermischen Reize im Wechsel wird in der Sauna die Wärmeregulation ausgiebig angeregt, **wir härten uns ab**. Der Körper wird wohltuend erwärmt, und nach der Kaltanwendung bildet sich eine aktive Hyperämie (verstärkte Durchblutung) aus. Die Statistik hat klar bewiesen, dass Menschen durch ein regelmäßiges Saunabad je Woche ihre Reaktionsbereitschaft wesentlich verbessern, von Infektionen wie Schnupfen, Halsentzündung u. a. verschont bleiben; sogar in Zeiten epidemischer Grippe werden sie kaum ernsthaft betroffen. Hier gilt die Faustregel: Verhindert man Erkältungskrankheiten, so schränkt man Herz- und Kreislauferkrankungen ein. Denn auch leichte Erkrankungen bergen die Gefahr von Komplikationen oder – bei häufigem Auftreten – von Dauerschäden in sich. Wie leicht entwickeln sich aus leichten Infektionen chronische Katarrhe. Herz und Kreislauf werden durch häufig wiederkehrende und oft nicht ausgeheilte Infekte besonders belastet. Dem Herzinfarkt gehen oft über längere Zeit scheinbar nicht beachtenswerte Missempfindungen in der Herzgegend voraus.

Motivationen

Aus folgender **Motivationen** gehen wir in Saunen:

Entspannung und Erholung	80 %
Abhärtung	75 %
Psychische Entspannung	61 %
Leistungssteigerung und »Fitsein«	46 %
Körperreinigung	26 %
Schlankwerden (-bleiben)	23 %
Hautpflege, besseres Aussehen	22 %
Schmerzlinderung und Heilung	17 %

gesunde Lebensweise

Neben der abhärtenden und trainierenden Wirkung bietet die Sauna oft den Ausgangspunkt für eine vernünftige und gesunde Lebensweise (sportliche Betätigung, gesunde Ernährung u. a. m.).

2.4 Hinweise zur Gestaltung und zum Betrieb einer Sauna

Um ein einwandfreies Funktionieren der Saunaanlage und damit des Saunabades mit allen daraus resultierenden Wirkungen für den Badenden zu garantieren und

sicherheitstechnische Vorschriften

um einen umfassenden Schutz von Beschäftigten und Besuchern im Saunabadebetrieb zu gewährleisten, sind eine Reihe von sicherheitstechnischen Vorschriften zu beachten.

Gesetze und Verordnungen

Gesetze und Verordnungen

- Arbeitsstättenverordnung – ArbStättV
- Arbeitsstätten-Richtlinie – ASR
- Gefahrstoffverordnung – GefStoffV
- Bauordnung der Länder – LBO.

BG-Vorschriften

Berufsgenossenschaftliche Vorschriften für Sicherheit und Gesundheit bei der Arbeit (BG-Vorschriften)

- Allgemeine Vorschriften – VBG 1
- Elektrische Anlagen und Betriebsmittel – VBG 4
- Erste Hilfe – VBG 109.

Merkblätter

Berufsgenossenschaftliche Regeln, Richtlinien, Sicherheitsregeln und Merkblätter

- Merkblatt für Treppen – BGI 56
- Merkblatt für Fußböden in Arbeitsräumen mit Rutschgefahr – BGR 181
- Merkheft – Gebäudereinigung – BGI 659.

Normen und Richtlinien

DIN-Normen/VDI-Richtlinien

- DIN 18024 – Bauliche Maßnahmen für Behinderte und alte Menschen im öffentlichen Bereich
- DIN 4102 – Brandverhalten von Baustoffen und Bauteilen
- DIN 4108 – Wärmeschutz im Hochbau
- DIN 4109 – Schallschutz im Hochbau
- DIN VDE 0100 – Errichten von Starkstromanlagen mit Nennspannung bis 1000.

2.4.1 Allgemeine Grundregeln für die Planung

- Bei der nach finnischem Vorbild zu betreibenden Saunaanlage sind die Saunakabine und die Abkühlmöglichkeiten wie Freiluftraum und Kaltwasserabguss- bzw. Eintaucheinrichtungen als Einheit zu planen, d. h., diese Raume müssen vom Badenden jeweils auf dem kürzesten Weg erreicht werden können (Sauerstoffbedarf im Blut).

kürzeste Wege

- Die Vorreinigungsräume sind in sich abgeschlossen zu gestalten und gut zu belüften.

Vorreinigungsräume

- Die Saunaanlage ist so zu planen, dass die Badenden nicht in »Versuchung« geraten, sich zusätzlich zu belasten (Schwimmen, Gymnastik).

keine zusätzlichen Belastungen

- Die Toiletten müssen von allen Räumen aus gut erreichbar sein (Toiletten im Nassbereich sowie im Eingangsbereich anordnen).

Toiletten

- Die Badenden sollten die Möglichkeit haben, sich vor Beginn des Bades und auch während der Abkühlphasen die Füße zu erwärmen (Fußwärmebecken im Abkühlbereich).

Fußwärmebecken

- Für den Aufenthalt im Abkühlraum müssen dem Badenden die unterschiedlichsten Wasseranwendungen zum Abkühlen (Gieß-, Dusch- und Eintaucheinrichtungen) sowie ausreichend Sitz- und Liegegelegenheiten zur Verfügung stehen.

Abkühlraum

- Das Tauchbecken sollte leitungskaltes Wasser enthalten und durch ständigen Frischwasserzufluss nachgefüllt werden.

Tauchbecken

- Jede mechanische Einwirkung durch hart auftreffendes Wasser ist unerwünscht; die Errichtung von Blitzgüssen und Schlauchdüsen ist nicht zu empfehlen.
- Die Gesamtanlage ist so zu planen, dass im Nassbereich (Abkühlbereich) Treppen und Differenzstufen vermieden werden, um:
  - behinderten und alten Menschen eine barrierefreie Nutzung anzubieten
  - von vornherein Unfallquellen auszuschalten (Rutschgefahr auf nassen Stufen)
  - Kreislaufbelastungen durch Treppensteigen zu vermeiden.

Unfallquellen ausschalten

2.4.2 Planungshinweise für Verkehrswege und Bauteile

Unter Beachtung der geltenden Gesetze, Verordnungen, Vorschriften und Merkblätter gelten für die Saunaanlagen und der ergänzenden Funktionsräume folgende Hinweise für die Planung, den Bau und Betrieb.

Verkehrswege

Verkehrswege

- Keine Einbauten oder beigestellten Gegenstände, die die vorgeschriebene Flurbreite einengen.

- Keine Einbauten, die eine Brandlast in die Flure bringen, die der Evakuierung dienen (z. B. Lager- oder Wäscheschränke)
  - für den Bäderbau – Richtlinien des Koordinierungskreises Bäder
  - Bauordnungen der Länder (LBO) – §§ Brandabschnitte, Rettungswege in Gebäuden, Flure, Treppen und Rampen.

Fußböden

Fußböden

Fußböden müssen eben sein und dürfen keine Stolperstellen aufweisen.

- **Im nässebelasteten Barfuß-Bereich** muss Wasser gut abfließen können – leichtes Gefälle, ohne die Laufsicherheit einzuschränken – Fußbodenbeläge mit R 11 bis R 12.
- **In den trockenen Räumen** Fußbodenbeläge mit R 10. Die Oberfläche, gleich welcher Art Fußboden (Stein, Kunststoff oder Holz), nicht einpflegen!
- **Eingangsbereiche**, wo Nässe auftreten kann, Oberfläche rutschhemmend ausführen mit R 11 – nicht einpflegen!
  - Merkblatt für Fußböden in Arbeitsräumen und Arbeitsbereichen mit erhöhter Rutschgefahr (GUV 26.18)
  - Merkblatt für nassbelastete Barfuß-Bereiche (GUV 26.17)
  - Merkblatt für den Umgang mit Reinigungs-, Pflege- und Desinfektionsmitteln (ZH 1/187)

Wände

Wände

- Wände müssen mindestens bis zu einer Höhe von 2,00 m ü. OFF so beschaffen sein, dass keinerlei Verletzungsgefahr durch Scharfkantigkeit besteht.
- Die Oberfläche muss gut zu reinigen und zu desinfizieren sein.

sonstige Ausbauelemente

Sonstige Ausbauelemente

- Treppen mit mehr als 4 Stufen (im nassbelasteten Barfuß-Bereich mit mehr als 2 Stufen) müssen Handläufe besitzen. Treppen mit mehr als 1,50 m Breite müssen beidseitig Handläufe erhalten.
- Türunterkanten im Barfuß-Bereich sollten
  - durch elastische Profile im Türkantenbereich oder
  - durch Abrunden der Türunterkante gesichert werden, um Fußverletzungen vorzubeugen.
- Beckeneinstiegsleitern sind entsprechend DIN 7930 »Schwimmsportgräte, Beckenleitern und Griffbögen« zu gestalten. So sollten z. B. die Handläufe, die auf

beiden Seiten der Leitertreppe montiert sind, unterschiedliche Höhen erhalten, um die »Barrenwirkung« zu vermeiden.

2.4.3 Betriebsanleitung für Saunaanlagen

Für jede öffentlich betriebene Anlage ist eine Betriebsanleitung zu erarbeiten. Sie muss auf die jeweils zu betreibende Saunaanlage zugeschnitten werden. Die an dieser Stelle genannten Schwerpunkte sind durch die geltenden Bestimmungen der einzelnen Länder zu ergänzen. Die Betriebsanleitung ist Grundlage für die Arbeit aller Mitarbeiter und legt die erforderlichen Maßnahmen fest:

Betriebsanleitung

- zur Einhaltung des Arbeitsschutzes
- zur Einhaltung des Brandschutzes und erforderliche Sofortmaßnahmen im Brandfall
- zur Einhaltung der hygienischen Bestimmungen
- zur fachgerechten Durchführung des Saunabetriebes und damit verbundene Aufsichtspflichten des Personals
- zum Verhalten bei medizinischen Zwischenfällen – Erste Hilfe.

Einhaltung des Arbeits- und Brandschutzes, Verantwortlichen benennen
Ständige Inspektion:

ständige Inspektion

- **der Saunakabine: Kontrolle auf**
  - Holzverfärbung im Ofenbereich
  - Defekte an der Elektroleitung
  - Ofenschutzgitter
  - Funktion der Notrufanlage
  - frei liegende Metallteile
  - lose Latten der Liegen und Laufroste
  - Splitterstellen im Holz

Saunakabine

- **aller anderen Räume und Flure: Kontrolle auf**
  - Funktion der Feuerlöscher
  - lose Gegenstände – Stolpergefahr
  - Rutschgefahren – Seifenreste
  - Funktionsfähigkeit der Rufanlage
  - keine Verwendung von Glasgefäßen
  - kein Verstellen der Flure und Evakuierungswege

alle anderen Räume und Flure

- Vollständigkeit der Beschilderung des Fluchtweges
- Vollständigkeit des Erste-Hilfe-Schrankes
- Vollständigkeit der Telefonnummern für Notarzt, Feuerwehr, Polizei.

Reinigungs- und Desinfektionsplan

Einhaltung der hygienischen Bestimmungen – Reinigungs- und Desinfektionsplan

- **Saunakabine**
  - Fußboden täglich nass reinigen und desinfizieren
  - Sitze und Roste täglich desinfizierend abwischen
  - Bodenmatten täglich desinfizieren
  - Kabinenwände 1 x wöchentlich desinfizierend abwischen
  - ständige Kontrolle der Badetuchbenutzung beim Saunagang.

Aufsichtspflichten des Personals

Allgemeine Aufsichtspflichten des Personals

- Anleitung der Saunaneulinge anhand der Baderegeln
- Anleitung und Betreuung der Badegäste, die die Sauna als Therapie aufsuchen
- Badegäste vor Übertreibung hinsichtlich Wärme- und Abkühlphasen beraten
- Überwachung hinsichtlich auszuschließender Badegäste (gegenindizierte Erkrankungen, ansteckende Krankheiten, Badegäste unter Alkoholeinfluss)
- Vermeiden von Zugerscheinungen
- Kontrolle der Wassertemperaturen
- Betreuung der Badenden während der Nachruhe; aufklärend wirken, damit sich Badende nicht überanstrengen und sich entsprechend der Baderegeln bewegen (keine Gymnastik, Kraftübungen, Wechselduschen usw.).

fachgerechte Durchführung des Saunabades

Pflichten des Personals zur fachgerechten Durchführung des Saunabades

Temperatur

- Rechtzeitiges Einschalten des Saunaofens, um zu Badebeginn die entsprechende Temperatur auch an Wänden und Decke zu haben. Die Raumtemperatur muss eine Stunde vor Badebeginn erreicht sein.
- Saunafeuerungsöfen sind 3 bis 5 Stunden vor Badebeginn anzuheizen.
- ständige Kontrolle der Temperaturwerte, Nachregelung in Abhängigkeit von der Besucherfrequenz

Ofensteine

- Ofensteine erneuern, wenn sie Verfärbungen oder Sprünge zeigen

Aufguss

- Der Aufguss kann alle 10 bis 15 Minuten durchgeführt werden, Voraussetzungen sind:
  - hocherhitzte Steine (700 bis 900 °C – glühen)

- hohe Raumtemperatur
- geringe Luftfeuchte (bei zu hoher Luftfeuchte kann es zur Waschküchenatmosphäre kommen – Hautbrennen –, dann auf den Aufguss verzichten)

- Lüften der Saunakabine nach Betriebsschluss.

Lüften

Verhalten bei medizinischen Zwischenfällen

Zu Unverträglichkeiten des Saunabades kann es nur kommen durch:

Unverträglichkeit

- technische Fehler in der Anlage wie
  - zu hohe Luftfeuchtigkeit
  - Sauerstoffmangel
- Falsche Badeanwendung wie
  - zu langer Aufenthalt in der Kabine
  - zu schroffe Kaltanwendungen
- Gesundheitsstörung des Badenden – beginnender Infekt
- falsches Badeverhalten wie
  - Baden mit leerem oder überfülltem Magen
  - zu plötzliches Aufrichten oder zu langes Stehen im Saunaraum
- Baden unmittelbar nach körperlicher oder geistiger Überbeanspruchung.

Sofortmaßnahmen – Erste Hilfe

Grundregel: Bei allen Zwischenfällen sofort die Feuerwehr oder den Notarzt rufen!

Grundregel: Bei allen Zwischenfällen sofort die Feuerwehr oder den Notarzt rufen!

- Bei orthostatischem Kollaps: Blutdruckabfall bei senkrechter Körperstellung
  - Betroffener ist flach zu lagern.
  - Die Beine sind hoch zu legen.
  - Kaltwasserabreibung herzwärts gerichtet, bei vollständigem Bewusstsein mindestens 30 Minuten Ruhe.

Blutdruckabfall

- Beim tetanischen Anfall durch Überatmung (Hyperventilation)
  - Atmung anhalten lassen oder durch Abdecken des Gesichtes Ausatmungsluft wieder einatmen lassen, beruhigend zusprechen.
  - Nach Abklingen: 30 Minuten Ruhe.

Hyperventilation

- Bei Schnitt- oder Sturzverletzungen
  - Nach den generellen Regeln der Ersten Hilfe handeln.

Verletzungen

- Bei Verbrennungen
  - Wunde steril abdecken.

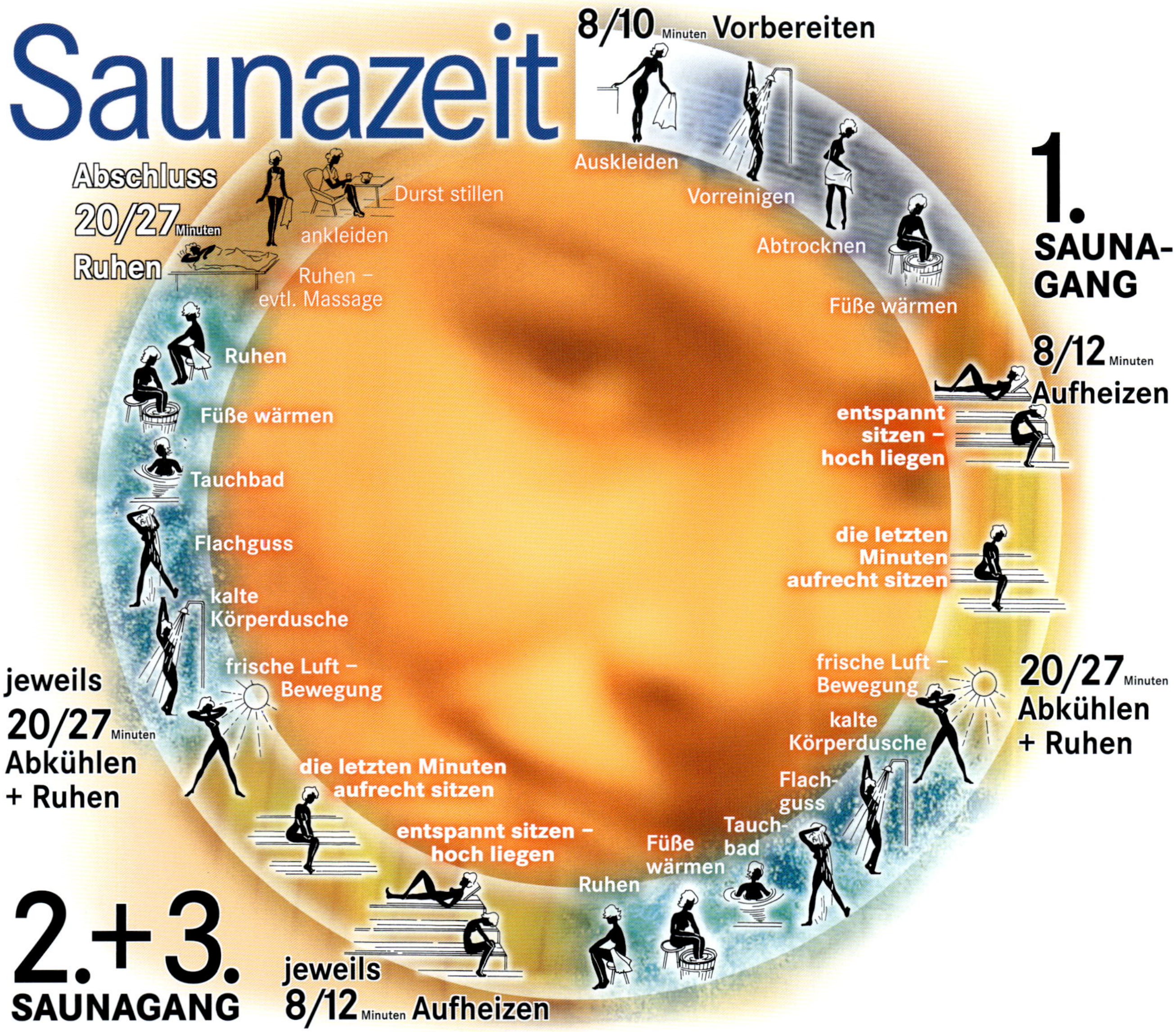

Saunazeit
8/10 Minuten Vorbereiten
Auskleiden
Vorreinigen
Abtrocknen
Füße wärmen
1. SAUNA-GANG
8/12 Minuten Aufheizen
entspannt sitzen – hoch liegen
die letzten Minuten aufrecht sitzen
20/27 Minuten Abkühlen + Ruhen
frische Luft – Bewegung
kalte Körperdusche
Flach-guss
Tauch-bad
Füße wärmen
Ruhen
2.+3. SAUNAGANG
jeweils 8/12 Minuten Aufheizen
entspannt sitzen – hoch liegen
die letzten Minuten aufrecht sitzen
jeweils 20/27 Minuten Abkühlen + Ruhen
frische Luft – Bewegung
kalte Körperdusche
Flachguss
Tauchbad
Füße wärmen
Ruhen
Abschluss 20/27 Minuten Ruhen
Ruhen – evtl. Massage
ankleiden
Durst stillen

Baderegeln des Deutschen Sauna-Bundes e. V.

DURCHFÜHRUNG DES SAUNABADES – BADEREGELN

Für die Durchführung des Saunabades gelten grundsätzlich folgende Baderegeln:

1. Achten Sie beim Saunabaden auf Ihr persönliches Wohlbefinden.

Wohlbefinden

2. Bringen Sie ausreichend Zeit mit.
   Ein vollständiges Saunabad dauert etwa zwei Stunden.
   Auch sollten Sie nicht hungrig oder mit vollem Magen in die Sauna gehen.

ausreichend Zeit

3. Reinigen Sie sich zunächst unter einer Dusche, und trocknen Sie sich danach gut ab, denn trockene Haut schwitzt schneller.
   Ein warmes Fußbad vor der Sauna fördert das Schwitzen zusätzlich.

trockene Haut

warmes Fußbad

4. In der Sauna legen Sie Ihr Liegetuch unter den ganzen Körper.
   Schwitzen Sie auf der mittleren oder oberen Bank.
   8 bis 15 Minuten reichen völlig aus. Verlassen Sie sich dabei vor allem auf Ihr Gefühl.
   Die letzten 2 Minuten sollten Sie sich aufsetzen, um den Kreislauf an die aufrechte Haltung zu gewöhnen.

Liegetuch

5. Kühlen Sie sich erst an der frischen Luft ab – der Körper benötigt jetzt Sauerstoff.
   Erst danach mit einem Kneippschlauch abgießen oder unter der Schwallbrause abkühlen.
   Wenn Sie das Tauchbecken benutzen, denken Sie daran, vorher den Schweiß abzuspülen.

Körper benötigt Sauerstoff

Kneippschlauch oder Tauchbecken benutzen

6. Nach der Abkühlung bewirkt ein warmes Fußbad ein wohliges Wärmegefühl.
   Nochmalige Kaltwasseranwendungen trainieren besonders intensiv die Blutgefäße und erhöhen die Widerstandsfähigkeit Ihres Körpers.

warmes Fußbad

7. Im Anschluss daran empfiehlt sich eine kleine Ruhepause zur Erholung.

Ruhepause zur Erholung

8. Während des Saunabades sollten Sie besser nichts trinken, da sonst der Effekt des Entschlackens weitgehend unterbleibt.

während des Saunabades nichts trinken

drei Saunagänge sind ausreichend

9. Weitere Saunagänge führen Sie wie den ersten durch, wobei drei Saunagänge hintereinander zum Erreichen der erstrebten gesundheitlichen Ziele ausreichen.

10. Ein Saunabad dient besonders der körperlichen Erholung und der psychischen Entspannung. Um die Wirkung der Sauna beizubehalten und um ungünstige Kreislaufreaktionen zu vermeiden, sollte nach der Sauna auf sportliche Betätigung verzichtet werden.

nach der Sauna auf Sport verzichten

Massage verstärkt entspannende Wirkung

Eine Massage dagegen kann zwischen den Saunagängen oder im Anschluss an die Sauna die entspannende Wirkung noch verstärken.

Möglichkeiten der Reizstufung

Die Möglichkeiten der Reizstufung bieten dabei für verschiedene Krankheitsbilder und Anfänger eine gute Dosierbarkeit.

Wärmephase

a) **In der Wärmephase:**

- Ausnutzung der Wärmedifferenz zwischen Decke und Fußboden durch die Wahl der Stufen
- zusätzliche Belastung durch Erhöhung der Luftfeuchte (Aufguss)
- Steigerung durch zeitliche Ausdehnung des Aufenthaltes in der Saunakabine
- zusätzliche Belastung durch den Gebrauch des Badebüschels oder durch Bürstenmassage
- Betreten der Sauna mit angefeuchtetem Gesicht (bei Neulingen).

Abkühlphase

b) **In der Abkühlphase**

- Die geringste Belastung ist das Luftbad, gefolgt von den kalten Waschungen, kalten Güssen und Duschen.
- Am belastendsten ist das kalte Tauchbecken.
- Anwendung lauwarmer oder kühler Abkühlmaßnahmen bei labilen Saunaneulingen.

hoher Blutdruck

Badegäste mit zu hohem Blutdruck sollten nur milde kalte Reize anwenden, keine Tauchbecken. Dagegen vertragen Badegäste mit zu niedrigem Blutdruck kräftige Kältereize zur Abkühlung.

Sauna als Therapie

Saunabadende, die die Sauna als Therapie nutzen, sollten sich auf jeden Fall nach den Anweisungen des Arztes bzw. des Aufsichtspersonals richten.

PLANUNG VON SAUNAANLAGEN

In Finnland ist die Sauna Bestandteil der Wohnung, und auch noch heute gibt es wohl kaum ein Einfamilienhaus, in der sie nicht zu finden ist. Die Sauna gehört dort zur Wohn- und Lebenskultur – dies ist wohl auch der Grund dafür, dass die Finnen diese Selbstverständlichkeit nicht erwähnen, wenn sie ihr Land vorstellen.

zwei Formen von Saunaanlagen

Die gegenwärtige Ausbreitung des Saunabadens in unserem dicht besiedelten mitteleuropäischen Raum hat zwei Formen von Saunaanlagen geprägt:

1. **Die Kleinst- und Kleinsaunaanlage**, die als Familiensauna genutzt wird.
2. **Die Gemeinschaftssauna**, die als gewerblich betriebene Anlage in Wohngebieten, Hotels, Sporteinrichtungen, Clubs und Badezentren, als therapeutische Anlage in Krankenhäusern, in Sanatorien und Rehabilitationseinrichtungen betrieben wird.

Diese Einrichtungen unterscheiden sich lediglich in ihrer Größe voneinander. In der baulichen Gestaltung zur Einhaltung der Hygienebedingungen und Betriebssicherheit unterscheiden sich die einzelnen Grundformen nicht.

Betreiberzeugnisse

Während das Betreiben der Familiensauna allein der menschlichen Vernunft und der Erfahrung ihres Betreibers unterliegt, so gelten in einer öffentlichen Anlage strenge Vorschriften und Richtlinien. Der Betreiber muss die – für die einzelnen Länder verbindlichen – Betreiberzeugnisse besitzen.

4.1 Familiensauna

die eigene Saunaanlage

Die eigene kleine Saunaanlage ist wohl die herrlichste und zugleich nützlichste Nebensächlichkeit, die es in unserer durch die Marktwirtschaft geprägten Zeit gibt. Einfamilienhäuser und Wochenendgrundstücke bieten die notwendigen Flächen für die Errichtung solcher Kleinanlagen.

Erfahrungen nutzen

Bei der Planung einer eigenen Anlage sollte man besonnen und gut überlegt vorgehen und sich von erfahrenen Saunabesuchern – besser noch von Saunabesitzern, die eine solche Anlage ihr Eigen nennen, wie man sie selbst besitzen möchte – beraten lassen. Eine Saunaanlage ist kein Möbelstück, das man, wenn es nicht mehr gefällt, woanders hinstellen, zur Not auch verschenken oder entsorgen kann. Zum Ersten kostet sie relativ viel Geld, unter Umständen viel Arbeitskraft; zum Zweiten ist sie eine ortsfest gebaute Anlage und wird wie Bad und Wohnraum fester Bestandteil des Hauses bzw. der Wohnung.

__Bild 4.1__ Saunaanlage in Blockbauweise mit Elektro-Ofen oder Feuerungsofen
***a)** 6 SPL, 11,3 m²*
***b)** 6 SPL, 16,5 m²*
1 Sauna
3 Vorreinigung
4 Umkleideraum

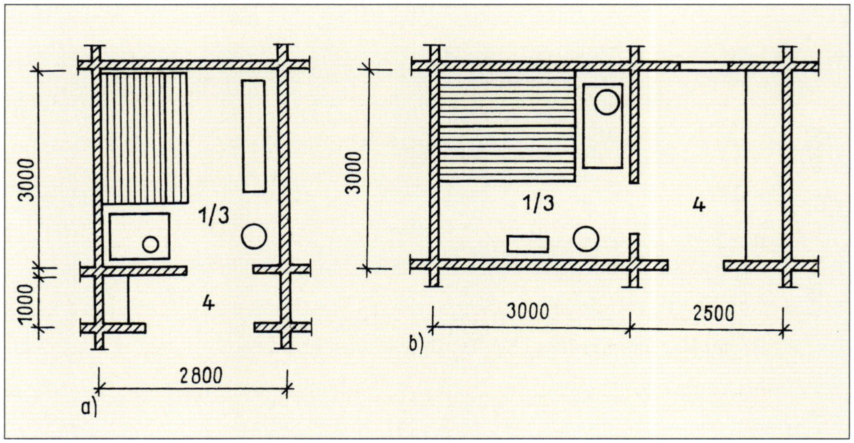

Planung im »Familienrat«

Man sollte daher bei der Planung im »Familienrat« unbedingt folgende **Voraussetzungen** klären, bevor mit der Raum- und der Bauplanung begonnen wird und alles nach einer gewissen Zeit nochmals überdenken:

Intensität der tatsächlichen Nutzung

1. Die Überzeugung: Bin ich bzw. sind wir davon überzeugt, dass wir diese Sauna auch wirklich immer nutzen, oder ist es nur eine plötzliche Idee, weil wir woanders so etwas gesehen und genutzt haben?
Wenn der erste Teil dieser Frage voller Überzeugung mit »ja« beantwortet wurde: dann weiter zu Punkt 2.

wie viele Badegästen nutzen die Sauna, wie oft?

2. Die Nutzerzahl: Wie viele Personen werden meine Anlage nutzen, und wie oft wird sie genutzt und mit wie vielen gelegentlichen Badegästen rechne ich? Dabei bitte nicht in Vorfreude euphorisch entscheiden. Die Begeisterung, bald Besitzer einer eigenen Saunaanlage zu sein, legt sich genauso schnell wie der »Putzfimmel« angesichts des neuen Autos. Wenn das Saunabaden erst einmal zum Familienleben gehört, normalisiert sich alles.
Die Nutzerzahl ist festgelegt: dann weiter zu Punkt 3.

Kabinengröße

3. Die Kabinengröße: Aus dem in Punkt 2 festgelegten Nutzungsanspruch ergibt sich die Kabinengröße. Familiensaunakabinen sollten 3 ... 4 Personen Platz bieten, andernfalls stehen die Betriebskosten (Heizkosten) nicht mehr in Relation zur Nutzung, und ein Bad wird sehr »kostspielig«.
Gehen Sie davon aus, dass ein zweistündiges Saunabad mit drei Stunden Aufheizzeit bei einem Saunaofen mit 7,5 kW Anschlusswert etwa 6,50 € kostet (lediglich

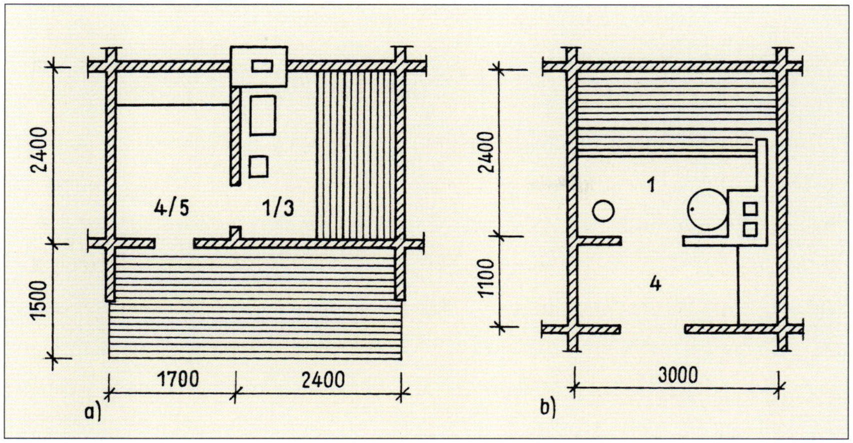

Bild 4.2 *Saunaanlage in Blockbauweise mit Feuerungsofen*
a) *4 SPL, 13,3 m²*
b) *5 SPL, 11,0 m²*
1 Sauna
3 Vorreinigung
4 Umkleideraum
5 Ruheraum

Wasser- und Elektroenergieverbrauch, ohne Anrechnung anteiliger Anlagekosten). Sie haben sich für eine Kabinengröße entschieden: dann weiter mit Punkt 4.

geeigneter Standort

4. **Der Standort:** Wo finde ich oder habe ich einen geeigneten Standort
   - im Haus oder
   - auf dem Grundstück?

Dazu bieten die folgenden Abschnitte einige Entscheidungshilfen.

4.1.1 Der Standort im Haus

ruhig und gut erreichbar

Es sollte ein ruhiger Standort sein, der gut erreichbar und dennoch abgeschieden ist. Denken Sie daran: Saunabaden ist Entspannung. Alle Hausebenen sind geeignet, eine Sauna aufzunehmen, vom Keller bis zum Dachraum. Bitte nicht einfach eine Ecke auswählen, die ohnehin für nichts anderes zu gebrauchen ist. Die Sauna sollte auch vom Raumangebot attraktiv sein, eine Stätte die man gern aufsucht und anderen gern zeigt.

Anschlüsse für Wasser, Abwasser und Strom

Anschlussmöglichkeiten für Wasser und Strom und vor allem die Möglichkeit des Abwasseranschlusses müssen gegeben sein. Ansonsten entstehen zusätzlich hohe Kosten und ein Aufwand an Baumaßnahmen mit viel Lärm und Staub. Man sollte auch nicht herangehen und sagen: Im Grunde ist alles realisierbar und möglich – koste es, was es wolle. Eventuelle Zuordnung bzw. Mitnutzung bereits vorhandener Sanitärbereiche (WC und Bad) sind zu untersuchen, um Kosten zu senken und ideale Voraussetzungen zu schaffen.

Mitnutzung vorhandener Sanitärbereiche

4.1.2 Der Standort im Garten oder als Anbau am Haus

kein Einblick für »Zaungäste«

Ein **ruhiger Standort** sollte auch hier gefunden werden, der »Zaungästen« keinen Einblick ermöglicht. Sie möchten ein Saunabad nehmen, entspannen und sich dabei frei bewegen können – und sich nicht anderen zur Schau stellen, ständig gestört werden oder Rücksicht nehmen müssen, um wiederum selber niemanden zu stören.

Wasser- und Stromanschluss und Abwasserentsorgung

Wasser- und Stromanschluss und Abwasserentsorgung müssen vorhanden bzw. günstig heranzuführen sein. Auch hier sollte man prüfen, ob vorhandene Sanitäranlagen (WC, Bäder) genutzt werden können. Eine eventuelle Lage am Wasser bzw. Swimmingpool muss nicht extra als ideal hervorgehoben werden.

Zugänglichkeit

Ebenfalls zu bedenken: Es ist nicht immer schönes Wetter; also die Zugänglichkeit und den Aufenthalt bei Regen- oder kaltem Winterwetter bedenken (z. B. Überdachung, Windschutz o. Ä.).

Nach Klärung all dieser Fragen kann die Planung der eigenen Anlage beginnen.

4.1.3 Hinweise für die eigene Planung

4.1.3.1 Einbau der Sauna im Gebäude

Funktionsablauf der Kleinstsaunaanlage

Vergleicht man den Funktionsablauf der Kleinstsaunaanlage – Familiensauna – mit den allgemeinen Funktionsbedingungen der Sauna, stellt man fest, dass bei gleichem Badeablauf eine Reihe von Funktionen gekoppelt bzw. an gleiche Raumflächen gebunden sind.

- So findet das Umkleiden und das Nachruhen auf gleicher Fläche statt oder kann in vorhandenen Wohnräumen erfolgen.
- Vorreinigung und Abkühlung erfolgen im gleichen Raum mit gleicher Sanitäranlage.
- Alles kann auf das geringste Flächenangebot eingeschränkt werden, ohne die Sicherheitsbestimmungen, für die jeder Saunabetreiber verantwortlich ist, außer Acht zu lassen.

Montage- und Fertigkabinen

Der Handel bietet eine Vielzahl von Kabinen (Montage- und Fertigkabinen in Block- oder Sandwichbauweise) an, die für den Einbau in vorhandene Räume vorgesehen sind; hier dürfte es keinerlei Probleme geben. In diesem Buch werden zu den Planungsbeispielen zusätzlich Hinweise und Anregungen für Selbstbauer gegeben.

Einbau in Keller- und Bodenräume

Der **Einbau in Keller- und Bodenräume** erfordert einige Mehraufwendungen und einige Punkte, die besonderes beachtet werden müssen. Diese Räume sind von ihrer baulichen Anlage her nicht ohne Weiteres geeignet, d. h., sie verfügen nicht über die entsprechenden bauphysikalischen und technischen Voraussetzungen. Wärmedämmung, Sanitäranschlüsse sowie Elektroanschluss sind oft nicht ausreichend. Die erforderliche lichte Raumhöhe von 2,20 m ist häufig nicht gegeben. Hierzu bietet Ihnen das Buch Vorschläge und Anregungen.

Für die Beheizung der Saunakabine bei Einbauten in das Haus wird vorwiegend der Elektrosaunaofen eingesetzt. Diese Öfen haben einen hohen Elektroanschlusswert und brauchen ab einer bestimmten Größe einen Drehstromanschluss. Ein Drehstromanschluss lässt sich für ein Gebäude nicht immer problemlos nachinstallieren. Deshalb ist die Elektroenergieversorgung einschließlich Anschlussmöglichkeit vor der Planung genau zu prüfen bzw. durch den zuständigen Energieversorgungsbetrieb prüfen zu lassen.

Beheizung der Saunakabine

Beachten Sie die geltenden **Bauvorschriften**, wenn Sie Sanitärräume (Duschen, Tauchbecken) für Reinigung und Abkühlung umbauen oder neu bauen wollen, z. B.

- Wärmedämmung
- Isolierung der Rohrleitungen wegen der Schwitzwasserbildung
- Entkopplung der Rohre (wegen Geräuschübertragungen)
- Verwendung gleicher Installationsmaterialien (z. B. Problem Kupfer – Zink)
- Dichtung und Sperrung gegen Wasser
- Feuchtrauminstallation und VDI-Vorschriften bei Elektroarbeiten
- Bautechnischer Brandschutz.

beachten Sie die geltenden Bauvorschriften

4.1.3.2 Frei stehende Bauwerke im Garten oder als Anbauten an vorhandene Gebäude

Der **Handel** bietet unterschiedliche Formen, Ausführungen und Größen von Blockhäusern an:

- Blockhäuser nur als Sauna ausgerüstet
- Blockhäuser mit Sauna, kleinem Umkleideraum und Dusche
- Blockhäuser mit Sauna, Dusche und Aufenthaltsraum
- Blockhäuser mit Schornstein mit Sauna für Feuerungsofen, Umkleideraum und Dusche

Formen, Ausführungen und Größen von Blockhäusern

Wer handwerkliches Geschick mitbringt und mit Holz umzugehen versteht, kann sich aus gut gelagerten geschälten Fichtenstämmen **selbst eine Blockhütte bauen**. Je rustikaler diese ist, umso ähnlicher ist sie der Urform der finnischen Sauna.

mit handwerklichem Geschick selbst eine Blockhütte bauen

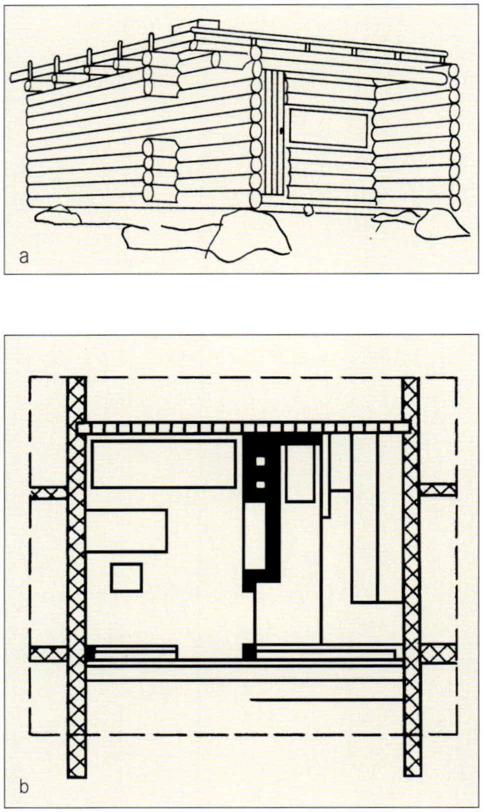

Wer dem Gedanken näher tritt, sich eine Blockhütte aufzustellen und einen Teil des Grundstücks als Sauna einzurichten, sollte auch den Schritt wagen, sich einen **Feuerungsofen** aufzustellen, der beide Nutzungsvarianten bietet:

1. Holzfeuerung mit Anschluss an den Schornstein; Nutzung und Betreibung wie bei einem Elektro-Ofen
2. Holzfeuerung bei Absperrung des Schornsteinanschlusses und Ofennutzung wie bei der Rauchsauna.

Zu den Öfen gibt das Kapitel 11 detaillierte Hinweise. Bei Planung eines Feuerungsofens ist die Zustimmung des zuständigen Bezirksschornsteinmeister einzuholen.

Bild 4.3 *Saunaanlage in Blockbauweise mit Feuerungsofen auf der Insel Emsalö/Finnland – 3 SPL, 12,0 m²*
a) *Ansicht*
b) *Grundriss*

Bild 4.4 *Wandbauweise der Fertigteilkabinen in Massivholz – Blockbauweise mit 45 bis 65 mm starken Bohlen*
a) *Blockbohlen mit Nut und Feder – Überplattung mit Vorholz*
b) *Blockbohlen mit Nut und Feder – in Eckstollen eingeschoben*

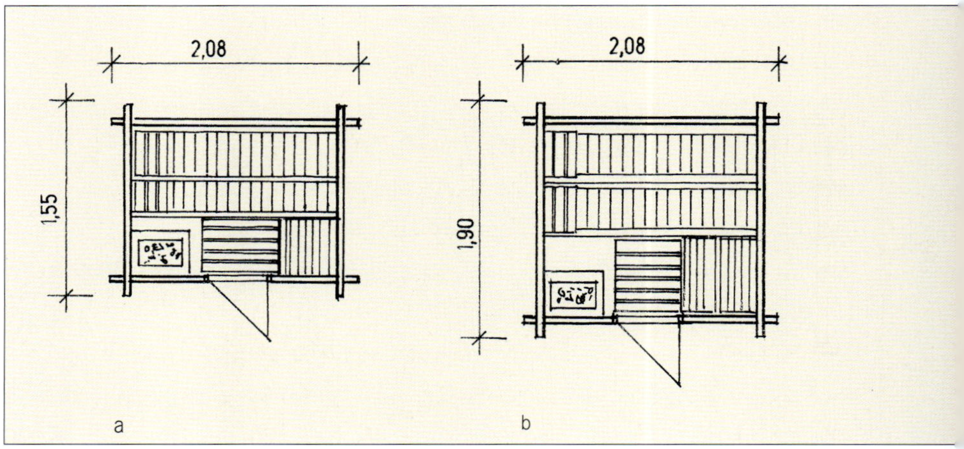

Bild 4.5 *Sauna als Fertigteilkabine in Massivholz-Blockbohlenbauweise – Beispiele/Firmenangebote*
a) *3 SPL, Nettofläche 2,1 m², 4,5 kW*
b) *3 bis 4 SPL, Nettofläche 2,6 m², 6,0 kW*
c) *3 bis 4 SPL, Nettofläche 2,5 m², 6,0 kW*
d) *4 bis 5 SPL, Nettofläche 3,8 m², 7,5 kW*

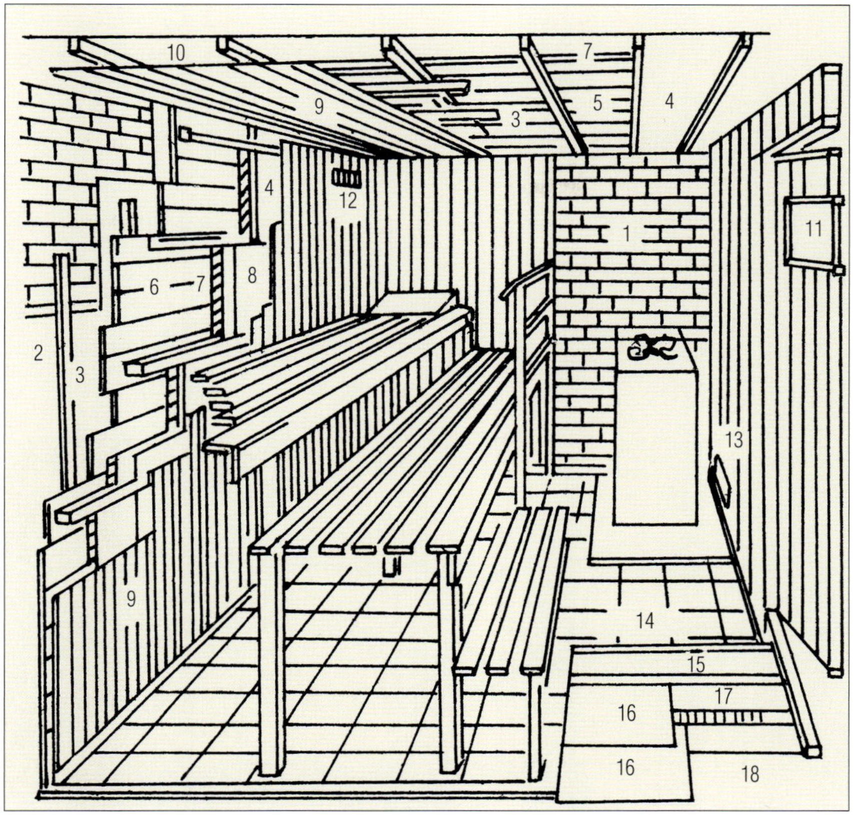

Bild 4.6 *Vor Ort gefertigte Saunakabine, Perspektive mit Konstruktionsaufbau*
1 Mauerwerk, 2 Putz, 3 Lattung, 4 Luftraum, 5 Stakung, 6 Schalung, 7 Dämmung, 8 Dampfsperre, 9 Spezialholz, 10 Sand/Kies, 11 Sichtfenster, 12 Abluft, 13 Frischluft, 14 Fußbodenplatte, 15 Druckbeton, 16 Dichtung, 17 Wärmedämmung, 18 Unterbeton

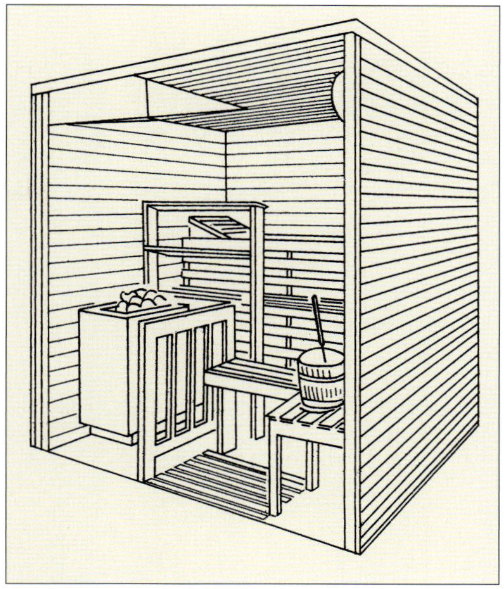

Bild 4.7 *Vor Ort gefertigte Saunakabine – Innenansicht*

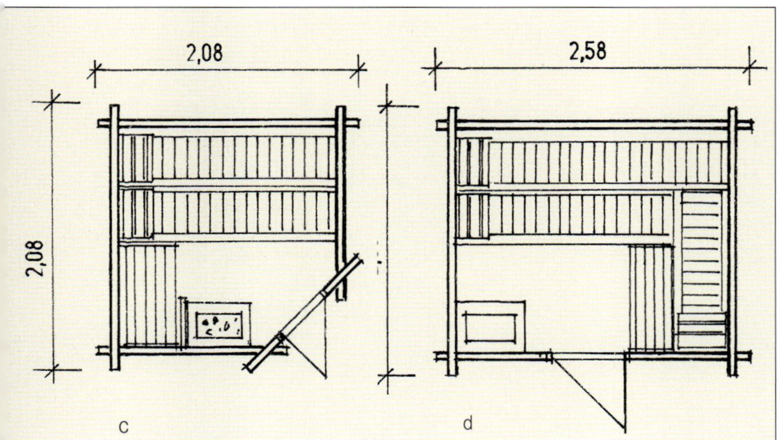

Bild 4.8 *Vor Ort gefertigte Saunakabine – Schema für den Rahmen*

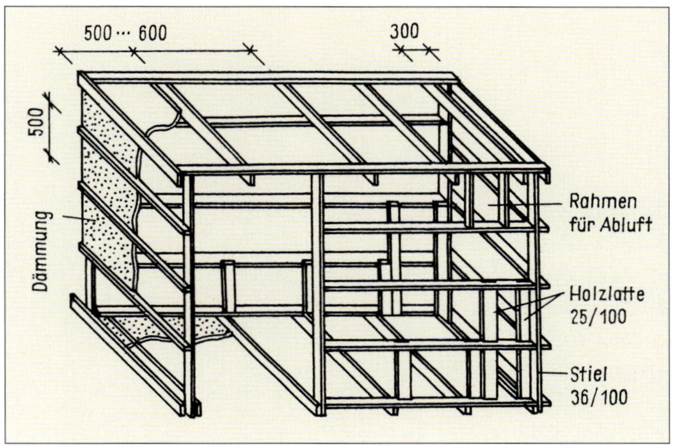

Bild 4.9 *Wandaufbau bei Fertigteilkabinen in Sandwichbauweise mit Wärmedämmung und Dampfsperre*

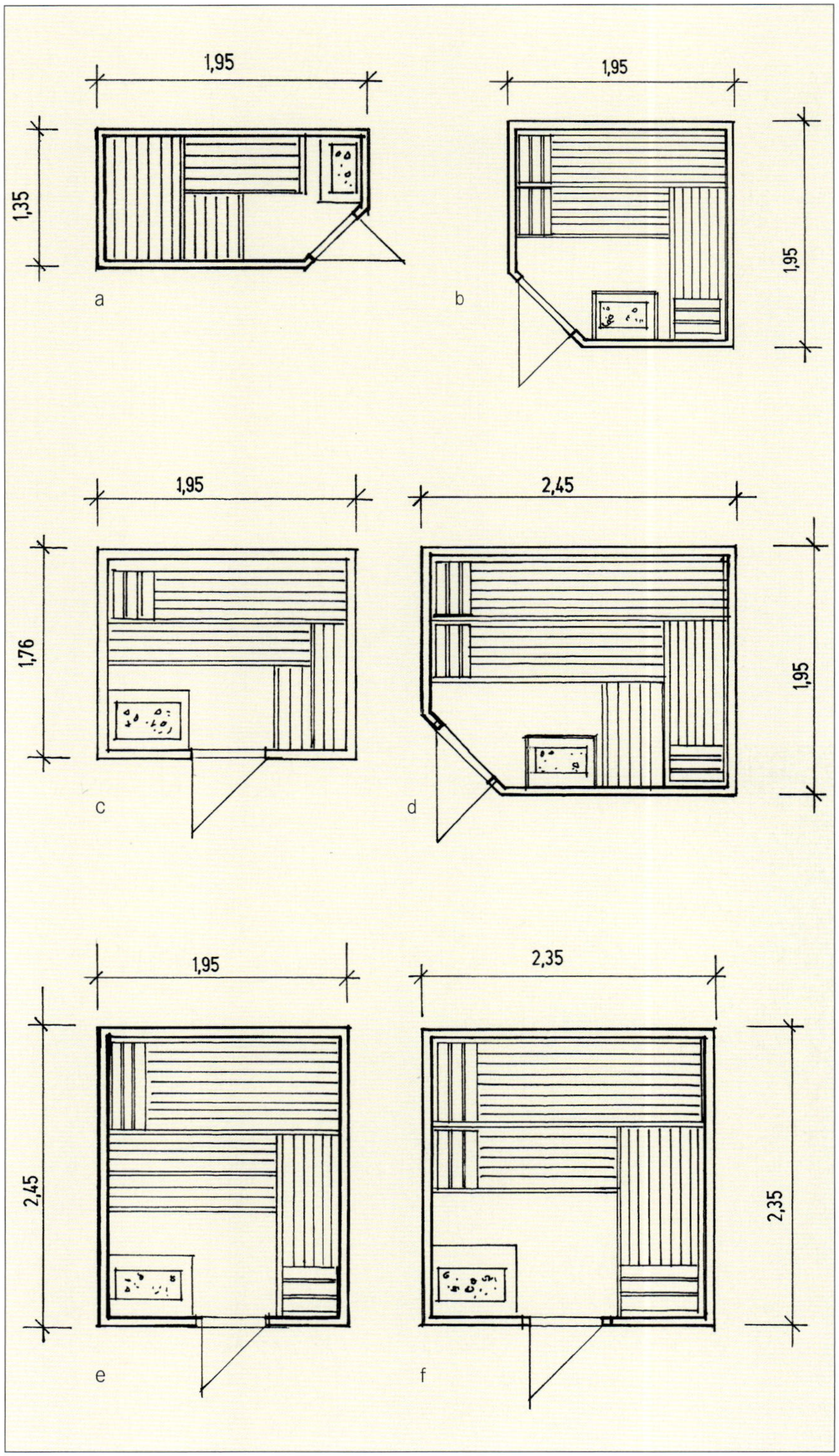

Bild 4.10 *Kabinen in Sandwichbauweise – Beispiele/Firmenangebote*

a) *2 SPL, Nettofläche 1,75m², 4,0 kW*

b) *3 SPL, Nettofläche 2,8 m², 6,0 kW*

c) *3 bis 4 SPL, Nettofläche 2,9 m², 7,5 kW*

d) *3 bis 5 SPL, Nettofläche 4,1 m², 7,5 kW*

e) *4 bis 6 SPL, Nettofläche 4,3 m², 8,0 kW*

f) *5 bis 7 SPL, Nettofläche 4,9 m², 8,5 kW*

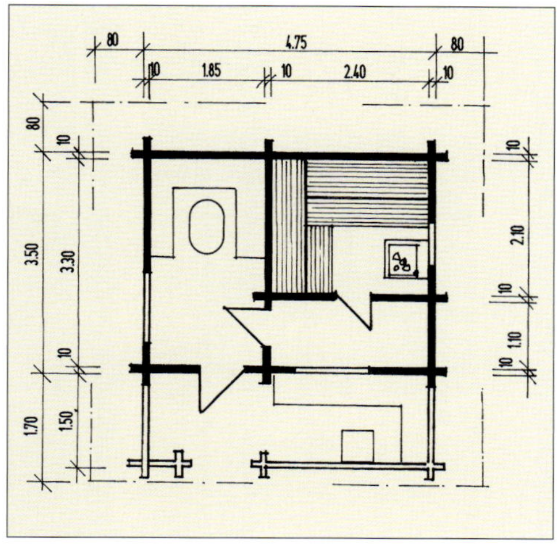

Grundfläche des Hauses	*24,00 m²*
Sauna	*5,50 m²*
Vorraum	*2,85 m²*
Ruheraum	*6,10 m²*
Veranda, teilüberdacht	*6,40 m²*

Bild 4.11 *Fertiganlage – Typ Lovisa (FINNJARK GmbH & Co. KG, Hamburg)*
Dieses Sauna-Blockhaus wurde nach dem Entwurf eines Kunden gebaut und stellt eine typisch finnische Form der Sauna-Aufteilung dar. Zur Beheizung wird ein Ofen mit Holzfeuerung eingesetzt. Der Metall-Schornstein wird mitgeliefert.

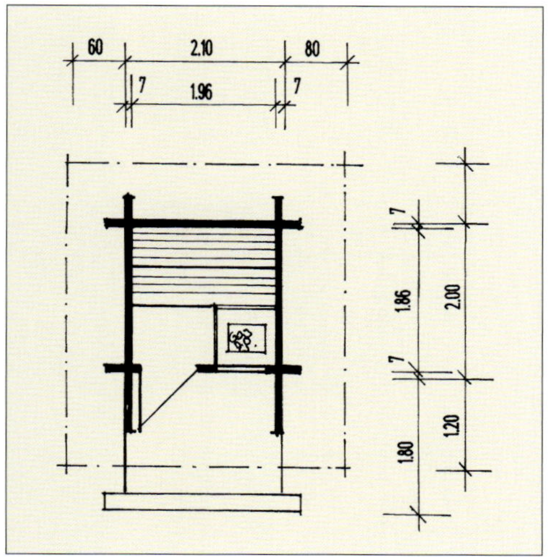

Grundfläche	*7,98 m²*
Sauna	*3,65 m²*
Veranda, teilüberdacht	*3,78 m²*

Bild 4.12 *Fertiganlage – Typ Rauma (FINNJARK GmbH & Co. KG, Hamburg)*
Ein kleines Blockhaus, als Sauna ausgerüstet. Hier muss vorausgesetzt werden, dass Umkleidemöglichkeit und Dusche in der Nähe sind.
Stützfundament ausreichend.

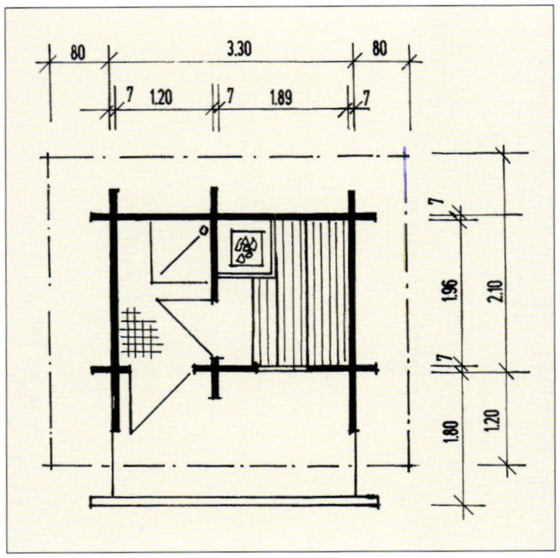

Grundfläche	*12,87 m²*
Sauna	*3,70 m²*
Vorraum	*2,35 m²*
gesamt netto	*6,05 m²*
Veranda, teilüberdacht	*5,94 m²*

Bild 4.13 *Fertiganlage – Typ Turku (FINNJARK GmbH & Co. KG, Hamburg)*
Die Sauna bietet zwei liegenden oder drei bis vier sitzenden Personen gut Platz.
Im Vorraum ist eine Dusche untergebracht und es ist genug Platz zum Umkleiden und Sitzen.
Stützfundament ausreichend.

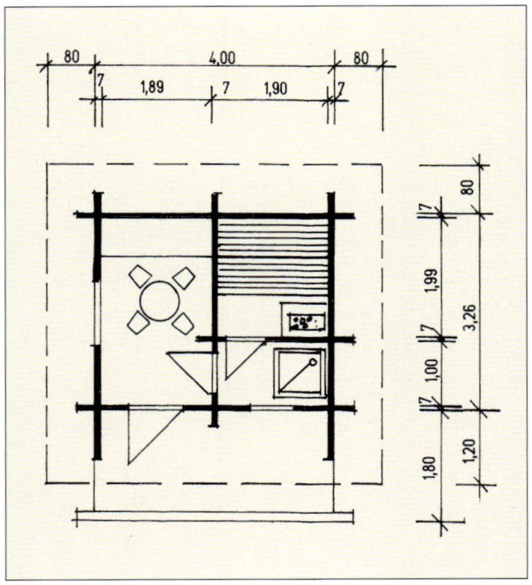

Grundfläche	*20,00 m²*
Sauna	*3,78 m²*
Duschraum	*1,90 m²*
Ruheraum	*5,78 m²*
Veranda, teilüberdacht	*7,20 m²*

Bild 4.14 *Fertiganlage – Typ Inari (FINNJARK GmbH & Co. KG, Hamburg)*
Ein ideales Sauna-Blockhaus. 3 Räume bieten alles, was man sich wünschen kann:
Sauna – Duschraum – Ruheraum.

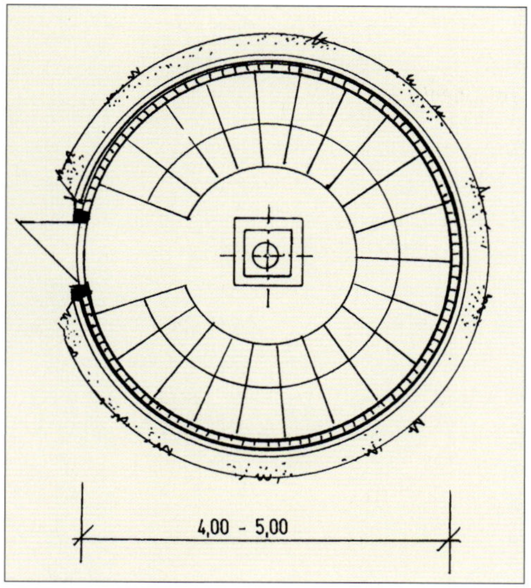

Bild 4.15 *Fertiganlage – Typ Wiking-Sauna (Finnjark Sauna und Blockhaus GmbH, Hamburg) Der Hügel, der es »in sich hat« – eine gelungene Variante zum Thema Erdsauna. Zeltartige Konstruktion, runde bzw. leichte Ellipsenform. Konstruktion von außen nach innen:*

- *Grasbewuchs*
- *Erde*
- *Wasserdichte Folie mit Wurzelschutz*
- *Fachwerk*
- *Schalung*
- *Wärmedämmung (A1 Material)*
- *Dampfsperre*
- *Holzschalung auf Lattung zur Hinterlüftung*

Natürlich ist die Beheizung mit einem handelsüblichen elektrischen Saunaofen einfacher und unkomplizierter, Feuerungsöfen ergeben jedoch in Verbindung mit den Massivholz-Blockbauten ein wesentlich besseres Saunaklima.

Im Blockhaus oder im angrenzenden Freiraum muss selbstverständlich auch an **Vorreinigung und Abkühlung** gedacht werden; außerdem herrscht nicht immer Hochsommer, d. h. es sollte auch zur Reinigung und zum Fußwärmen warmes Wasser zur Verfügung stehen (Elektroboiler, Durchlauferhitzer).

4.2 Saunaanlagen für öffentliche Nutzung

Gleich, welcher speziellen Nutzung die Anlage zuzuordnen ist, ob als

- Gemeinschaftsanlage in Sportstätten
- gewerblich betriebene Anlage im Wohngebiet
- Anlage in Hotel oder Kureinrichtung
- Anlage im Saunaclub usw.,

für das Errichten und Betreiben gelten die im Kapitel 2 genannten Bau- und Rechtsvorschriften in Verbindung mit der Bauordnung des jeweiligen Bundeslandes.

Bauordnung des jeweiligen Bundeslandes

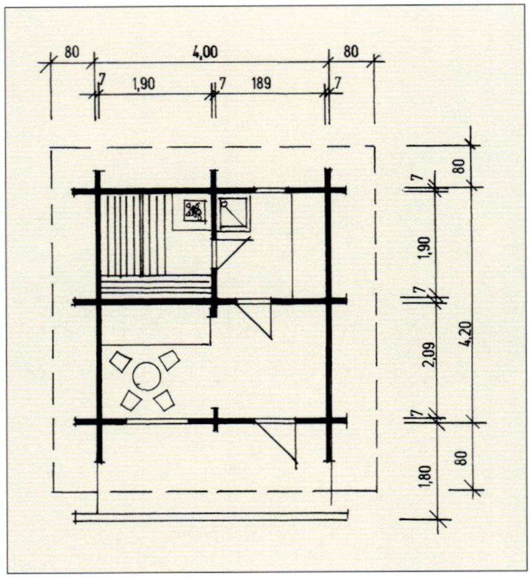

Bild 4.16 *Fertiganlage – Typ Vaasa*
(FINNJARK GmbH & Co. KG, Hamburg)
Ein großzügiges ideales Sauna-Blockhaus für den privaten bzw. kleinen gewerblichen Bereich.
Eine geräumige Sauna bietet drei liegenden oder vier bis fünf sitzenden Personen gut Platz, der Nass- und der Vorraum bieten jeweils viel Bewegungsfreiheit. Sie können den Vorraum auch gut als Gästeraum oder als Platz für Mußestunden nutzen.

Grundfläche	*24,00 m²*
Sauna	*3,61 m²*
Nassraum	*3,59 m²*
Ruheraum	*8,07 m²*
gesamt netto	*15,27 m²*
Veranda, teilüberdacht	*7,20 m²*

Der **Funktionsablauf** zeigt die Verkettung der einzelnen Flächen und Räume. Zur Einhaltung der Hygiene- und Sicherheitsbestimmungen ist der Funktionsablauf durch die Anlage einzuhalten und damit im Vorfeld baulich zu berücksichtigen: Für jede Funktion ist eine entsprechende Fläche oder ein entsprechender Raum – dem Nutzflächenbedarf gemäß der Besucherzahl – zu schaffen und eine einwandfreie bautechnische Ausbildung der bauphysikalisch hoch beanspruchten Bauteile zu sichern.

Diesem verhältnismäßig hohen Aufwand sollte ein möglichst hoher Auslastungsgrad gegenüberstehen. Eine Reduzierung des Aufwandes durch Einschränkung des Raumprogramms führt immer zu Funktionsverlusten, z. B.:

1. Ohne Freiluftraum mangelt es an sauerstoffreicher Luft für die Saunabenutzer.
2. Räumlich zusammengelegte Funktionen wie Vorreinigung und Abkühlung führen zu
   - Klimaverschlechterung für die Abkühlphase (hohe Luftfeuchtigkeit und Schwüle durch die warmen Brausen der Vorreinigung)
   - Verschmutzung des Abkühlraumes durch Verwendung von Duschgel oder Seife bei der Vorreinigung
3. Ohne Ruheliegen entfällt die Ruhepause zum Abklingen der Belastung.

falsche Einsparungen beim bautechnischen Ausbau

Falsche Einsparungen beim bautechnischen Ausbau führen, so haben die Erfahrungen gezeigt, zu erheblichen Schäden:

- Einsparungen an der Wärmedämmung der Kabine führen zu überhöhten Energiekosten, schlechtem Saunaklima, Durchfeuchtung der Holzkonstruktion – hohe Luftfeuchte in der Kabine, Schimmel- und Schwammbildung.
- Einsparungen bei der Lüftung der Nassräume führen unweigerlich zu unerwünschten Klimaverhältnissen (Schwüle) und beeinträchtigen die physiologische Wirkung. Ein zu hoher Luftfeuchtigkeitsanteil belastet die Bauteile und führt zur Durchfeuchtung, zu Schimmelbildung und damit zu einem erhöhten Aufwand bei der Werterhaltung.

Eine **öffentliche Anlage** darf nur durch ausgebildetes Personal betrieben werden.

ausgebildetes Personal

Im Kapitel 5, Raumbuch mit Funktionselementen, werden alle für die Planung erforderlichen Flächen- und Ausstattungswerte gegeben.
Die im Buch dargestellten Anlagen sind Beispiele zu unterschiedlichen Aufgabenstellungen, sie zeigen die Vielfältigkeit der Grundrisslösungen.
Anlagen für die öffentliche Nutzung sollten durchaus mit anderen therapeutischen Funktionen (z. B. Massage, Solarium) verknüpft und angeboten werden, um den Wünschen der Badenden zu entsprechen. Auch ist die Kombination mit anderen Bädern und Badeformen in einer »Bade-Landschaft« sinnvoll und entspricht den Wünschen der Badenden.

Bade-Landschaft

Auf keinen Fall ist jedoch eine Kombination mit aktivem Bewegungstraining wie Schwimmen, Krafttraining, Ergometer zu empfehlen (niemals zusammen nutzen).

keine Kombination mit aktivem Bewegungstraining

Für eine öffentlich genutzte Anlage sollte generell die Geschlechtertrennung eingehalten werden. Die übliche Methode ist das Anbieten von unterschiedlichen Badezeiten.
In Saunaclubs und an Familientagen wird diese Geschlechtertrennung bei uns nicht mehr eingehalten. Das gemeinsame Baden sollte vom Saunabetreiber durch ein differenziertes Raumangebot berücksichtigt werden. Umkleidekabinen mit Schrankraum, Vorreinigung und WC-Anlagen müssen für beide Geschlechter als getrennte Anlagen zur Verfügung stehen. Saunakabine, Abkühl- und Ruheraum werden gemeinsam genutzt.

gemeinsames Baden

Man bedenke: Jeder Mensch erwartet in bestimmten Situationen die Wahrung seiner Intimsphäre; diese sollte man ihm auch in der Saunaanlage bieten. Eine Anlage ist umso attraktiver, je mehr sie die Erfüllung der Bedürfnisse des einzelnen Badegastes in ihrem Raumangebot berücksichtigt und je mehr unterschiedliche Bedingungen die Gesamtanlage und das Flächenangebot erfüllen können.

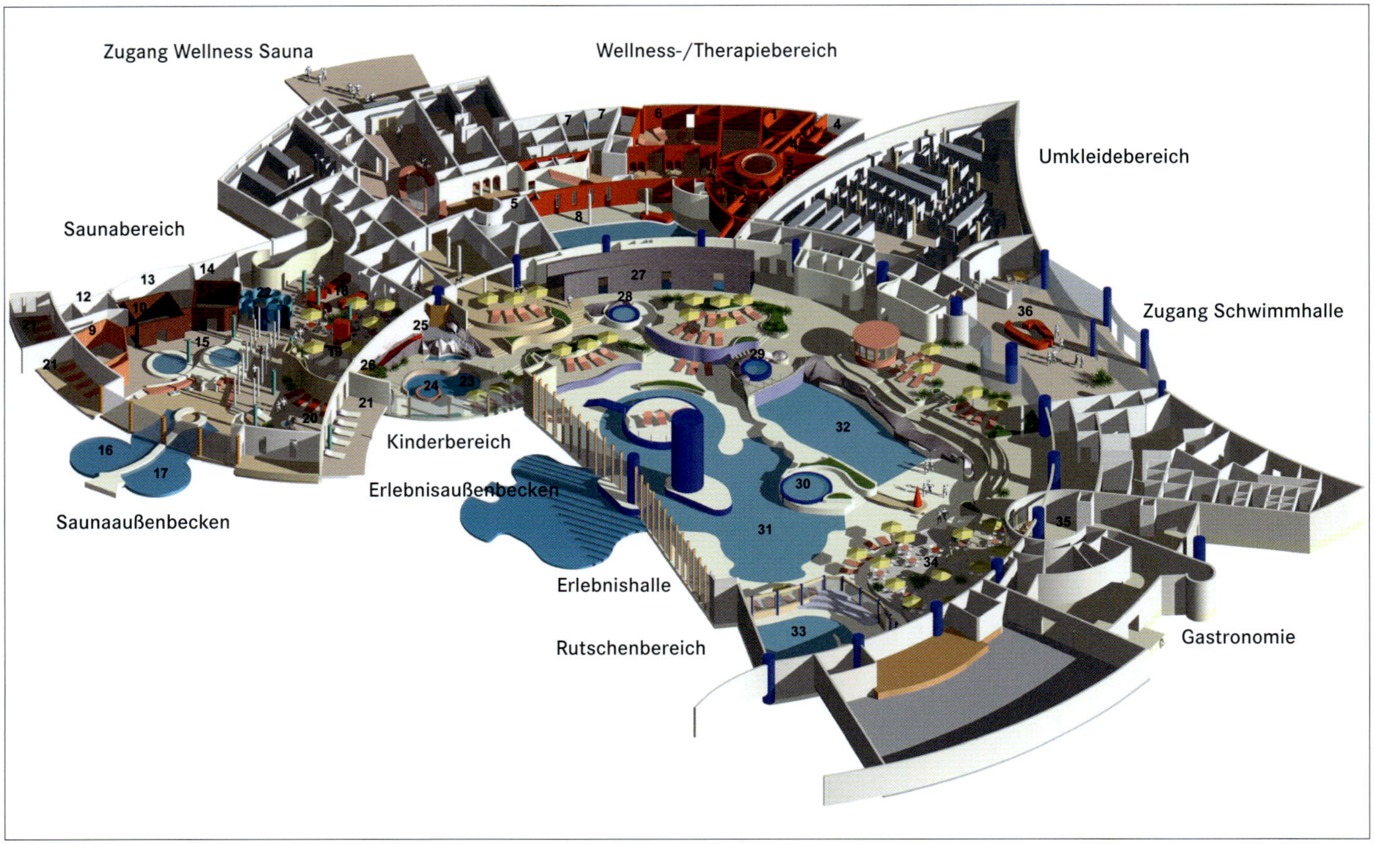

Bild 4.17
Natur-Therme Templin

Wellness-/Therapiebereich
- *1 Rasul*
- *2 Hamam*
- *3 Dampfbad*
- *4 Salbung*
- *5 Traumbad*
- *6 Ruheraum mit Sitznischen*
- *7 Caracallabad und Thalassobad*
- *8 Therapiebecken-Aqua musicale*

Saunabereich
- *9 Priessnitzbad*
- *10 Brechelbad*
- *11 Bauernsauna*
- *12 Dampfbad*
- *13 Massage*
- *14 Solarien*
- *15 Saunapools*
- *16 Warmbecken, innen und außen*
- *17 Kaltbecken, innen und außen*
- *18 Saunagastronomie mit Saunabar*
- *19 Kaminecke*
- *20 Ruheraum mit Wärmeliegen*
- *21 Ruheräume*
- *22 Erlebnisduschen mit Eisbrunnen*

Kinderbereich
- *23 Kinderbecken*
- *24 Babymulde*
- *25 Kinderrutsche*
- *26 Kinderhaus mit Wickelraum und WC*

Badelandschaft-Erlebnishalle
- *27 Grottengang*
- *28 Sole-Pool 1*
- *29 Sole-Pool 2*
- *30 Sole-Pool 3*
- *31 Erlebnisbecken innen*
- *32 Wellenbecken*
- *33 Rutschenlandebecken*
- *34 Gastronomie intern*
- *35 Gastronomie extern*
- *36 Foyer*

Saunalandschaft außen mit Blockhaussauna, Erdsauna, Galeriesauna und Außenduschen, siehe Seite 103

Jede öffentliche Anlage sollte einen attraktiven Aufenthaltsbereich mit Getränkebar und Unterhaltungsecken bieten. Im Idealfall unter Einbeziehung vorhandener Garten- und Grünbereiche.

Aufenthaltsbereich

Für große Anlagen sollten unterschiedlich beheizte Saunakabinen angeboten werden, die unterschiedlich genutzt werden können (Kapitel 11) z. B.:

- Kabine mit Elektro-Ofen
- Kabine mit Feuerungsofen.

Für große Anlagen sollten bei der Planung also Angebotsvarianten überlegt werden:

unterschiedlich beheizte Saunakabinen

1. Angebot von 2 Stück Kabinen
   - Kabine 1 mit Elektro-Ofen
   - Kabine 2 mit Feuerungsofen, auch als Rauchsauna nutzbar
2. Angebot von 2 Stück kleineren Anlagen
   - vom Umkleiden über Vorreinigung und WC-Anlage, Saunakabine und Abkühlraum als getrennte Anlagen
   - Ruheraum und Gemeinschaftsraum für eine gemeinsame Nutzung.

Diese Anlagen werden von den Saunabesuchern eher angenommen als Großkabinen, da die Großkabine kaum dem individuellen Entspannungsbedürfniss gerecht wird (zuviel Unruhe durch ständigen Wechsel).

4.3 Bauliche Bedingungen für Rollstuhlbenutzer

Auf den Rollstuhl angewiesene Menschen stoßen in unserer (baulichen) Umwelt ständig auf Barrieren, die ihnen die Teilnahme am gesellschaftlichen Leben nicht nur erschweren, sondern sie behindern und in der Erfüllung ihrer individuellen Bedürfnisse mehr als einschränken. Öffentliche Badebereiche machen da keine Ausnahme. Rollstuhlbenutzer – und das ist vielen noch nicht klar – haben die gleichen Bedürfnisse, wie Gesunde. Die Einrichtungen, die sie benutzen möchten, müssen dementsprechend gestaltet werden. Das kann oft ohne großen Aufwand geschehen, aber es bedarf des Sich-Hineindenkens in die Bewegungsabläufe unserer Mitmenschen.

Barrieren erschweren die Teilnahme am gesellschaftlichen Leben

Eine Saunaanlage kann für diese Menschengruppe nicht nutzbar gemacht werden, indem man sie über diesen »Barriereparcours«, der für Gesunde schon mitunter

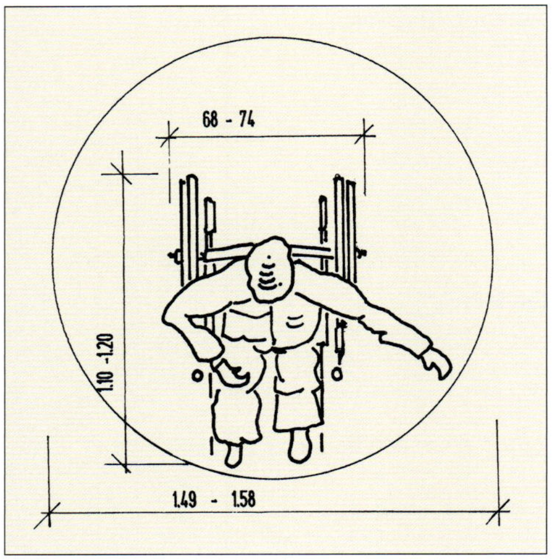

Bild 4.18 *Bewegungsfläche für Rollstuhlbenutzer*

nachteilig ist, zwängt. Auf den Rollstuhl angewiesene Saunabenutzer benötigen eigens für sie ausgebaute **größere Flächen, andere Griffhöhen** für Türklinken, Schalter, Telefone usw., **schwellenlose Zugänge** zu den einzelnen Räumen und größere Türbreiten (85 cm Durchgangsbreite) sowie Haltegriffe an den wichtigsten Funktionspunkten.

Die Saunakabine muss grundlegend anders aufgebaut werden. Eine Bedingung muss erfüllt sein: Der rollstuhlgebundene Badegast soll sich in der Anlage frei und selbstständig bewegen können, ohne auf die ständige Hilfe anderer angewiesen zu sein.
In der Anlage nutzt der Badende einen speziellen Rollstuhl.

Umkleidekabine und Vorreinigungsraum

In diesem Fall sollten der Vorreinigungsraum und der Abkühlraum ein Raum sein, der mit einem rollstuhlgerechten WC-Platz mit Waschtisch und einer rollstuhlgerechten Duschanlage eingerichtet ist.

rollstuhlgerechte Mindestmaße

- Ein Behinderten-WC muss mindestens 1,85 x 1,85 m groß sein.

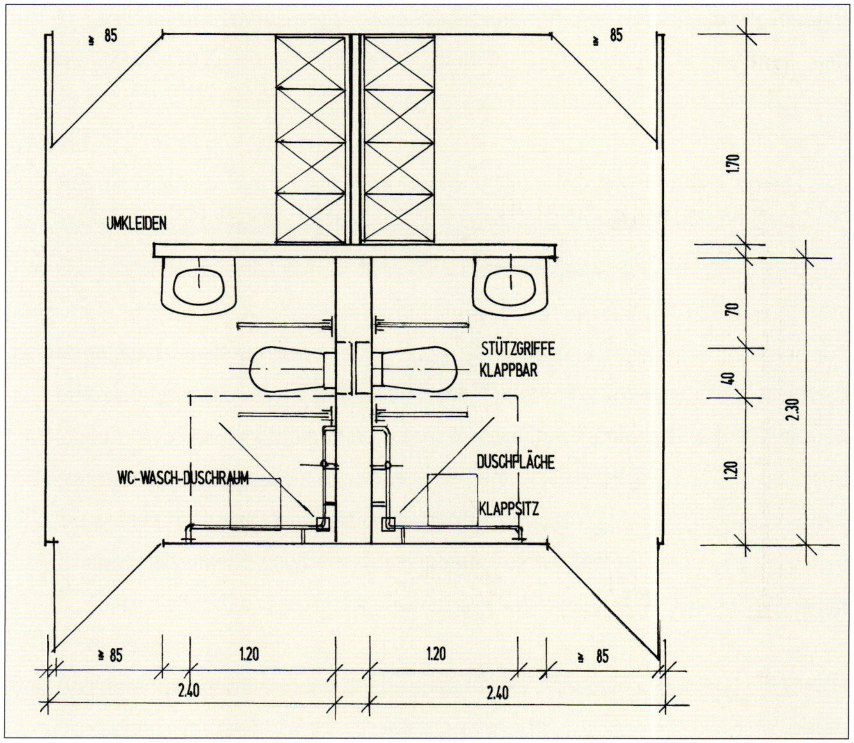

Bild 4.19 *Umkleideraum, WC und Duschanlage für Rollstuhlbenutzer*

- Die Türdurchgangsbreite muss mindestens 0,85 m betragen.
- Ein Duschplatz darf nicht kleiner als 1,05 m breit und 1,50 m lang sein und muss ohne Schwelle im Fußboden mit leichtem Gefälle zum Fußbodeneinlauf hin angeordnet werden (keine Duschtasse).

spezielle Ausstattungen für Rollstuhlfahrer

Es empfiehlt sich, in einer dieser speziellen Saunaanlagen 2 bis 3 solcher Kombinationsräume anzuordnen: ein Raum, in dem die Unterteilung nur durch türhohe lichte Trennwände erfolgt, die Bedienarmaturen und Türklinken 80 cm über OKF, Schalter und Ruftaster als Zugschalter. Türdrücker sind nicht in den Raumecken anzuordnen, damit der Nutzer bei Türöffnung nicht zurückfahren muss. Die Haltegriffe an WC und Waschbecken sind beidseitig klappbar auszubilden. Es gibt umlaufende Haltestangen im Duschbereich. Umkleideschränke sind mit kleinen Drehtüren oder besser noch mit Schiebetüren auszurüsten (Angaben nach DIN 18024 – Bauliche Maßnahmen für Behinderte und alte Menschen im öffentlichen Bereich).

Saunakabine

Saunakabine

Um dem im Rollstuhl Sitzenden die entsprechende Saunatemperatur bieten zu können, muss der Zugang in die Kabine ebenengleich in eine andere Temperaturhöhe (Ebene) verlegt werden. Wir können davon ausgehen, dass der Baderollstuhl in seiner Sitzfläche etwa 40 cm hoch ist. Wenn der Saunazugang 40 cm über dem Nor-

Bild 4.20 *Saunakabine für Rollstuhlbenutzer*

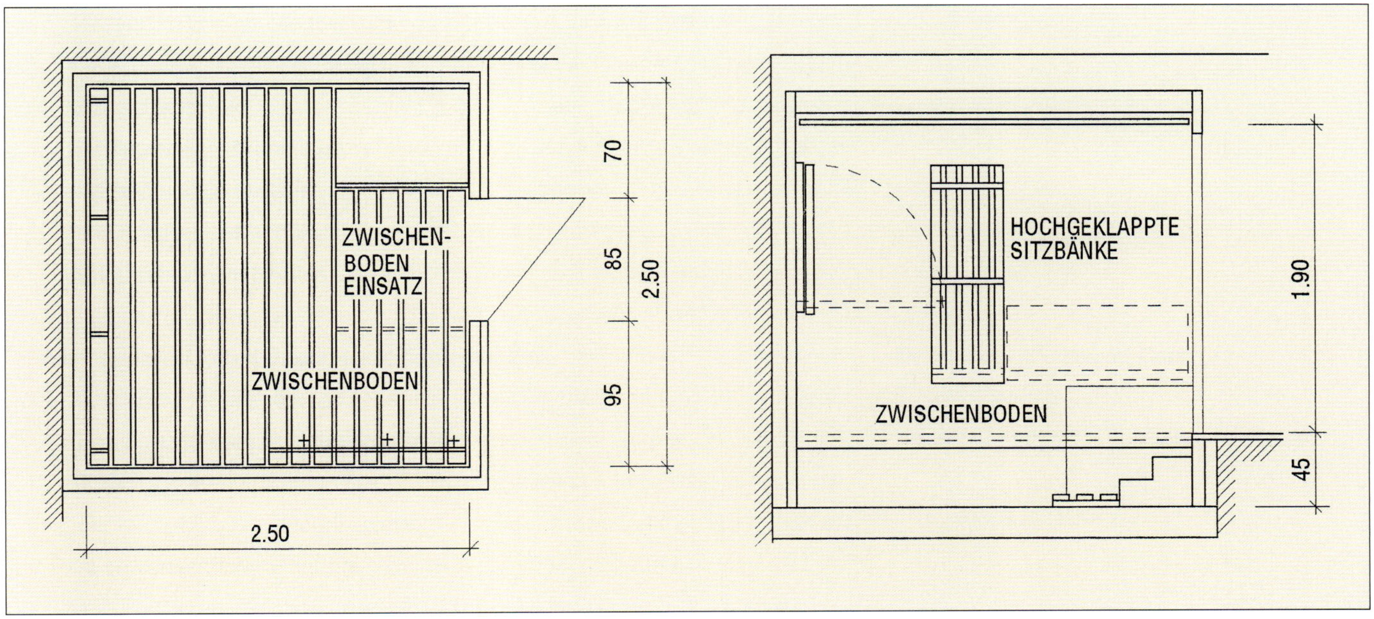

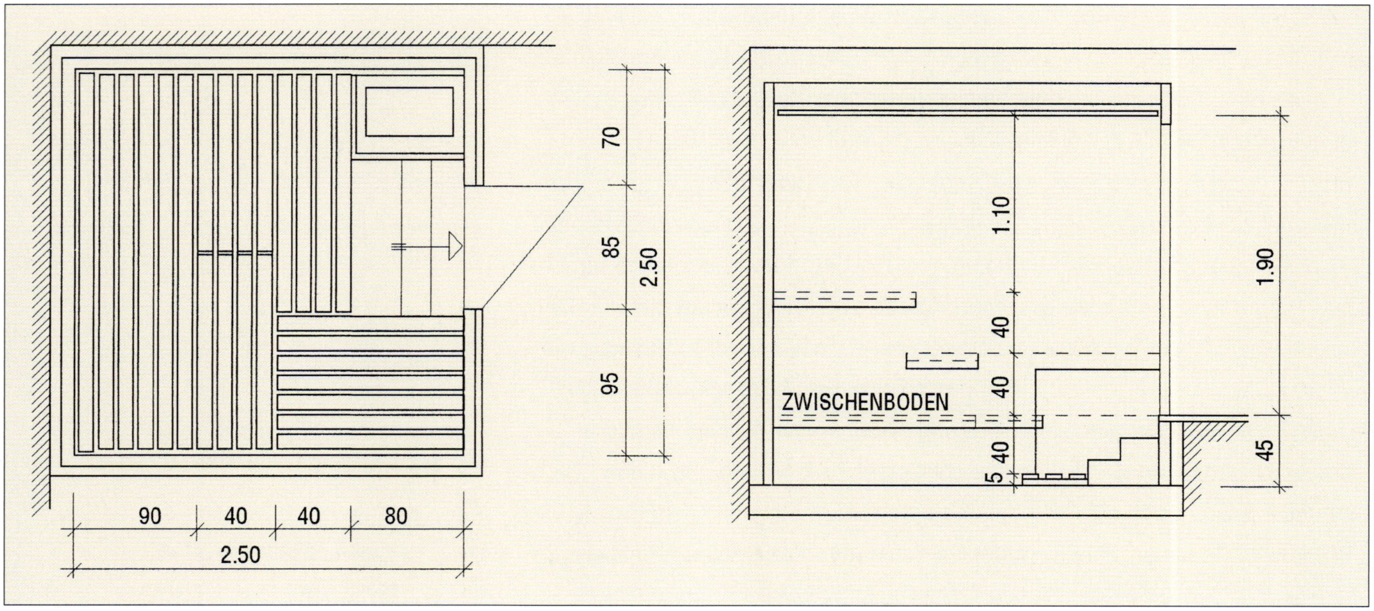

Bild 4.21 *Saunakabine für Rollstuhlbenutzer, umgerüstet für Allgemeinnutzung 5 SPL*

malfußboden verlegt wird, kann der Badende 80 cm über dem Fußboden sitzen; dies entspricht der zweiten Bankhöhe und bietet eine angemessene Temperaturstufe.

Absenkung um die Höhe einer Sitzstufe

Um diesen Effekt zu erreichen, ist die Saunakabine gegenüber den anderen Räumen 40 cm abzusenken, d. h. Absenkung um die Höhe einer Sitzstufe. Der Saunaofen wird ganz normal auf dem Boden stehend bzw. an der Wand hängend mit Luftzuführung unter dem Ofen installiert. Der Eingang zur Kabine ist ohne Schwelle auszubilden. Die Zugangsfläche (Flächenraum zwischen der Tür und 1. Sitzbank) wird mit einem Lattenrost abgedeckt. Es sind sowohl breite als auch eng verlegte Latten quer zur Eingangstür zu verlegen, damit die Räder der Stühle nicht in den Zwischenräumen einklemmen. Abdeckrost und 1. Bankreihe müssen eine ebene Fläche bilden, die Stufen der 2. Sitzbank werden hoch geklappt, um genügend Rollstuhlfreiheit zu bekommen. Die Kabinentür ist in diesem Fall mit einer Durchfahrbreite von 80 cm auszubilden. Die Kabine muss so ausgerüstet sein, dass sie an rollstuhlfreien Tagen für den »**Normalbetrieb**« genutzt werden kann:

»Normalbetrieb« an rollstuhlfreien Tagen

- Der Abdeckrost wird herausgenommen,
- die 2. Sitzbankhöhe wird wieder heruntergeklappt,
- die Stufe zwischen Fußboden und Tür wird mit einem Warnschild deutlich angezeigt.

4.4 Sauna im Keller und in anderen Räumen mit geringer Raumhöhe

Mindestraumhöhe

Beim Errichten einer Saunaanlage – ob als Familien- oder gewerblich betriebene Anlage – werden oft Flächen ausgebaut, die nicht die erforderlichen Mindestraumhöhen für das Aufstellen einer Saunakabine besitzen:

- **2,40 m** — Für das Aufstellen einer frei im Raum stehenden Kabine ist eine Raumhöhe von mindestens 2,40 m erforderlich. Die Kabine ist dabei mit einem Abstand von 40 cm vor der Raumtrennwand aufzustellen, so dass eine gute Luftzirkulation gegeben ist und eine Säuberung der Zwischenräume ermöglicht wird.
- **2,25 m** — Die Saunakabine wird in einer Ecke des Raumes eingebaut, oder ein ganzer Raum wird Saunakabine. Die lichte Raumhöhe muss dann mindestens 2,25 m betragen. Die Kabinenwand kann direkt an die bestehende Wand angebaut werden (Wärmedämmung an der Raumwand).

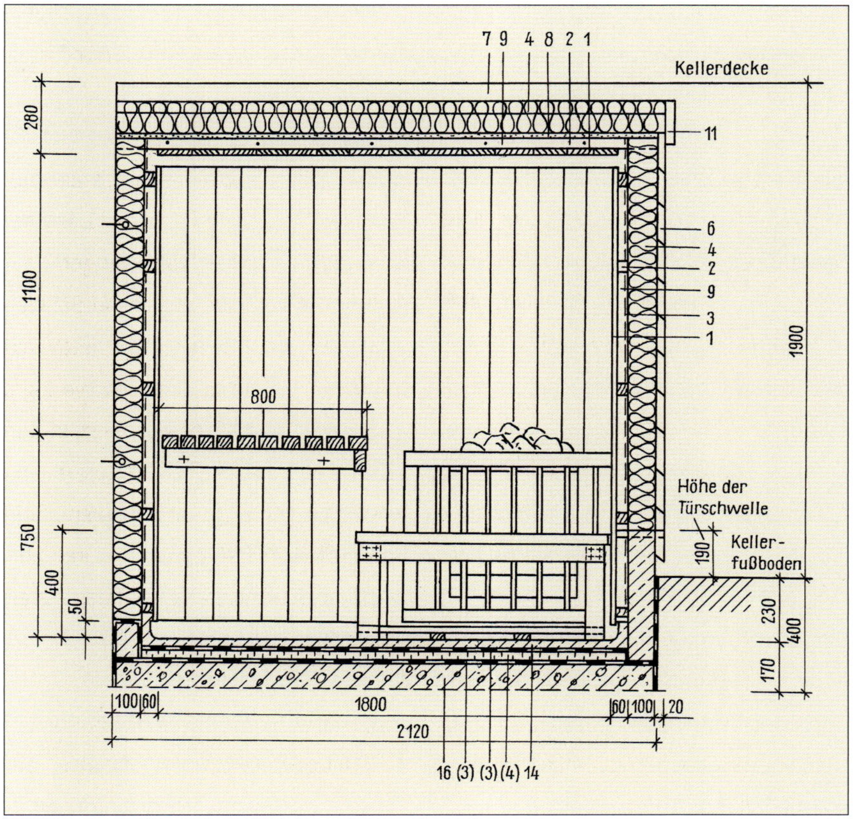

__Bild 4.22__ Saunakabine für Räume mit geringer Raumhöhe – Vergrößerung der Raumhöhe durch Absenken des Fußbodens im Kabinenbereich

1 Innenschalung
2 Lattung
3 Dampfsperre
(3) Dichtung geklebt
4 Wärmedämmung
(4) Wärmedämmung
5 Kantholz-Tragkonstruktion
6 äußere Schalung
7 Luftraum über der Decke
8 Stakung
9 Luftraum
10 Deckenbalken der Kabine
11 Stirnbrett
12 Putz
13 Mauerwerk
14 Zementestrich
15 Montagehalterung (Draht) für die Wärmedämmung

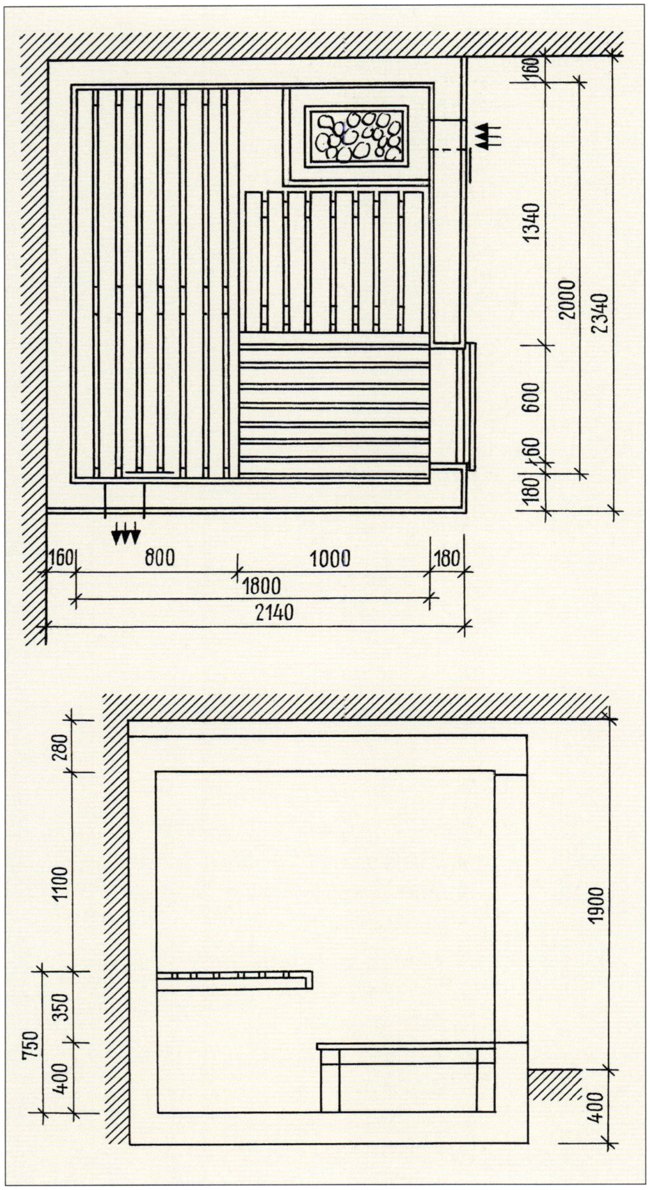

Bild 4.23 *Saunakabine mit unterer Sitzbank als Laufebene*

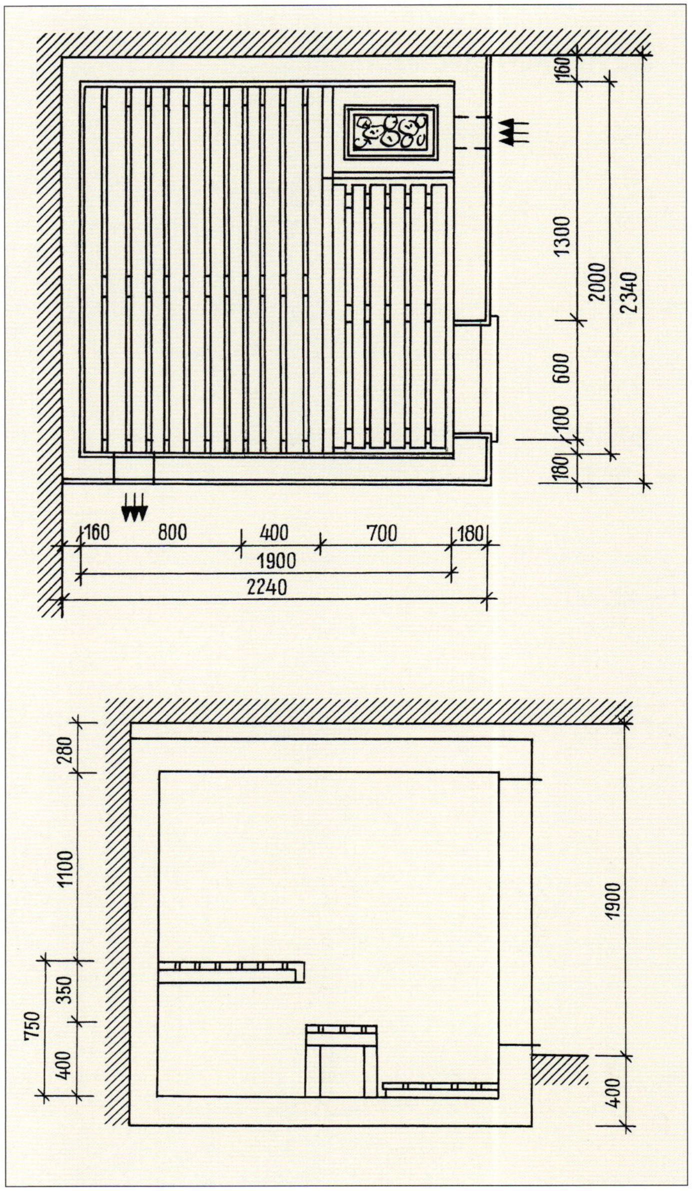

Bild 4.24 *Saunakabine mit überhöhter Schwelle*

Einbauvorschlag bei geringen Raumhöhen:

abgesenkter Bodenbereich

Stehen die geforderten Raumhöhen nicht zur Verfügung, muss durch Vertiefung des Fußbodens im Kabinenbereich die erforderliche Höhe gewonnen werden. Im abgesenkten Bodenbereich muss wieder ein vollständig neuer Fußbodenaufbau mit Wärmedämmung ausgebildet werden. Die Abbildungen zeigen hierzu ein Schema-

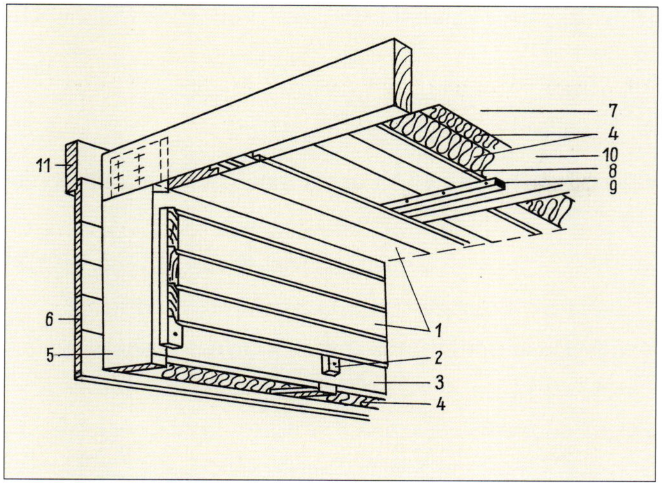

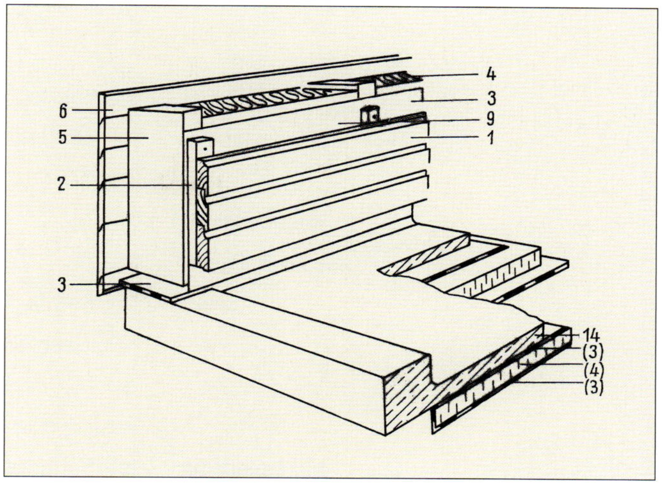

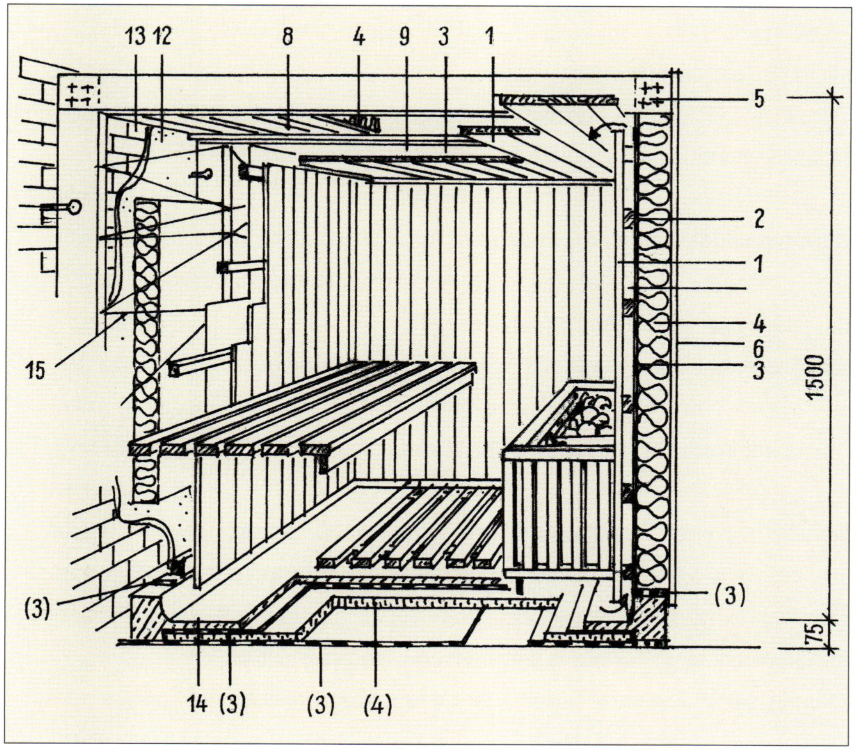

Bild 4.25 *Wand-Deckenausbildung*

Bild 4.26 *Fußpunktausbildung*

Bild 4.27 *Minikabine mit geringer Kabinenhöhe*

Legende zu den Bildern 4.25, 4.26, 4.27

1 Innenschalung
2 Lattung
3 Dampfsperre
(3) Dichtung geklebt
4 Wärmedämmung
(4) Wärmedämmung
5 Kantholz-Tragkonstruktion
6 äußere Schalung
7 Luftraum über der Decke
8 Stakung
9 Luftraum
10 Deckenbalken der Kabine
11 Stirnbrett
12 Putz
13 Mauerwerk
14 Zementestrich
15 Montagehalterung (Draht) für die Wärmedämmung

beispiel. Der konstruktive Aufbau der Kabine unterscheidet sich nicht von Kabinen für normale Raumhöhen. Es muss jedoch mit einer niedrigeren Türhöhe vorlieb genommen werden, die von der **Absenktiefe** – die wiederum 40 cm nicht überschreiten sollte – abhängig ist.

Absenktiefe ≦ 40 cm

4.5 Kapazitätsangaben

4.5.1 Begriffsbestimmungen

Saunaanlage

a) Saunaanlage

Die Saunaanlage ist die Gesamtheit aller zum Betrieb einer Sauna gehörigen Räume.

Sauna

b) Sauna

Die Sauna ist der zentrale Raum einer Saunaanlage, in dem nach dem alten finnischen Prinzip bei heißem, trockenem Klima das Schwitzbad durchgeführt wird.

Saunaplatz

c) Saunaplatz

Als Saunaplatz (SPL) wird ein Sitzplatz in der Sauna bezeichnet. Dabei ist als Sitzplatzbreite 0,9 bis 1,1 m anzusetzen, um den notwendigen freizügigen Platzwechsel in der Sauna zu sichern. Liegeflächen beanspruchen im Durchschnitt 2 bis 3 Sitzplätze; Flächen, die nur zum Liegen geeignet sind, werden jeweils als 1 Saunaplatz gerechnet.

Anwesende Besucher, Badende

d) Anwesende Besucher, Badende

Die Anzahl der gleichzeitig anwesenden Besucher ist etwa wie folgt anzusetzen (damit ist gleichzeitig die Anzahl der erforderlichen Umkleideplätze festgelegt):

- Anzahl der Saunaplätze
- zuzüglich der möglichen Anzahl von Badenden in der Vorreinigung, im Abkühlraum, im Ruheraum und im Gastraum; entspricht im Allgemeinen dem 1,3fachen der Anzahl SPL
- zuzüglich der möglichen Anzahl von Badenden, die sich während dieser Zeit aus- bzw. ankleiden; entspricht im Allgemeinen dem 0,7fachen der Anzahl SPL

Demnach entspricht die mögliche Anzahl der gleichzeitig anwesenden Personen in der Saunaanlage mindestens der 3fachen Anzahl der Saunaplätze.

4.5.2 Größenordnung

vier Saunagrößen

Zur Vereinfachung der folgenden Darlegungen werden vier Saunagrößen nach der Anzahl der Kabinenplätze angesprochen (Tabelle 4.1). Innerhalb dieser Größen gibt es sicherlich auch eine große Variationsbreite an Sitzplätzen, die sich in die bestimmenden Merkmale der Größenordnungen eintakten.

Tabelle 4.1 Größenordnungen

Größe	Anzahl Sitzplätze	Nutzungsart
I	2 bis 4	Kleinst- oder Familiensauna
II	4 bis 5	noch Familiensauna
III	6 bis 10	gewerblich betriebene Sauna
IV	11 bis 15	große gewerblich betriebene Sauna

Tabelle 4.2 Saunaart/Größenordnung

Saunaart	Größe	Anzahl SPL Sauna	Anzahl SPL Ruheraum	Erläuterung
Familien- oder Kleinstsauna	I	2 bis 3	– (1)	1)
Familiensauna	II	4 bis 5	– (1)	1)
Sauna im öffentlichen Bereich:				
im Wohngebiet	II	4 bis 5	2 bis 3	
	III	6 bis 10	4 bis 8	
	IV	11 bis 15	6 bis 12	
im Hotel	II	4 bis 5	2 bis 3	2)
	III	6 bis 10	4 bis 8	2)
im Bereich des Sports	III	6 bis 10	4 bis 8	3)
	IV	11 bis 15	6 bis 12	4)
in Clubs und im Kurbereich	III	6 bis 10	6 bis 10	

1) Als Ruheraum sind die Ruhemöglichkeiten der Wohnung zu verwenden.
2) Das Nachruhen kann eventuell auch im Hotelzimmer erfolgen.
3) Diese Größe kann in Trainings-Sportstätten und Sportschulen Anwendung finden.
4) Diese Größe kann in allgemein genutzten Sportstätten im Schul- und Volkssport, in Freibädern und Freizeitzentren Anwendung finden.

Tabelle 4.2 zeigt, wie die einzelnen Größen den Bedarfsbereichen zuzuordnen sind. Eine Sauna im öffentlichen Bereich erfordert Personal. Mindestens eine Aufsichtsperson muss vorhanden sein. Der Bedarf ist für die einzelnen Größen und Betriebsarten unterschiedlich und wird vom jeweiligen Betreiber festgelegt.

öffentliche Sauna erfordert Personal

4.5.3 Leistungsangaben

Leistungsfähigkeit der verschiedenen Größen

Für die Planung von Saunaanlagen ist die Leistungsfähigkeit der verschiedenen Größen von Bedeutung. Neben dem Platzangebot wirken dabei noch die Faktoren Betriebszeit je Tag und die Betriebstage je Woche mit. Die tägliche Betriebszeit sollte wegen der langen unproduktiven Aufheizzeit möglichst nicht weniger als 8 bis 10 Stunden betragen. Wenn mittags begonnen wird, ist gewährleistet, dass auch nach dem Tagesstress noch eine Sauna aufgesucht werden kann. Die Anzahl der Betriebstage ergibt sich aus den örtlichen Bedingungen.

Anzahl der Betriebstage

Betriebsstunde

Als Betriebsstunde rechnet eine Stunde aus der dem Besucher zur Verfügung stehenden Zeit. Zu beachten ist aber, dass für das Personal außerdem Arbeiten außerhalb dieser Besucherzeiten anstehen.

Welche Zeit verbringt der Besucher in der Sauna?

Aufenthaltsdauer

Wenn man davon ausgeht, dass ein Besucher sozusagen das »Pflichtprogramm« mit Umkleiden, Vorreinigen, drei Saunagängen, Nachruhen und Ankleiden absolviert, so sind das etwa zwei Stunden. Dies trifft für den einen Teil der Besucher zu. Der andere, nicht geringe Teil, trifft sich mit Freunden, da kommt ein Aufenthalt an der Getränkebar und eine Unterhaltung hinzu. Je größer ein solcher Kreis, umso länger mitunter der Aufenthalt. Da vergehen leicht mal drei bis vier Stunden. Das sollte man bei der Kapazitätsberechnung der Anlage mit bedenken.

Es kommt auch vor, dass der ursprünglich begrenzte Zeitrahmen von zwei Stunden von »starken Typen« gesprengt wird, die beweisen wollen, dass sie länger als 15 min in der Sauna durchhalten und vielleicht auch mehr als drei Saunagänge für ihr Image benötigen.

Außerdem ist zu bedenken, dass das richtige Saunaklima erst dann entsteht, wenn die Kabinentür für eine Weile geschlossen bleiben kann, und das Klima nicht durch ein ständiges Auf und Zu gestört wird. Es muss also die notwendige Ruhe und Gelassenheit, die zum Entspannen gehört, gegeben sein. – Also nicht so große Saunakabinen planen, lieber zwei kleine und dann noch unterschiedlich beheizt (z. B. ein Elektro- und ein Feuerungsofen).

Anzahl der Tagesbesucher

Um die Anzahl der Tagesbesucher zu ermitteln, ist die theoretische Möglichkeit, dass innerhalb von zwei Stunden alle Saunaplätze von zwei Personen genutzt werden, in der Praxis nicht nachvollziehbar. Diese theoretische zweimalige Belegung in zwei Stunden ergibt sich aus der Überlegung heraus, dass ein Besucher innerhalb dieser zwei Stunden nur 30 bis 40 min in der Sauna schwitzt.
Unter Einbeziehung der nicht exakt bestimmbaren Einflüsse muss man vielmehr davon ausgehen, dass etwa das 1,3fache der Saunaplätze in zwei Stunden voll genutzt werden können. Daraus ergeben sich die Kapazitätsangaben je Tag nach Tabelle 4.3:

Tabelle 4.3 *Leistung je Tag*

Anzahl der Besucher pro Tag bei				
Größe	SPL	6 Betriebsstunden	8 Betriebsstunden	10 Betriebsstunden
II	4 bis 5	16 bis 20	20 bis 26	26 bis 32
III	6 bis 10	23 bis 40	30 bis 52	39 bis 65
IV	11 bis 15	43 bis 58	57 bis 78	71 bis 97

4.6 Funktionsablauf

Allgemeine Forderungen

Nutzflächen einer Saunaanlage

Die Nutzflächen einer Saunaanlage haben verschiedene Funktionen zu erfüllen, die sich etwa nach Tabelle 4.4 einordnen lassen. Im Wesentlichen ist dabei zu berücksichtigen:

Tabelle 4.4 *Nutzflächenarten*

Hauptfunktionsfläche	Nebenfunktionsfläche	Nebenfläche
Sauna	Vorreinigung	Personalaufenthaltsraum
Abkühlraum	Umkleideraum	Anmeldung
	Ruheraum	Kasse
	Massage- und Bestrahlungsraum	Sanitärräume für Besucher und Personal
	Warteraum	
	Flur	

- Saunaanlagen aller Arten können innerhalb von Gebäuden in beliebigen Etagen eingebaut oder als frei stehende Gebäude errichtet werden.

- Die Freifläche zum Abkühlen sollte so angelegt sein, dass sie von der Umgebung nicht eingesehen und somit in unbekleidetem Zustand genutzt werden kann.

- Die Saunaanlage ist in einen Stiefel- und einen Barfuß-Bereich zu trennen. Stiefel- und Barfuß-Wege dürfen sich nicht kreuzen.

- Im Nassbereich sind grundsätzlich getrennte sanitäre Anlagen mit WCs für Frauen und Männer zu errichten.

- Für das Personal sind nach dem geltenden Baurecht eigene sanitäre Anlagen vorzusehen.

Funktionskreis

- Prinzipiell laufen die Funktionen für den Benutzer in einem Kreis ab, in dessen Mitte die Sauna steht (Bild 4.28).

der Weg des Besuchers

Der Weg des Besuchers führt vom Eingang über den Warteraum zum Umkleideraum und tangiert dabei die Anmeldung (Kasse). Vom Umkleideraum geht es zur

Bild 4.28 Funktionskreis, allgemeine Forderungen

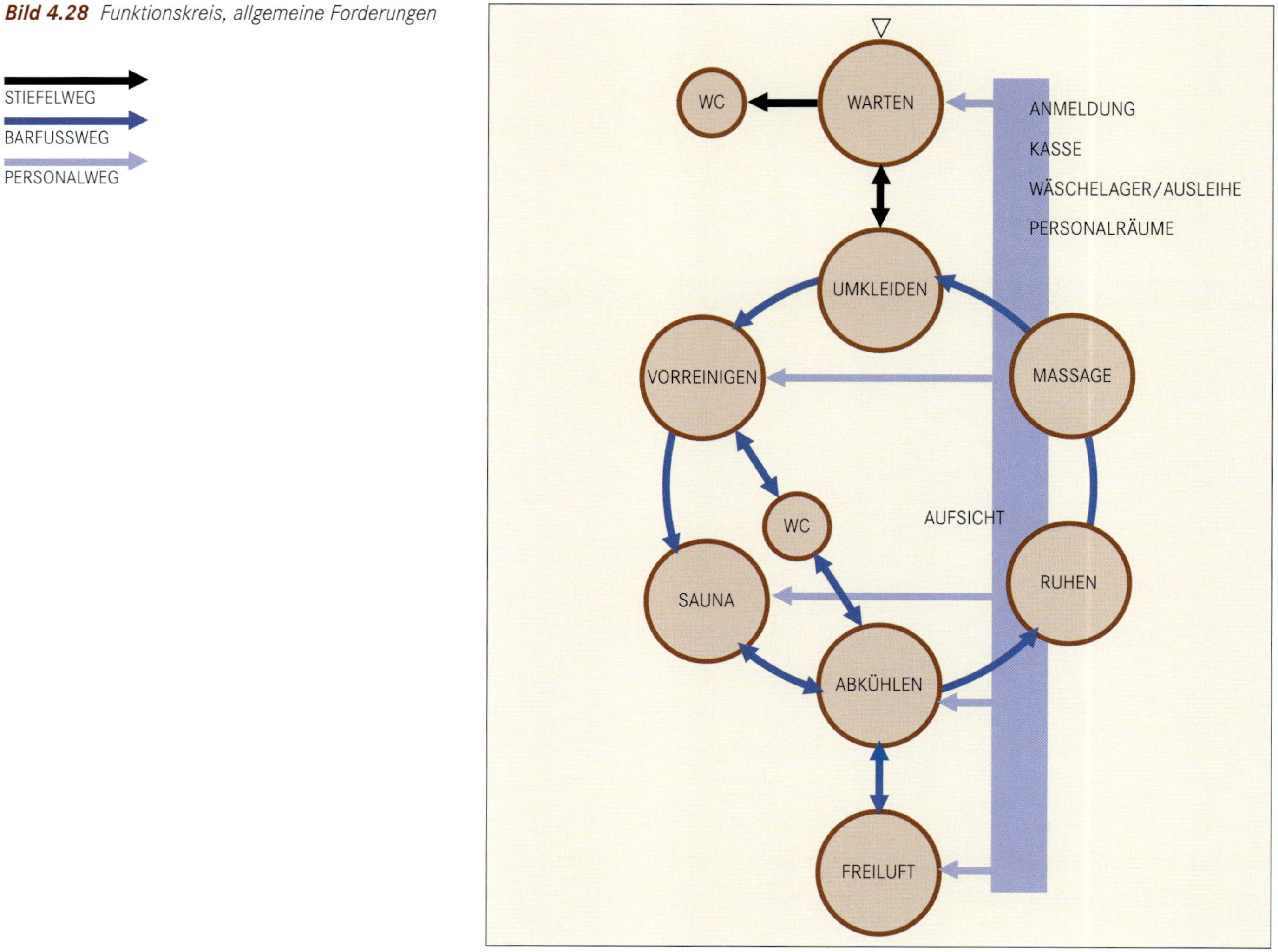

Vorreinigung; hier muss eine WC-Anlage erreichbar sein. Von der Vorreinigung führt der Weg direkt zur Sauna und von dort, ebenfalls direkt, zum Abkühlraum, ohne die Vorreinigung wieder zu berühren. Der Weg Sauna – Abkühlraum ist der am häufigsten begangene, da ihn der Besucher bei jedem Saunagang zweimal zurücklegt. Beide Räume sind daher miteinander in unmittelbare Verbindung zu bringen. Die WC-Anlage muss von hier aus ebenfalls gut zu erreichen sein. An den Abkühlraum angeschlossen ist der Freiluftraum bzw. die Abkühlanlage im Freien. Vom Abkühlraum führt der Weg weiter zum Ruheraum und von dort zurück zum Umkleideraum. Der Aufsichtsplatz des Personals sollte so gelegen sein, dass von ihm aus möglichst umfassende Sichtverbindungen bestehen und sich kurze Wege zum Komplex Vor-

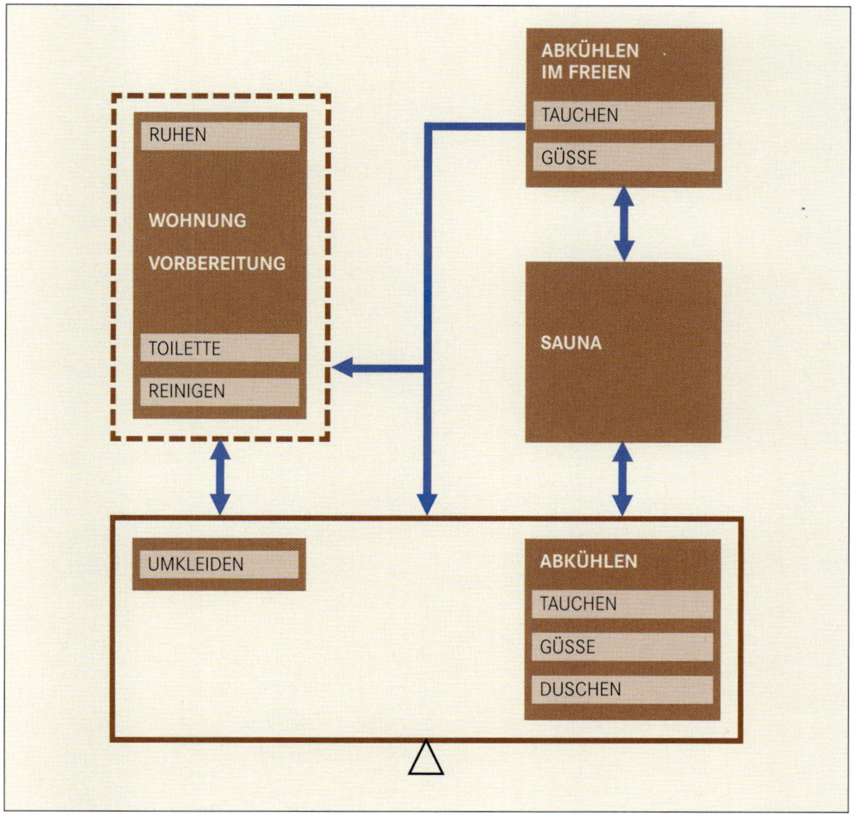

Bild 4.29 *Funktionsschema einer Familiensauna bzw. einer Sauna mit Minimalforderungen*

reinigung – Sauna – Abkühlraum ergeben. Massageplatz und Solarium können unmittelbar daneben bzw. in Verbindung mit dem Ruheraum angeordnet werden. Vom Ruheraum aus wird der Aufenthalts- oder auch Gastraum erschlossen.

Forderungen an diese Räume:

Warte- oder Aufenthaltsraum

- Im Warte- oder Aufenthaltsraum halten sich die Besucher vor dem Betreten der Saunaanlage auf. Nach Beendigung des Saunabades können hier Nachschwitz-Reaktionen abgewartet werden, um Erkältungen vorzubeugen. Die Ausstattung sollte zum Verweilen einladen. Es können auch Erfrischungen angeboten werden, wenn ein spezieller Erfrischungsraum von hier aus nicht zu erreichen ist.

Anmeldung

- Die Anmeldung erfolgt bei größeren Anlagen über einen speziellen Raum bzw. die Kasse. Bei kleineren Anlagen kann der Einlass über eine Einlassklingelanlage erfolgen.

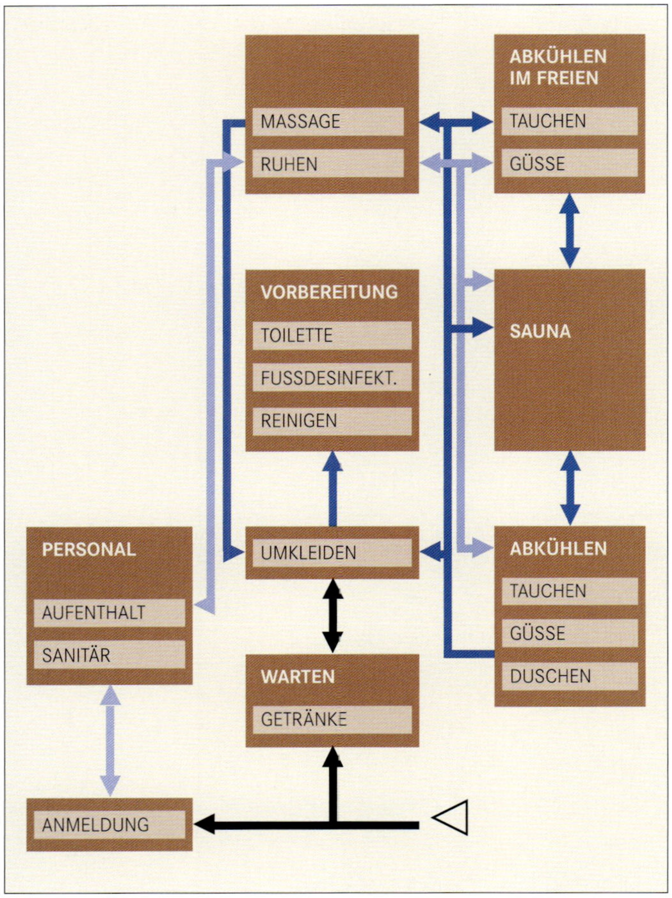

__Bild 4.30__ Funktions(grund)schema einer Saunaanlage für öffentlichen Betrieb

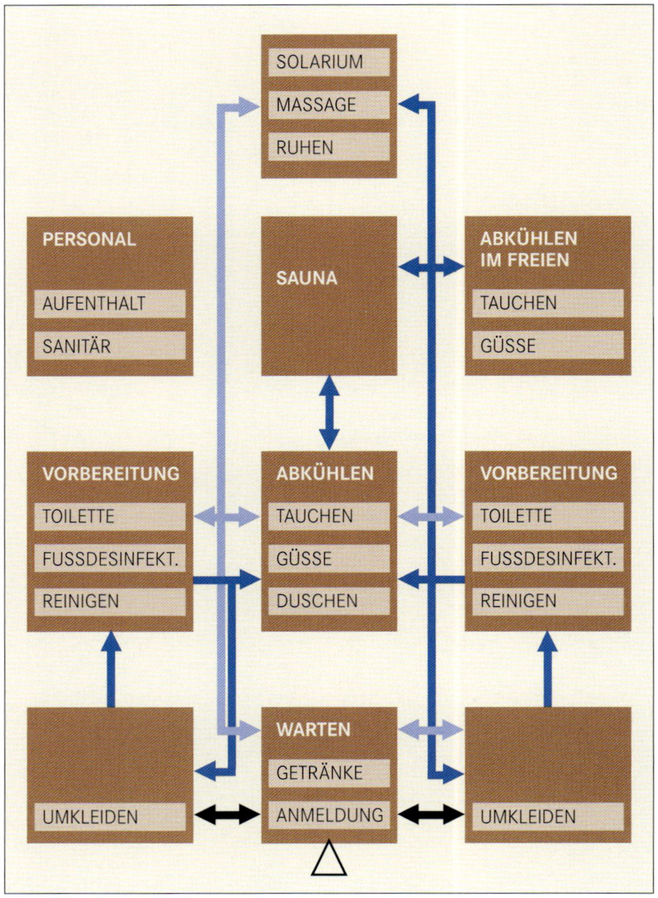

__Bild 4.31__ Funktionsschema einer Saunaanlage für öffentlichen Betrieb, Geschlechtertrennung

Umkleiden, Vorreinigen und Toiletten

- In öffentlichen Saunaanlagen, die für den gleichzeitigen Besuch von Frauen und Männern vorgesehen sind, sind für das Umkleiden und Vorreinigen sowie den Toilettenbesuch die entsprechenden Räume getrennt für beide Geschlechter zur Verfügung zu stellen.

- Im Umkleideraum sollten bei großen Anlagen 1 bis 3 Umkleidekabinen angeboten werden. Die Kleidung wird grundsätzlich in verschließbaren Spinden aufbewahrt. Bei kleinen Anlagen und bei Besucherkreisen, bei denen die persönliche Bekanntschaft vorauszusetzen ist, kann auf beides verzichtet werden.

Vorreinigen und Abkühlen

- Vorreinigen und Abkühlen sind grundsätzlich zu trennen. Bei der Vorreinigung wird hauptsächlich warmes Wasser verwendet, so dass bei großer Frequenz

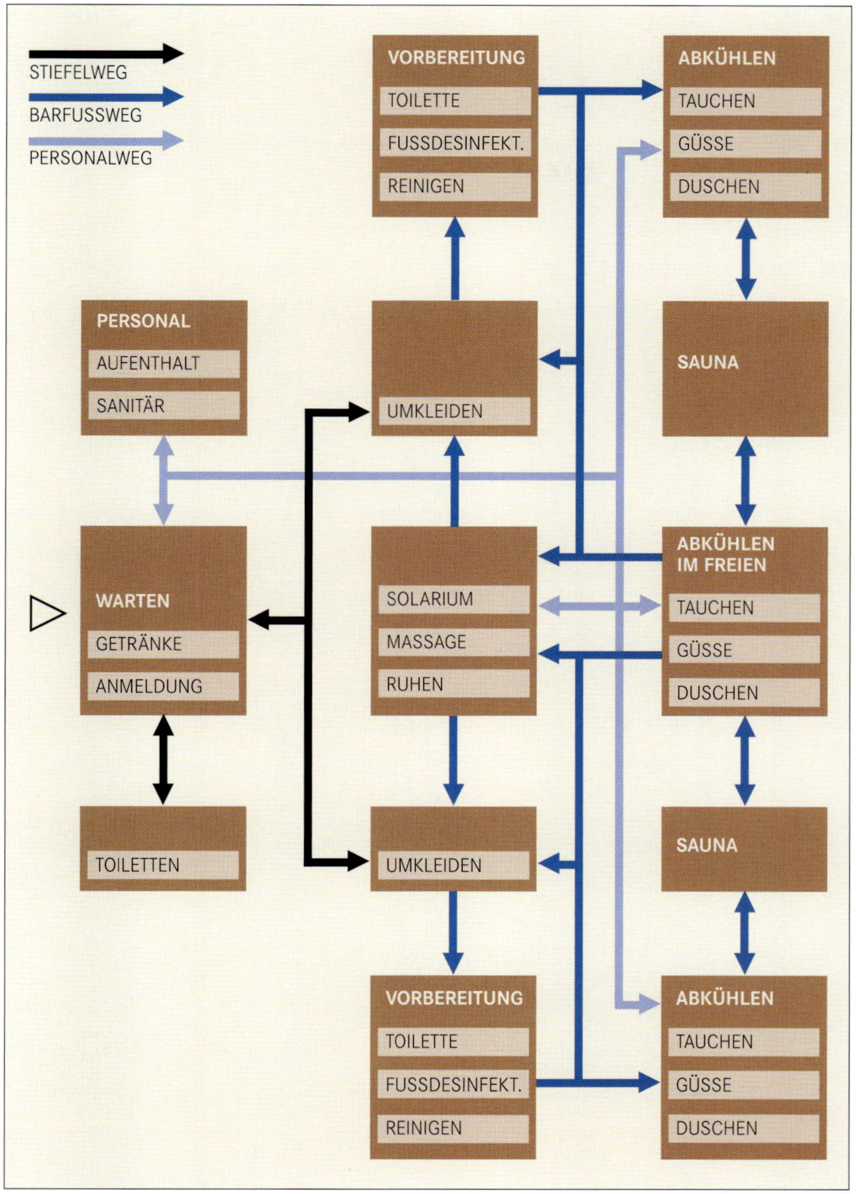

Bild 4.32 *Funktionsschema einer Saunaanlage als Doppelanlage*

eine sehr hohe Luftfeuchte (Schwüle) im Raum entsteht. Dieses Raumklima ist zum Abkühlen ungeeignet.

Beim Abkühlen dagegen wird vorwiegend kaltes Wasser benutzt. Bei kleinen Saunaanlagen, die nachweislich eine geringe Belastung haben (z. B. 3 oder weniger Betriebstage/Woche und/oder Stundenfrequenzen von 6 oder weniger Besuchern), kann ausnahmsweise ein gemeinsamer Raum vorgesehen werden.

Fußwärmbecken

- Im Vorreinigungs- und Abkühlbereich sind Fußwärmbecken vorzusehen. Eine zentrale Anordnung zwischen beiden Bereichen ist möglich.

Freiluftraum

- Der Freiluftraum ist entweder direkt oder über eine Schleuse vom Abkühlraum aus zu erschließen.

Ruheraum

- Der Ruheraum sollte sowohl mit dem Abkühl- als auch mit dem Umkleideraum unmittelbar verbunden sein.

Massageplätze und Solarien

- Massageplätze und Solarien sind im Ruhebereich anzuordnen und müssen unter ständiger Aufsicht durch das Personal stehen.

Verbindung zu einer Schwimmhalle

- Die Verbindung zu einer Schwimmhalle kann zweckmäßigerweise aus dem Bereich Umkleiden oder Warten erfolgen. Es ist zu beachten, dass das Schwimmen als zusätzliche Belastung nicht zwischen den Saunagängen, sondern erst nach einer Ruhepause anschließen darf (siehe Kapitel 2).

Gastronomische Einrichtungen

- Gastronomische Einrichtungen (Erfrischungsraum) sind lediglich in Verbindung mit dem Stiefelbereich anzubieten.

Funktionsschemata

Die **Funktionsabläufe** für die einzelnen Saunaarten gehen aus den Schemata 4.28 bis 4.32 hervor.

RAUMBUCH MIT FUNKTIONS-ELEMENTEN

Jeder Raum der Saunaanlage stellt eine einzelne Funktion und damit ein einzelnes Funktionselement dar. Die Summe der Funktionselemente in ihrem Verbund als Saunaanlage ist eine Funktionseinheit (vgl. DIN 13080). Im Raumbuch wird jedes einzelne Funktionselement (Raum) beschrieben; es wird auf seine Besonderheiten hingewiesen und die **erforderliche Fläche** sowie die **Grundausstattung** dargestellt.

erforderliche Fläche und Grundausstattung

Für die bautechnische Ausführung der Saunaanlagen gelten generell die für die einzelnen Länder verbindlichen Bauordnungen und technischen Normen.
Die dargestellten Funktionselemente sind beispielhafte Darstellungen mit einigen Angaben, z. B. zu Nutzflächen, sanitären Ausrüstungen und zur Ausstattung.

5.1 Sauna

Als Sauna gilt generell die Kabine selbst.

Größe:

Tabelle 5.1 *Saunagrößen*

Größe	I	II	III	IV
Saunaplätze	2 bis 3	4 bis 5	6 bis 10	10 bis 15
NFL in m^2	1,7 bis 2,2	2,4 bis 4,0	5 bis 10	8 bis 13
Kabinengröße m^2/Platz	1,7 bis 1,3	1,2 bis 1,6	2,0 bis 2,4	1,8 bis 2,0
lichte Raumhöhe in m	2,00	2,10	2,40	2,40
In der Kleinstsauna mit zwei Sitzstufen gilt eine lichte Raumhöhe von 1,90 m (min. 1,85 m) lichte Höhe über der oberen Stufe: 1,00 bis 1,10 m				

Probleme: Dampf, Wasserdampfdruck etwa 40 hPa. Daraus folgt:

Wandaufbau

- Bei mehrschichtigem Wandaufbau einschließlich Ziegelmauerwerk oder Beton muss auf der warmen Wandseite eine Dampfdiffusionssperre vorgesehen werden.

Dampfdiffusionssperre

- Als Dampfdiffusionssperre dürfen keine teer- oder bitumenhaltigen Materialien verwendet werden; Kunststofffolien nur dann, wenn sie Temperaturen bis 200 °C ohne Funktionsverlust vertragen. Besonders geeignet sind Folien aus Cu, Zn bzw. Aluminium.
- Ohne Dampfdiffusionssperre dürfen Saunen nur mit Konstruktions- und Dämmmaterial ausgeführt werden, das die infolge des inneren Dampfdruckes aufgenommene Feuchtigkeit leicht nach außen abgibt und selbst nicht hygroskopisch ist. Zwischen solchen Konstruktionen und dem umgebenden-

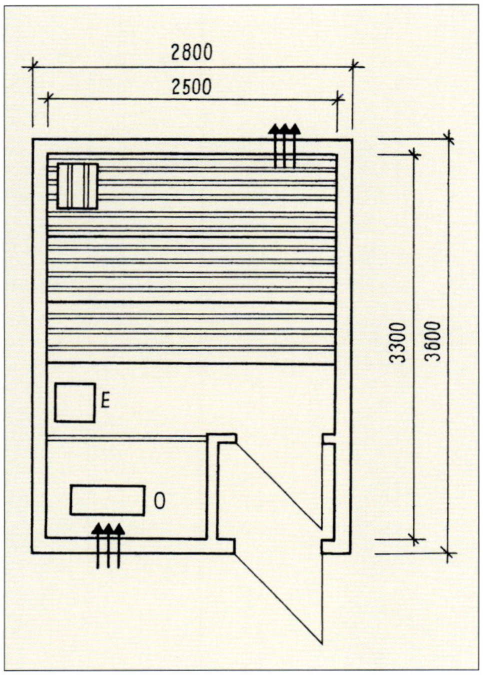

Bild 5.1 Sauna, Größe II,
8 SPL, Nutzfläche 8,3 m², 15 kW
E Hocker/Stuhl
O Saunaofen

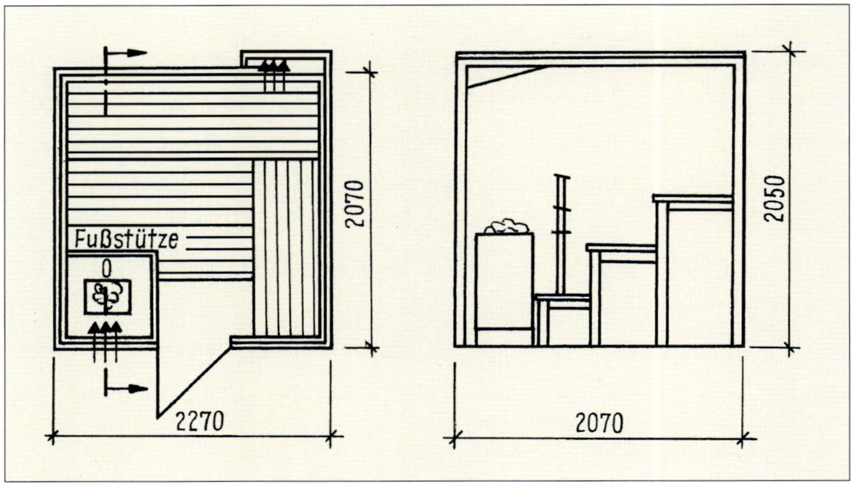

Bild 5.2 Sauna, Größe I, 6 SPL, Nutzfläche 4,0 m², 7,5 kW, O Saunaofen

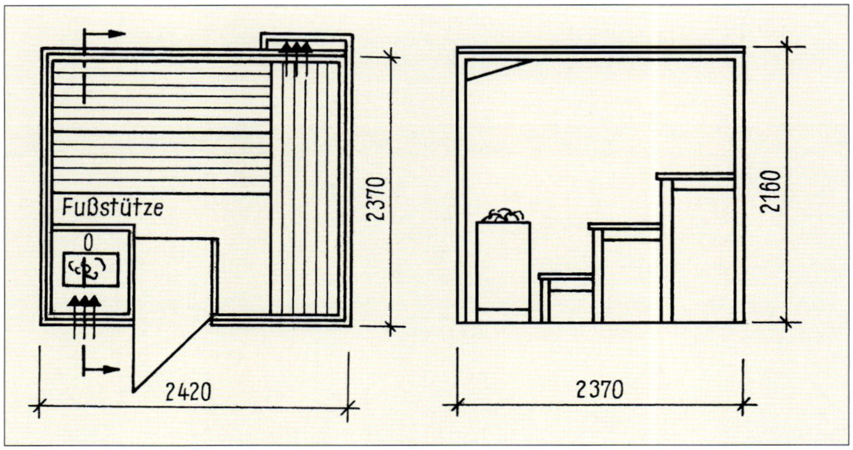

Bild 5.3 Sauna, Größe II, 6 bis 7 SPL, Nutzfläche 5,2 m², 8,4 kW, O Saunaofen

Mauerwerk (besonders bei Außenwänden) ist ein zu lüftender Hohlraum von 100 bis 200 mm Breite anzuordnen.

- Sind Saunawände ohne Dampfdiffusionssperre als Außenwände vorgesehen, so ist als Konstruktions- und Dämmmaterial nur massives Holz zu verwenden (Blockbau).

Brandgefahr:

Brandgefahr: Wärmestau

- **Wärmestau führt zur Selbstentzündung**. Um Wärmestau zu vermeiden, dürfen in mehrschichtigen Wandkonstruktionen keine stehenden Luftschichten

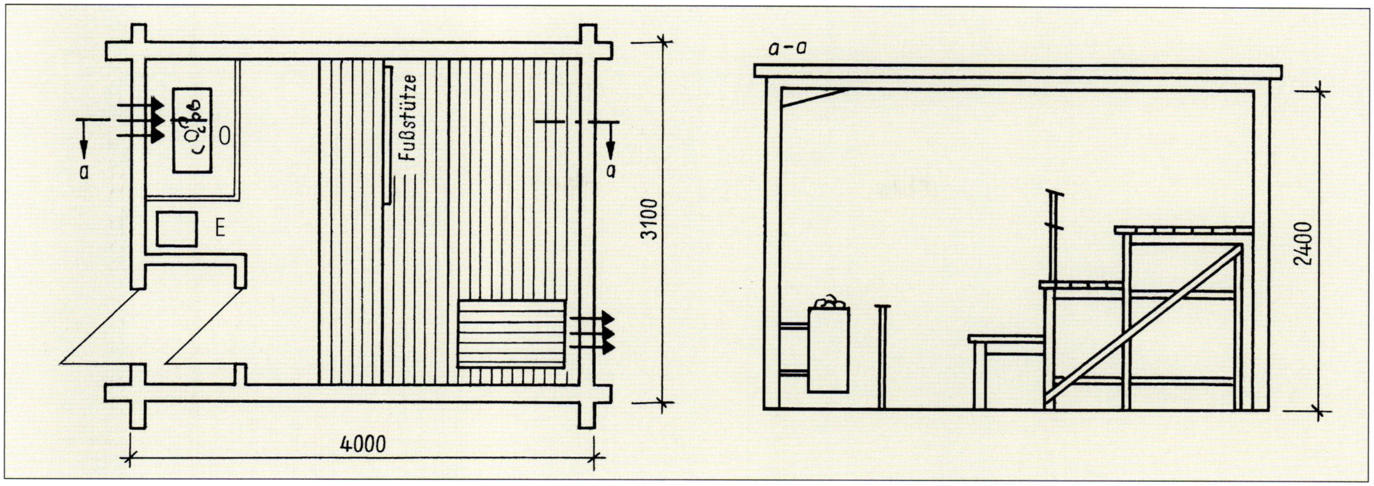

Bild 5.4 *Sauna, Größe III,*
10 SPL, Nutzfläche 11,4 m^2, 21 kW
E Hocker/Stuhl
O Saunaofen

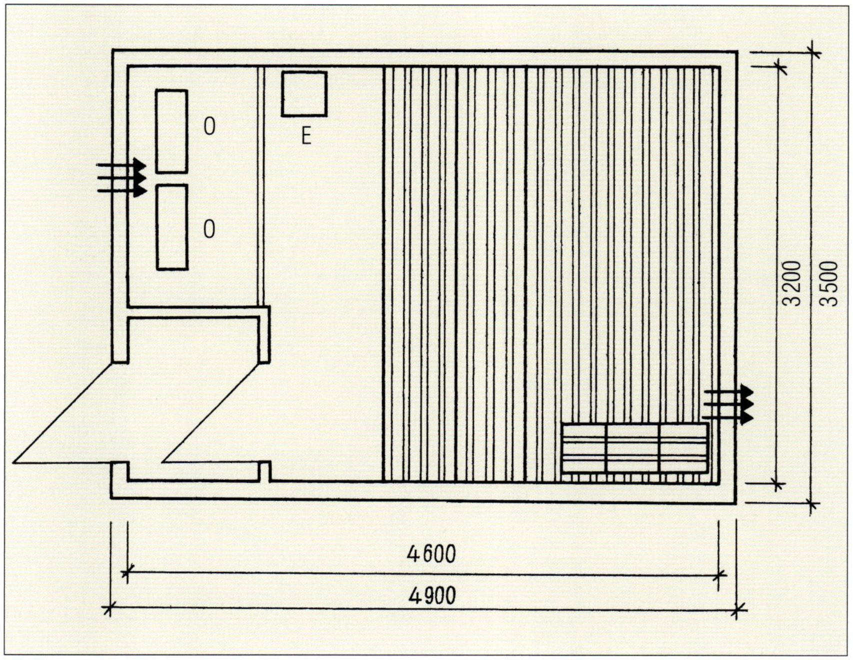

Bild 5.5 *Sauna, Größe III,*
12 SPL, Nutzfläche 14,8 m^2, 26 kW
E Hocker/Stuhl
O Saunaofen

über 10 mm Dicke entstehen. Unvermeidbare Hohlräume müssen entlüftet werden (z. B. Luftschicht zwischen innerer Schalung und Dampfdiffusionssperre), desgleichen Lufträume, die die Saunakabine umgeben.

- Holzteile, die in der Strahlungsrichtung des Saunaofens liegen und ≤ 1000 mm von der Strahlungsquelle entfernt sind, müssen gegen Wärmestrahlung geschützt sein. Die Schutzkonstruktion vor Holzwänden oder -decken muss

Bild 5.6 *Sauna, Größe IV,*
15 SPL, Nutzfläche 22,9 m², 40 kW
E Hocker/Stuhl
O Saunaofen

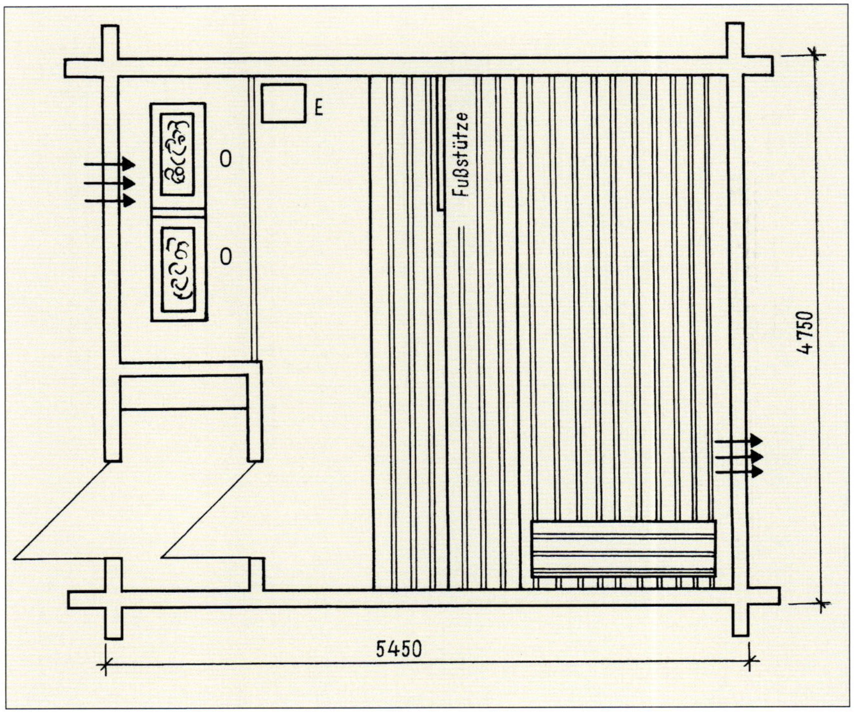

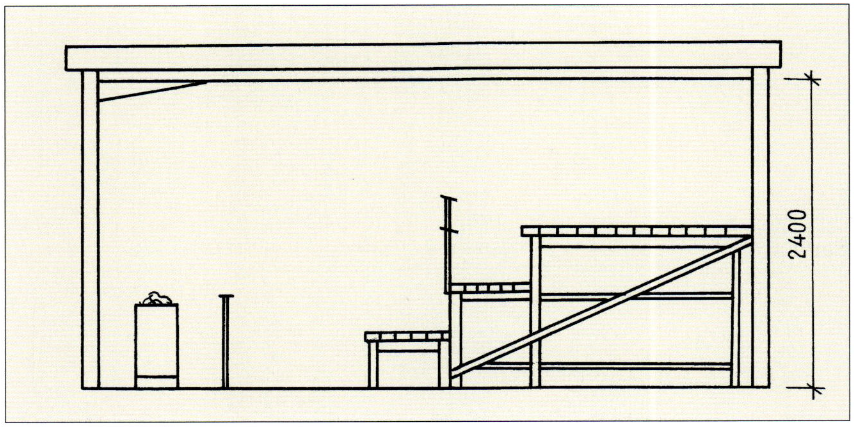

hinterlüftet sein. Die Strahlungsrichtung der handelsüblichen elektrischen Saunaöfen geht vorwiegend nach oben; bei aufgehäuften Steinen ist die seitliche Umgebung teilweise betroffen.

- Bei Verwendung eines Feuerungsofens ist die Innenwand hinter dem Ofen einschließlich 400 mm über jede Seite des Ofens hinaus und bis zur Decke in Mauerwerk auszuführen.

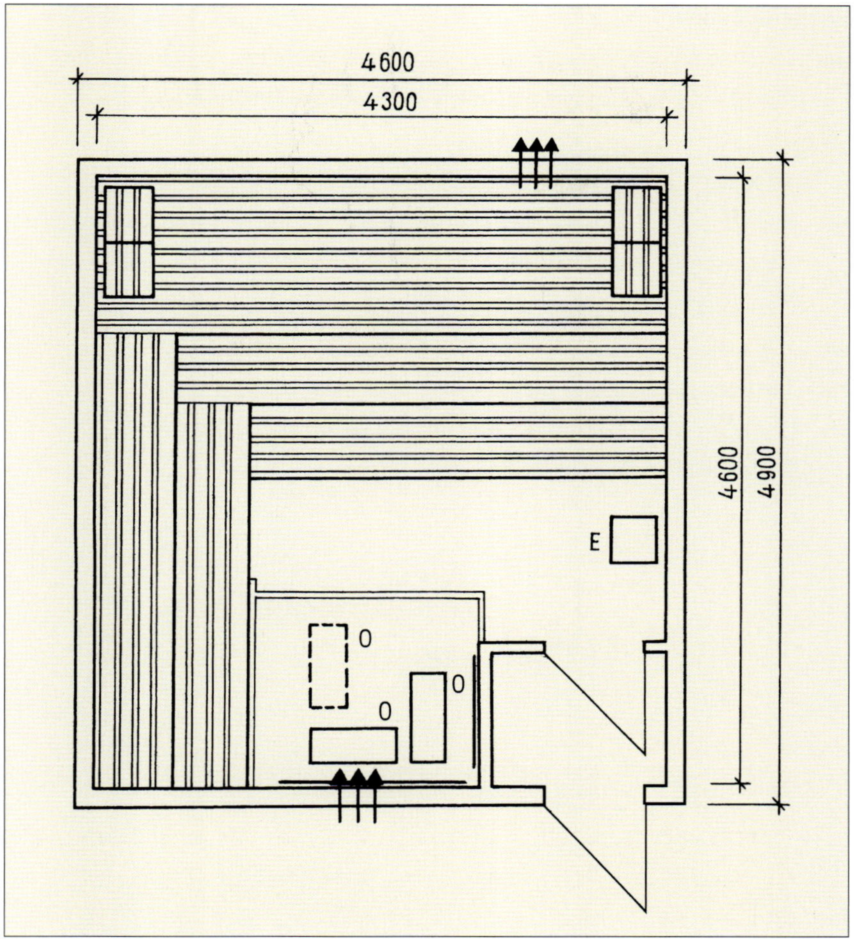

Bild 5.7 *Sauna, Größe IV, 19 SPL, Nutzfläche 20,0 m², 35 kW*
E Hocker/Stuhl
O Saunaofen

Saunawand

Saunawand:

- Zur Erzeugung eines echten Saunaklimas ist der Wärmedurchlasswiderstand hauptsächlich durch
  a) Massivholzkonstruktionen oder
  b) mit Holz in Verbund mit Wärmedämmstoffen
  zu erzielen. Sämtliche Holzteile der Saunawände dürfen nicht imprägniert sein, und die Innenseite darf keine Anstriche erhalten.
- Wandverkleidungen, Sitze, Geländer, Griffe und andere Teile, die mit dem bloßen Körper oder mit der Hand berührt werden könnten, dürfen auf den Berührungsseiten keine Metallflächen aufweisen und nicht aus Materialien mit hoher Wärmeleitfähigkeit hergestellt werden (z. B. Harthölzer, Kunststoffe). Nägel und Schrauben sind verdeckt zu verarbeiten.

Saunafußboden

Saunafußboden:

- Wärmedämmung, Keramikfliesen mit Gefälle von 1 bis 1,5 % in Richtung Tür, trittsicher (eine Nassreinigung des Fußbodens muss möglich sein).

Saunadecke

Saunadecke:

- Höchstmögliche Wärmedämmung, Holzverschalung als Tropfschutzschicht; zwischen Saunakabinendecke und Geschossdecke des Raumes ist ein belüfteter Zwischenraum von ≥ 200 mm Höhe einzuhalten.
- Eine sanitäre Ausrüstung in der Kabine ist nicht zulässig.
- Eine Entwässerung als Fußbodeneinlauf ist nicht zulässig.
- Raumtemperatur bis 120 °C unter der Decke, erzeugt durch:
  a) elektrischen Saunaofen, (industrielle Fertigung) oder
  b) Saunaofen für Holzfeuerung, (individuelle Fertigung).

Bild 5.8 *Saunakabine für eine Dachschräge*
Werkfoto: FINNJARK GmbH & Co. KG, Hamburg

Bild 5.9 *Saunaraum einer »Riesenanlage«*
Werkfoto: FINNJARK GmbH & Co. KG, Hamburg

Lüftung:

Schwerkraftprinzip

- Für Saunakabinen muss die Lüftung nach dem Schwerkraftprinzip gewährleistet sein. Dabei beträgt der freie Querschnitt der Lüftungsöffnungen je nach Saunagröße 100 bis 300 cm^2. Es ist für das gesamte Saunaklima ungünstig, die Schwerkraftlüftung durch eine mechanische Lüftung zu unterstützen.

Tabelle 5.2 *Saunalüftung*

	mechanisch	natürlich
Luftwechsel/h	20 bis 30-fach	etwa 15-fach
Strömungsgeschwindigkeit	0,2 m/s	0,2 m/s
Umluftanteil zulässig	ja	
Außenluftrate	30 m^2/h je SP1	

Bild 5.10 *Saunaraum in Achteckform mit Elektro-Ofen in der Mitte*
Werkfoto: FINNJARK GmbH & Co.KG, Hamburg

Fernmeldeanlage:

- Für Notfälle: Bademeister-Ruftaster (in großen Saunen zwei bis drei) von allen drei Sitzstufen aus erreichbar.
- In Türnähe, außen: Bademeister-Ruf-Abstelltaster.

Beleuchtung:

Allgemeinbeleuchtung

- Allgemeinbeleuchtung: etwa 10 lx, Glühlampen; Notbeleuchtung – anzustreben bei großen Kabinen
- Vorherrschen soll eine gedämpfte, indirekte, diffuse Beleuchtung (z. B. gelbgrün gefiltert, Glühlampen hinter Blenden).

Leuchte

- Leuchte im unteren Sitzstufenbereich anbringen oder hinter Holzverschalungen, wie Rückenlehne oder speziellen Holzschirmen.

Leitungsführungen

- Leitungsführungen auf Wandoberflächen in der Saunakabine sind verboten; Anschlüsse an die Verbraucherstellen von außen auf dem kürzesten Weg heranführen.
- Mantelleitungen; Leitungsführungen durch Lufträume, die die Saunakabine umgeben, in Schutzrohr

- Schalter außerhalb der Sauna so anordnen, dass sie nur dem Aufsichtspersonal zugänglich sind.

Gebäudetechnische Anlagen:

a) elektrischer Saunaofen; ab bestimmter Größe Drehstromanschluss erforderlich (Werksangabe beachten)

Saunaofen

Tabelle 5.3 *Anschlusswerte*

Größe	m^2	Anschlusswert in kW	kW/m^2
I	4,0 bis 7,0	3 bis 8	1,1
II	8,0 bis 17,0	7 bis 15	0,9
III	20,0 bis 40,0	15 bis 30	0,75

b) Feuerungsofen (Zur Konstruktion siehe Abbildungen im Kapitel 11)

Lüftungsanlage: Schwerkraftlüftung

Ausstattung: (siehe Abbildungen Seite 193)

Tabelle 5.4 *Ausstattung nach Raumgröße*

Größe	I	II	III	IV
Sitzstufen aus Holz	2 bis 3	3	3	3
Kopfstützen aus Holz	1	2	3	4
Holzhocker	–	1	1	1
Gießgefäß aus Holz 3 bis 5 l, s. Abb.	1	1	1	1
Schöpfkelle mit Holzgriff ca. 0,25 l s. Abb.	1	1	1	1
Sanduhren, bis 15 min	1	1	1	1
Hitzebeständige Uhren	–	–	1	1
Spezial-Saunahygrometer	1	1	1	1
Thermometer, bis 120°C	1	1	2	2

5.2 Abkühlraum

Dieser Raum dient der Abkühlung nach dem Saunagang unter Anwendung von kalter Luft und Kaltwasser-Anwendungen. Der Raum dient nicht der Körperreinigung.

Größe:

Tabelle 5.5 *Abkühlraumgrößen*

Größe	II	III	IV
Plätze	bis 12	bis 12	bis 17
NFL in m^2	16,00	22,00	30,00

Bild 5.11 *Abkühlraum, Größe II, Nutzfläche 16,4 m²*
A Brause
B Tauchbecken
C Fußwärmebecken
D Waschtisch
E Hocker/Stuhl
F Sitzbank

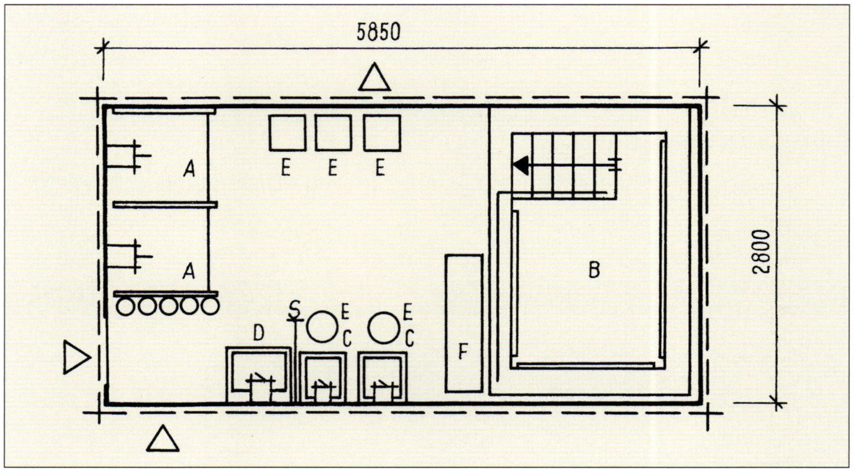

Bild 5.12 *Abkühlraum, Größe III, Nutzfläche 23,4 m²*
A Brause
B Tauchbecken
C Fußwärmebecken
D Waschtisch
E Hocker/Stuhl
F Sitzbank

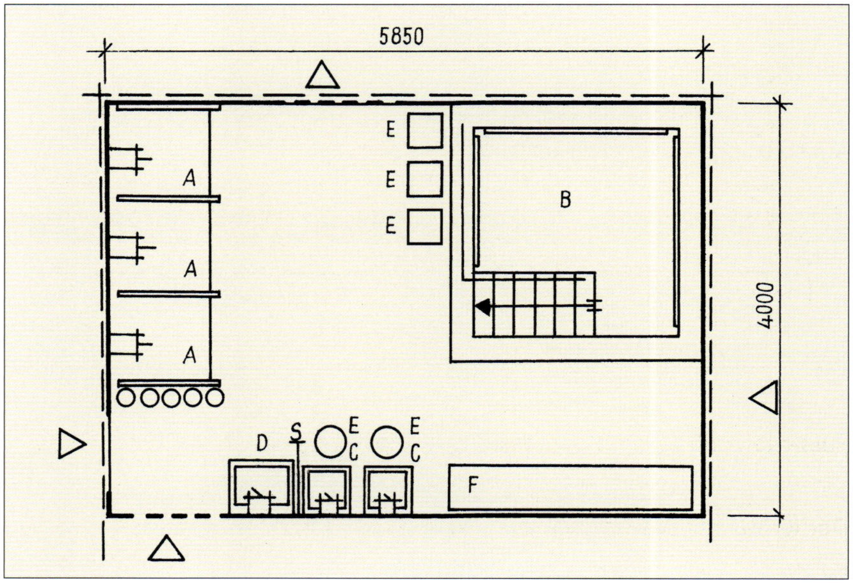

Bei einer Abkühlfläche im Freien kann der Abkühlraum um 35 bis 50 % der Fläche verringert werden, wenn das Tauchbecken ins Freie verlegt wird. Statt Abkühlen im Freien kann im Gebäude ein zweiter – offener – Abkühlraum angelegt werden.

Problem: Dampfbelastung. Daraus folgt:

Innenwand

Innenwand bis 2000 mm über Oberfläche Fußboden (OFF): wasserabweisend, abwaschbar, Feuchteschutz;
über 2000 mm bis zur Decke: Putz MG I, waschfester Anstrich

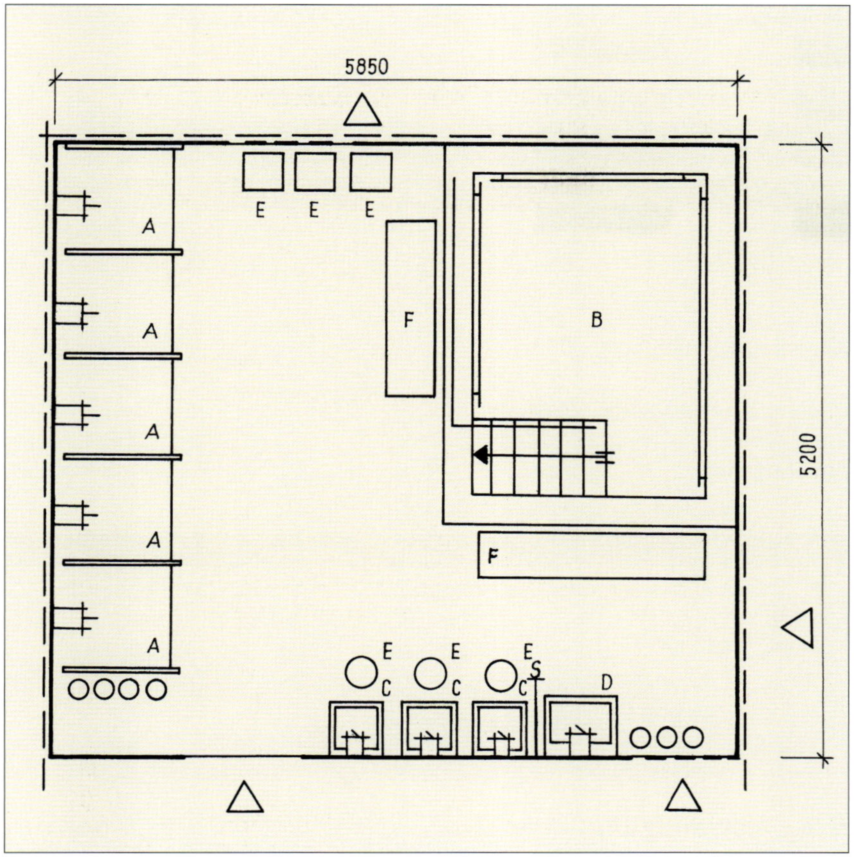

Bild 5.13 *Abkühlraum, Größe IV, Nutzfläche 30,4 m²*
A Brause
B Tauchbecken
C Fußwärmebecken
D Waschtisch
E Hocker/Stuhl
F Sitzbank

Fußboden

Fußboden: trittsicher (R12), wasserbeständig, Feuchteschutz, Fußbodeneinlauf

Decke: waschfester Anstrich oder Holzbekleidung auf Abstandleisten (Hinterlüftung)

Sanitäre Ausrüstung:

Tabelle 5.6 *Sanitäre Ausrüstung für Abkühlräume*

		Anzahl gesamt		
	Zuleitung	II	III	IV
Fußbodenablauf		≥ 1	≥ 1	≥ 1
Waschtisch	kalt + warm	1	1	1
Brause	kalt + warm	2	3	4 bis 5
Fußwärmebad	kalt + warm	2	2	3
Schlauchanschluss	kalt	1	1	1
Tauchbecken	kalt	2,5 m²	5,0 m²	6,5 m²

Raumheizung: Raumtemperaturen von 12 bis 15 °C; Radiatoren, besser Fußbodenheizung

Lüftung: Umluftanteil zulässig?: nein

Tabelle 5.7 *Lüftung Abkühlraum*

	mechanisch	natürlich
Luftwechsel/h	≥ 4fach	möglich bei Betriebsdauer von bis zu täglich 4 Std.
Strömungsgeschwindigkeit	0,15 m/s	oder wöchentlich bis zu 3 Tagen

Allgemeinbeleuchtung: 250 lx

Bademeister-Ruftaster

Ausstattung:

Tabelle 5.8 *Ausstattung nach Raumgröße*

Größe	II	III	IV
Badehocker	2	2	3
Sitzplätze (Hocker oder Bänke)	5	7	10
Holzgießgefäße 3 bis 5 l	3	5	7
Schlauch und Aufhängung	3 m	3 m	3 m

5.3 Vorreinigung

Dieser Raum dient ausschließlich der Körperreinigung vor dem Saunabad unter Anwendung von Warmwasser und Körperpflegemitteln. Der Raum ist angenehm warm zu gestalten.

Größe:

Tabelle 5.9 *Vorreinigungsraumgrößen*

Größe	II	III	IV
Plätze	bis 8	bis 12	bis 17
NFL in m^2	9,00	12,00	17,00

Problem: Dampf. Daraus folgt:

Innenwand

Innenwand bis 2,00 m über OFF: wasserabweisend, abwaschbar, Feuchteschutz (z. B. Fliesen); über 2,00 m bis zur Decke: waschfester Anstrich

Fußboden

Fußboden: trittsicher, wasserbeständig, Feuchteschutz, Fußbodeneinlauf

Decke

Decke: waschfester Anstrich oder Holzverschalung auf Abstand (Durchlüftung).

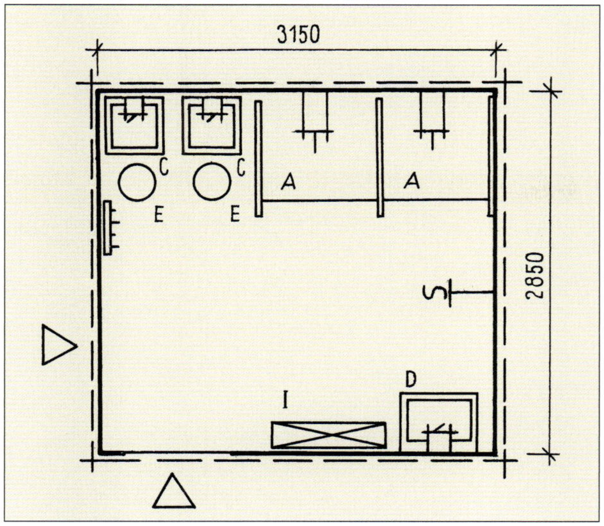

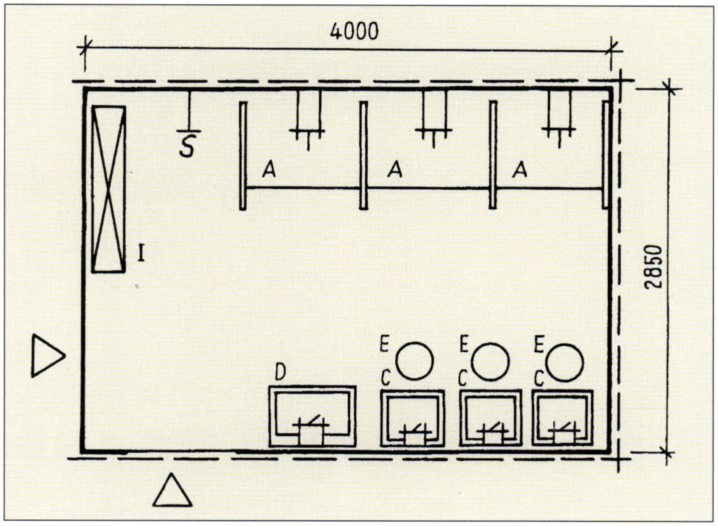

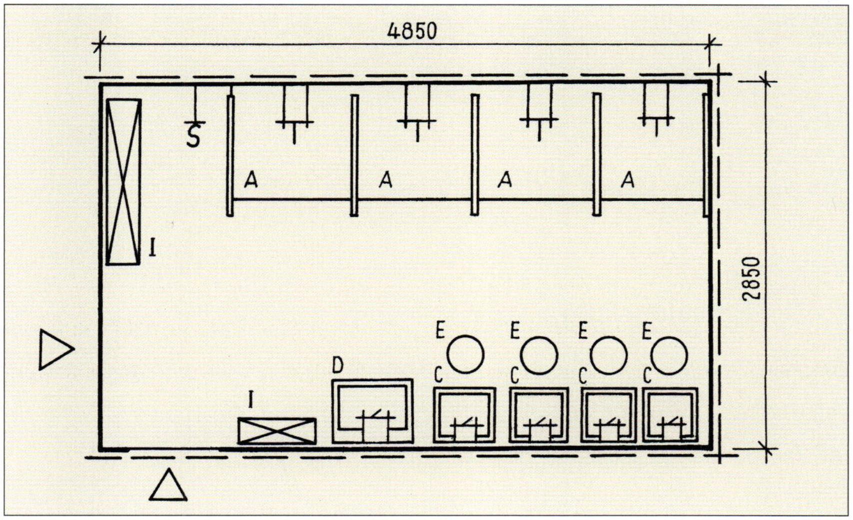

Bild 5.14 *Vorreinigung, Größe II, Nutzfläche 9,0 m²*

Bild 5.15 *Vorreinigung, Größe III, Nutzfläche 11,4 m²*

Bild 5.16 *Vorreinigung, Größe IV, Nutzfläche 13,9 m²*

Legende zu Bild 5.14, 5.15, 5.16

A Brause
C Fußwärmebecken
D Waschtisch
E Hocker/Stuhl
I Hängeregal

Sanitäre Ausrüstung:

Tabelle 5.10 *Sanitäre Ausrüstung für Vorreinigung*

	Zuleitung	Anzahl gesamt II	III	IV
Fußbodenablauf		≥ 1	≥ 1	≥ 1
Waschtisch	kalt + warm	1	1	1
Brause mit Fußwaschstelle	kalt + warm	2	3	4 bis 5
Fußwärmebecken	kalt + warm	2	3	4
Schlauchanschluss	kalt	1	1	1
Fußdesinfektionsapparat		1	1	1

Raumheizung: Raumtemperatur 24 °C, Fußbodenheizung ist sinnvoll

Lüftung:

Tabelle 5.11 *Lüftung Vorreinigungsraum*

	mechanisch	natürlich
Luftwechsel/h	≥ 8fach	möglich bei Betriebsdauer von bis zu täglich 4 Std.
Außenluftrate	250 m^3/h je Brause	oder wöchentlich bis zu 3 Tagen
Umluftanteil zulässig:	nein	

Allgemeinbeleuchtung: 250 lx

Bademeister-Ruftaster

Ausstattung:

Tabelle 5.12 *Ausstattung nach Raumgröße*

Größe	II	III	IV
Badehocker	2	3	4
Fächerregal mit ... Anzahl Fächern zur Ablage von Badeutensilien (s. Bilder S. 81)	1/16	1/24	1/36
Holzgießgefäße 3 bis 5 l	3	5	7
Schlauch und Aufhängung	3 m	3 m	3 m

5.4 Umkleideraum

Dieser Raum dient dem Auskleiden der Badenden und der Unterbringung der Privatkleidung. Er wird mit Straßenkleidung und -schuhen betreten und unbekleidet mit Badesandalen verlassen – umgekehrter Vorgang nach dem Saunabad.

Größe:

Tabelle 5.13 *Umkleideraumgrößen*

Größe	II	III	IV
Plätze	bis 20	bis 30	bis 45
NFL in m^2	12,00	18,00	20,00

Innenwand

Innenwand: waschfester Anstrich

Fußboden

Fußboden: trittsicher (R10), trittschalldämmender Belag, fugenarm, leicht zu reinigen, fußwarm

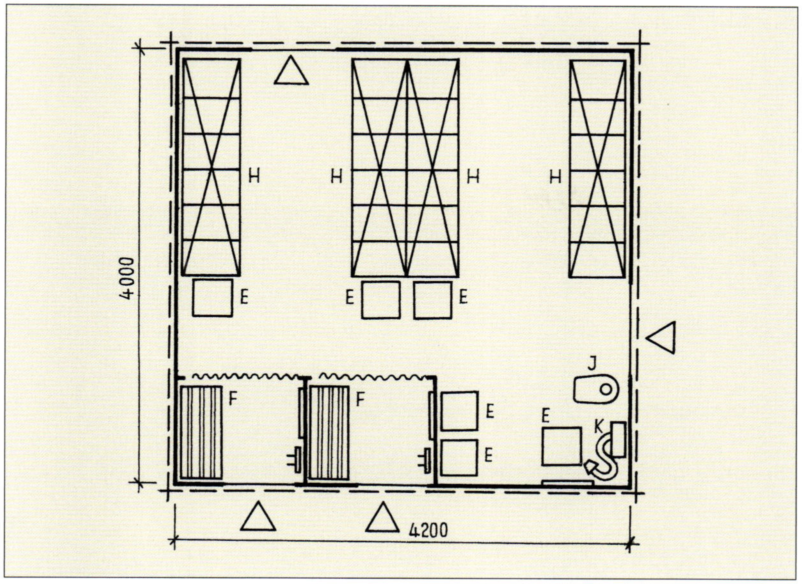

***Bild 5.17** Umkleideraum, Größe II, Nutzfläche 16,8 m²*

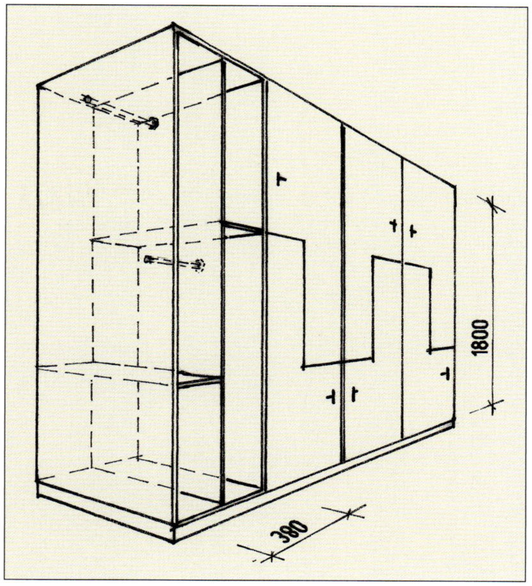

***Bild 5.19** Doppelte Umkleideschränke versetzt*

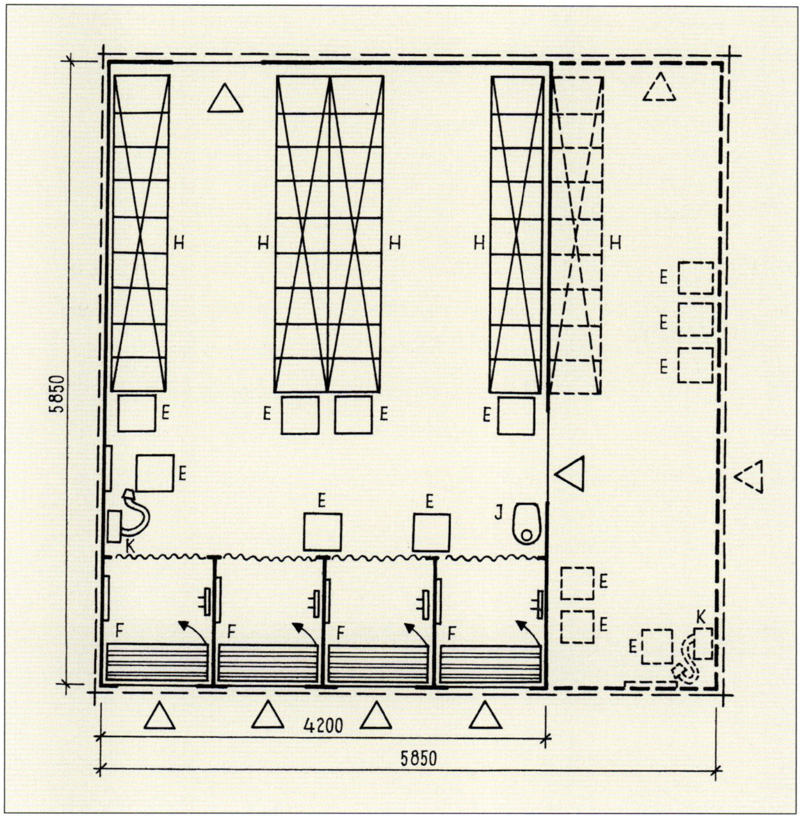

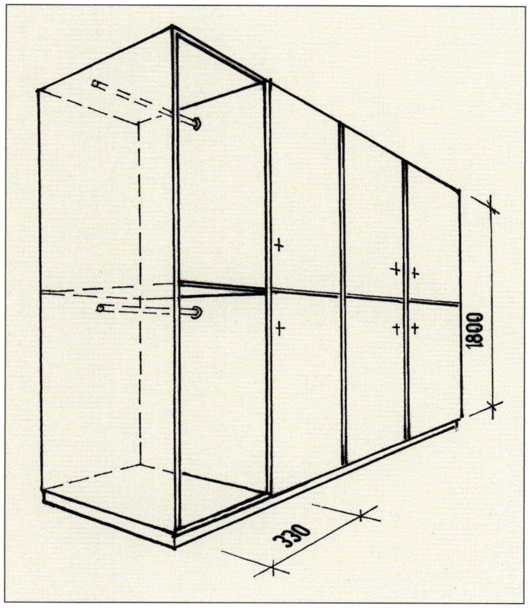

***Bild 5.20** Doppelte Umkleideschränke übereinander*

***Bild 5.18** Umkleideraum,*
Größe III, Nutzfläche 24,6 m²; Größe IV, Nutzfläche 34,2 m²
E Hocker/Stuhl, F Sitzbank, H Umkleideraum,
J Personenwaage, K Luftdusche

Decke

Decke: waschfester Anstrich oder Holzverkleidung auf Abstandslattung

Raumheizung: Raumtemperatur 22 °C, möglichst mit Fußbodenheizung

Lüftung:

Tabelle 5.14 Lüftung Umkleideraum

	mechanisch	natürlich
Luftwechsel/h	≥ 5fach	möglich
Außenluftrate	30 m^3/h je Person (=15 m^2/h je Pl.)	
Umluftanteil zulässig:	ja	

Allgemeinbeleuchtung: 175 lx, Spiegelleuchte

Steckdosen: 2 bis 4 Stück bis 10 A Wechselstrom

Bademeister-Ruftaster

Ausstattung:

Tabelle 5.15 Ausstattung nach Raumgröße

Größe	II	III	IV
Umkleidespinde	20	30	45
Sitzplätze	7	10	12
Abfalleimer	1	1	1
Spiegel	1	2	2
Luftdusche	1	2	2
Personenwaage	1	1	1

5.5 Ruheraum

Dieser Raum dient dem Aufenthalt der Badenden zum Zwischen- bzw. Nachruhen nach dem Saunabad. Er muss gut durchlüftet sein und aufgrund seines Ausbaus und seiner Gestaltung/Ausstattung Ruhe bieten.

Größe:

Tabelle 5.16 Ruheraumgrößen

Größe	II	III	IV
Plätze	2 bis 3	6	8
NFL in m^2	10,00	20,00	30,00

Innenwand

Innenwand: waschfester Anstrich bzw. Holzverkleidung

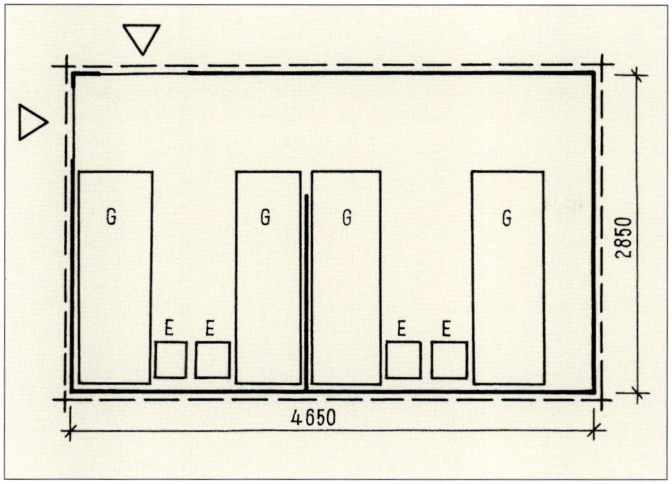

Bild 5.21 Ruheraum, Größe II, Nutzfläche 13,2 m²;
2 x Größe II = IV, Nutzfläche 26,4 m²
E Hocker/Stuhl, G Liege

Bild 5.23 Doppelruheliege nebeneinander

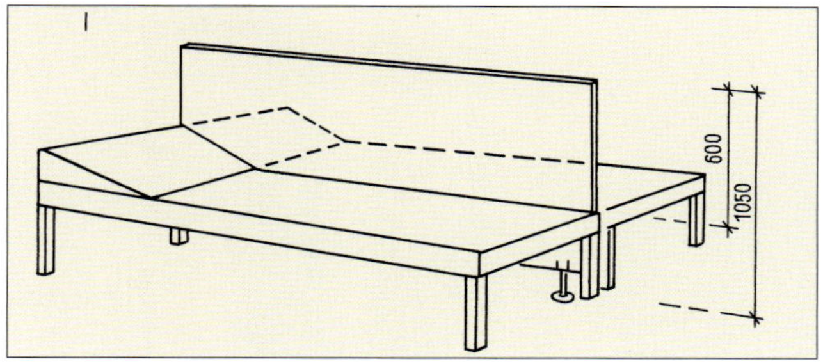

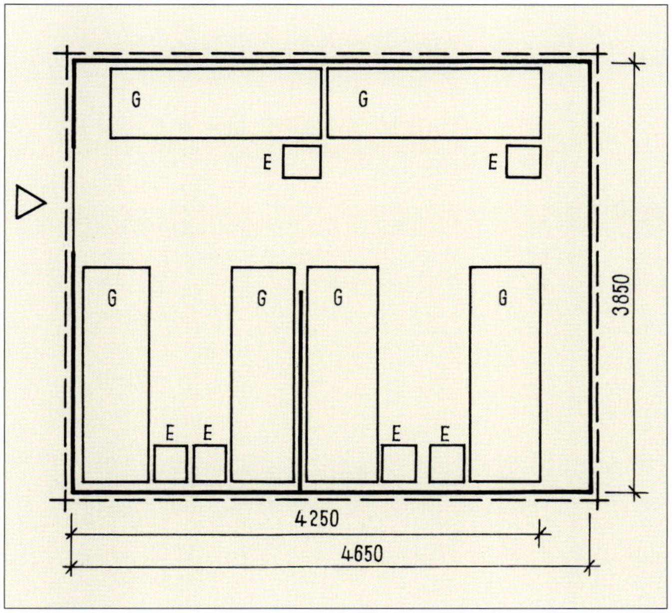

Bild 5.22 Ruheraum, Größe III, Nutzfläche 18,0 m²,
E Hocker/Stuhl, G Liege

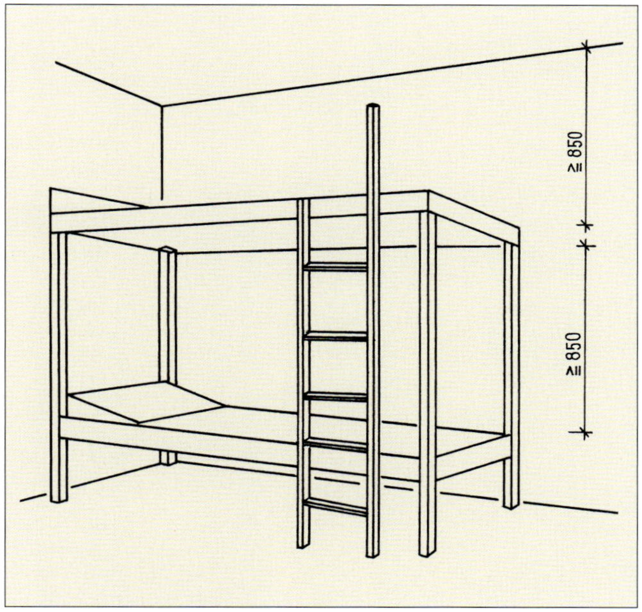

Bild 5.24 Doppelruheliege übereinander

Fußboden: trittsicher, (R10) trittschalldämmender Belag, fugenarm, leicht zu reinigen

Fußboden

Decke: waschfester Anstrich oder Holzverkleidung auf Abstandslattung

Decke

Raumheizung: Raumtemperatur ≤ 20 °C, Fußbodenheizung anzustreben

Lüftung:

Tabelle 5.17 Lüftung Ruheraum

	mechanisch	natürlich
Luftwechsel/h	≥ 3fach	möglich
Außenluftrate	30 m³/h je Person	
Umluftanteil zulässig:	ja	

Allgemeinbeleuchtung: 100 lx, keine Deckenleuchten, Wandleuchte tief anordnen (Blendgefahr beim Liegen), Dimmer für Abdunklung der Beleuchtung

Zusatzbeleuchtung: evtl. pro Liege eine Leseleuchte

Steckdosen: für jede Liege 1 Stück bis 10 A Wechselstrom

Bademeister-Ruftaster: für jede Liege 1 Stück

Ausstattung:

Tabelle 5.18 Ausstattung nach Raumgröße

Größe	II	III	IV
Untersuchungs- und Bestrahlungsliegen	4	6	8 bis 10
	8	12	16
	4	6	8 bis 10
Badehocker	8	12	16
	8	12	16 bis 20
Schlafdecken (2 Stck./Liege)	16	24	32
	16	24	32 bis 40
Laken (4 Stck./Liege)	32	48	64
	4	6	8 bis 10
Bettleuchten	8	12	16

- Bei nebeneinander stehenden Liegen wird eine Trennwand von ca. 600 mm Höhe über der Liege empfohlen (Bild 5.23).
- Eine Anordnung der Liegen übereinander ist möglich (Bild 5.24).

5.6 Massagekabine

Dieser Raum ist eine Art »Behandlungsraum« und muss deshalb die Hygienebedingungen eines medizinischen Behandlungsraumes – Massage – erfüllen.

Größe:

Tabelle 5.19 *Massagekabinengrößen*

Behandlungsplatz Raumbegrenzung durch:	1 Vorhänge	1 feste Wände
NFL in m²	5,85	8,45
Länge in m	3,00	3,45
Breite in m	1,95	2,45

Innenwand: waschfester Anstrich

Fußboden: trittsicher, trittschalldämmender Belag, fugenarm, leicht zu reinigen

Fußboden

Decke: waschfester Anstrich oder Holzverkleidung auf Abstandslattung

Decke

Raumheizung: Raumtemperatur 20 bis 24 °C, Fußbodenheizung anzustreben

Ausrüstung

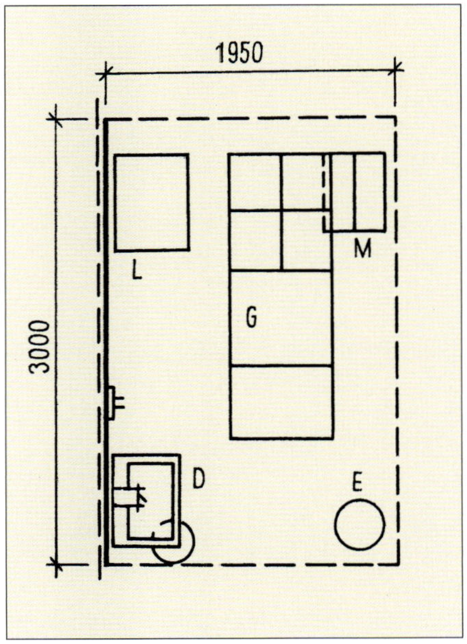

Bild 5.25 *Massagekabine, Nutzfläche 5,85 m²*

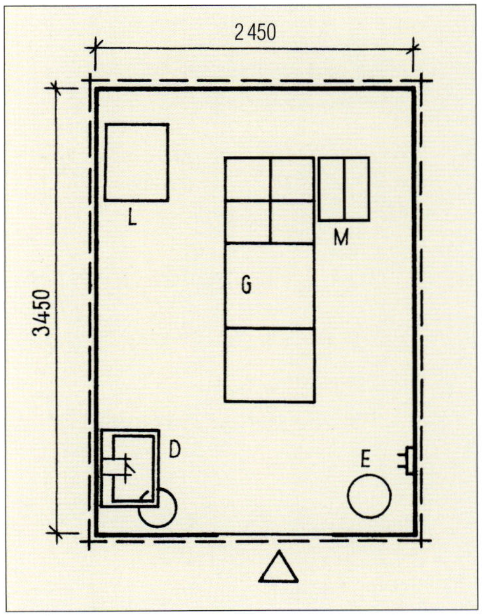

Bild 5.26 *Massagekabine, Nutzfläche 8,45 m²*

Legende zu Bild 5.25 und 5.26
D Waschtisch
E Hocker/Stuhl
G Massagebank
L Transportwagen
M Auftritt

Sanitäre Ausstattung: Waschtisch mit Spiegel und Spiegelleuchte, Seifen- und Desinfektionsmittelspender, Handtuchspender und Abwurf

Lüftung:

Tabelle 5.20 *Lüftung Massagekabine*

	mechanisch	natürlich
Luftwechsel/h	≥ 5fach	möglich
Außenluftrate	70 m³/h je Person	
Umluftanteil zulässig:	ja	

Allgemeinbeleuchtung: 250 lx, Spiegelleuchte

Steckdosen: 2 Stück 10 A Wechselstrom

Bademeister-Ruftaster: für jede Liege 1 Stück

Ausstattung:

Tabelle 5.21 *Ausstattung nach Raumgröße*

	Anzahl
Massagebank	1
Drehhocker ohne Lehne	1
Auftritt, 2stufig	1
Kurzzeitwecker mit Konsole	1
Abfalleimer	1
Stationswagen, 600/480/800 mm	1
Schlafdecke	1
Laken	4
Spiegel mit Konsole	1
Handtuchhalter	1

5.7 Fläche für Solarium

Die Anzahl der einzusetzenden Geräte (Plätze) ist vom Anbieter selbst zu entscheiden.

Platzbedarf für ein Gerät: ca. 7,5 m^2 (Länge: 3,20 m; Breite 2,40 m).

Innenwand: waschfester Anstrich, auch Holzverkleidung auf Latten (Hinterlüftung)

Fußboden: trittsicher, (R10) trittschalldämmender Belag, fugenarm, leicht zu reinigen

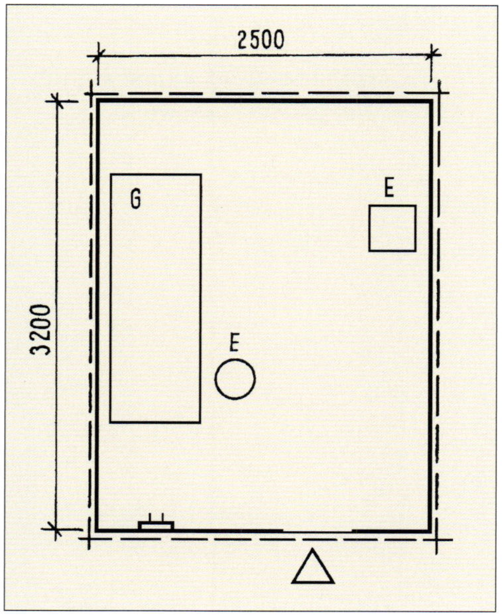

Bild 5.27 *Solarium, Nutzfläche 8,00 m^2,*
E Hocker/Stuhl
G Liege/Solargerät

Decke: waschfester Anstrich oder Holzverkleidung auf Abstandslattung

Raumheizung: Raumtemperatur 22°C, Fußbodenheizung ist anzustreben

Lüftung:

Tabelle 5.22 *Lüftung Solarium*

	mechanisch	natürlich
Luftwechsel/h	5fach	nicht bei kontinuierlicher Nutzung des Raumes möglich
Umluftanteil zulässig:	nein	

Allgemeinbeleuchtung: 250 lx

Steckdosen: 3 Stück bis 10 A Wechselstrom

Ausstattung:

Tabelle 5.23 *Ausstattung Solarium*

	Anzahl
Solargerät	1
Hocker ohne Lehne	1
Kleiderleiste	1

5.8 Warteraum, Aufenthaltsraum (ohne weitere Funktion)

Größe:

Tabelle 5.24 *Warteraumgrößen*

Kapazitätsangaben	Größe		
	II	III	IV
Plätze	5	8	10
NFL in m^2, ohne Verkehrsfläche	10,00	15,00	20,00
NFL in m^2, mit Verkehrsfläche	15,00	20,00	28,00

5.9 Raum für Aufsichtspersonal

Dieser Raum ist eine Art Büro-Aufenthaltsraum und kann entsprechend den Anforderungen individuell ausgelegt und gestaltet werden.

Funktionen und Größe:

Tabelle 5.25 *Aufsichtsraumgrößen*

	Größe II	 III	 IV
Funktionen	Aufsicht	Aufsicht Aufenthalt Lager	Aufsicht Anmeldung Aufenthalt Lager
NFL in m^2	4,0	6,0	7,5

Ausstattung Fernmeldeanlage:

Tabelle 5.26 *Empfohlene Ausstattung*

Anlagenteile	II	III	IV
Fernsprechapparat	1	1	1
Eingangsklingel	1	–	–
Bademeister-Ruf/Wecker	1	1	1
Bademeister-Ruf/Signallampe	1	1	1
Schalt- und Kontrollgerät für Saunaofen	1	1	1

Legende zu Bild 5.28, 5.29, 5.30
E Hocker/Stuhl
N Schreibtisch
P Schrank
R Regal
T Tisch

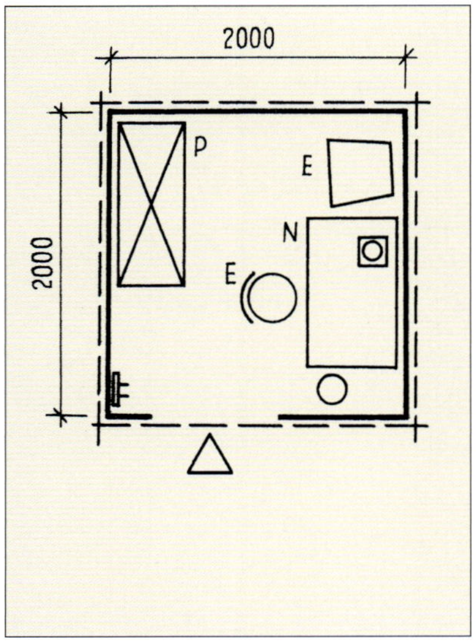

Bild 5.28 *Raum für Aufsichtspersonal, Nutzfläche 4,0 m²*

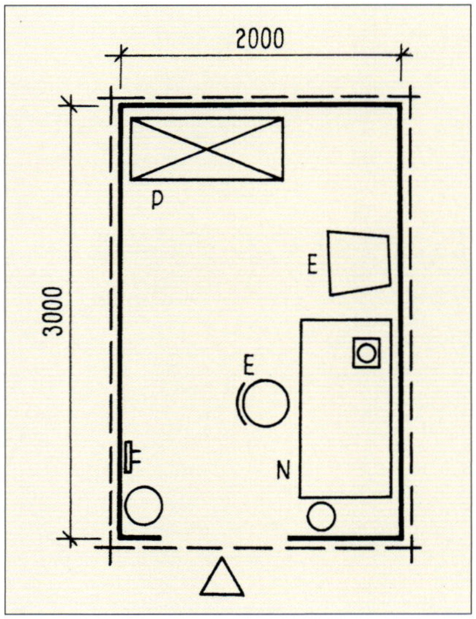

Bild 5.29 *Raum für Aufsichtspersonal, Nutzfläche 6,0 m²*

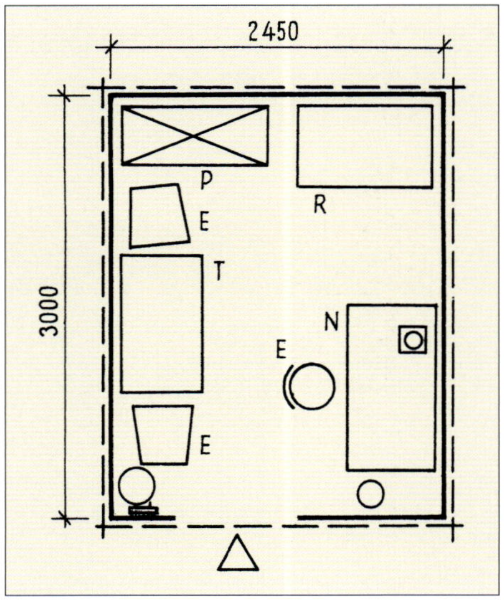

Bild 5.30 *Raum für Aufsichtspersonal, Nutzfläche 7,3 m²*

Ausstattung:

Ausstattungsteile	II	III	IV
Schreibtisch	1	1	1
Rollcontainer	1	1	1
Bürodrehsessel	1	1	1
Tisch	–	–	1
Komb. Akten-Kleiderschrank	1	1	1
Stuhlsessel	1	2	1
Abfalleimer	1	1	1
Papierkorb	1	1	1
Hängeregal	1	1	1
Kleiderhaken	1	1	1

Tabelle 5.27 *Empfohlene Ausstattung des Aufsichtsraums*

5.10 Personalaufenthaltsraum

Für diesen Raum werden in der Saunaanlage keine speziellen Forderungen erhoben. Der Raum sollte bis zu 5 Personen Platz bieten, eine Fläche von mindestens 10,00 m^2 besitzen und mit einem Waschtisch ausgestattet sein.

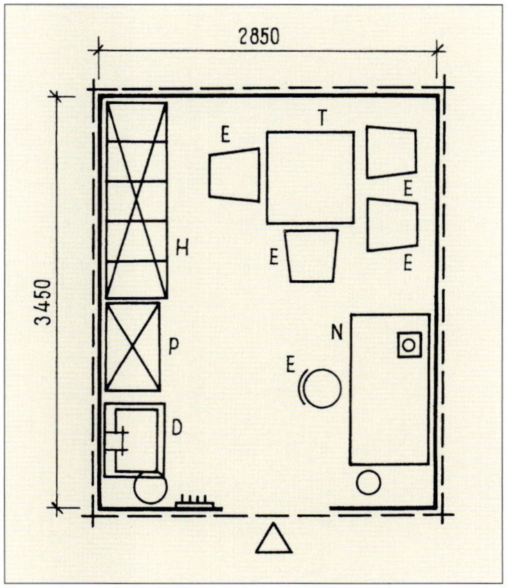

Bild 5.31 *Aufenthaltsraum für Personal, Nutzfläche 10,0 m^2*

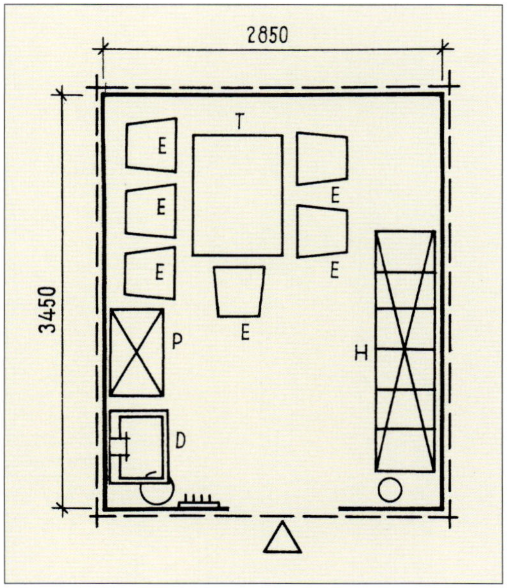

Bild 5.32 *Aufenthaltsraum für Personal, Nutzfläche 10,0 m^2*

Legende zu Bild 5.31 und 5.32

D Waschtisch, E Hocker/Stuhl, H Umkleidespinde, N Schreibtisch, P Schrank, T Tisch

5.11 Anmeldung/Kasse

Für diesen Raum gibt es keine besonderen Forderungen.

Legende zu Bild 5.33 und 5.34
E Hocker/Stuhl
H Umkleidefach
P Schrank
R Regal
T Tisch

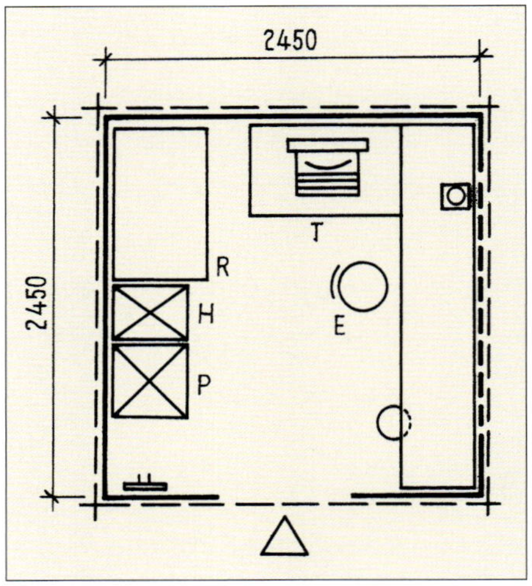

Bild 5.33 *Anmeldung/Kasse, Nutzfläche 6,0 m²*

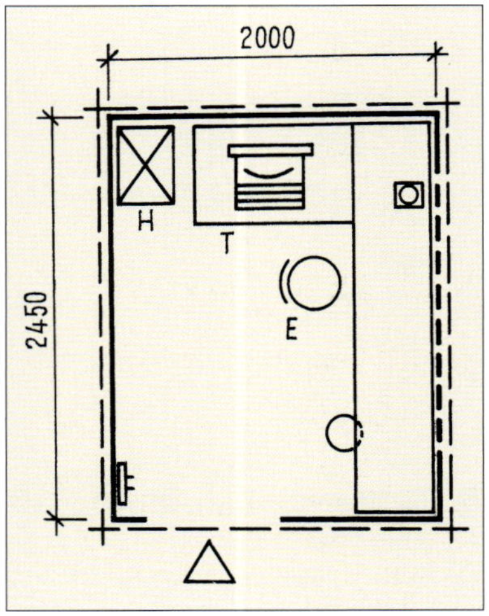

Bild 5.34 *Anmeldung, Nutzfläche 5,0 m²*

5.12 Personal- und Besuchertoiletten

Bauordnung beachten

Für Personal- und Besuchertoiletten gelten die Bauordnungen der jeweiligen Länder.

5.13 Lagerraum

Für den Lagerraum werden keine besonderen Forderungen erhoben. Bei Lagerräumen ist die Tür des Raumes als T30-Tür mit Obentürschließer auszubilden, wenn der Raum am Evakuierungsweg liegt.

Legende zu Bild 5.35 und 5.36
D Waschtisch
R Regal
T Tisch
S Wäschetransportwagen

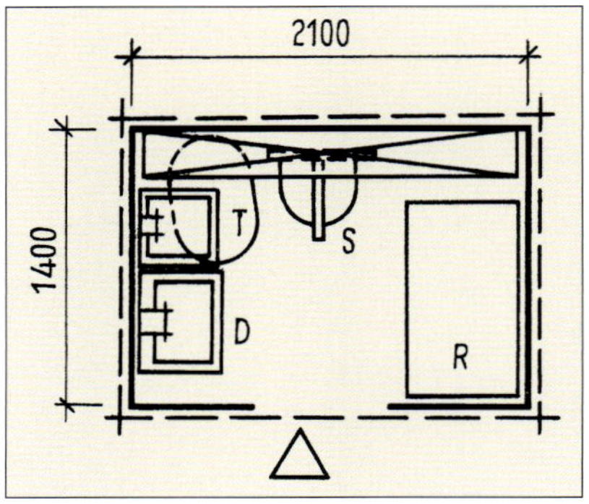

Bild 5.35 *Lagerraum, Nutzfläche 3,0 m²*

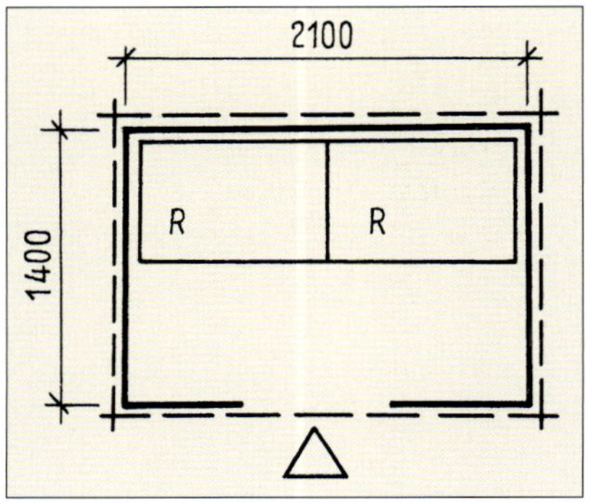

Bild 5.36 *Lagerraum, Nutzfläche 3,0 m²*

5.14 Räume für die technische Versorgung

Diese Räume sind abhängig von der Größe der Saunaanlage und den jeweiligen örtlichen Verhältnissen.
Abmessung und Ausbau der erforderlichen Räume können im Einzelfall von der Unterbringung des Stromzählers und der Schalttafel für den Saunaofen bis zu einer Heizzentrale mit Warmwasserbereitung und Lüfterzentrale reichen.

5.15 Abkühlen im Freien

Diese Fläche dient wie der Abkühlraum dem Aufenthalt der Badenden zwischen und nach den Saunagängen zum Abkühlen durch kalte Luft in Verbindung mit Kaltwasser-Anwendungen.

Größe:

Tabelle 5.28 *Empfohlene Größe der Freifläche*

Größe	II	III	IV
NFL, etwa	3,00 m^2/SPL		

Tiefe des Tauchbeckens: max. 1,20 m Wasserstand

Allgemeinbeleuchtung: keine besonderen Anforderungen, günstig ist die Beleuchtung in Bodennähe

Ausstattung: Sitzbänke und Liegen, gärtnerische Gestaltung – gegen Einblicke von außen ist ein Sichtschutz erforderlich

Tabelle 5.29 *Empfohlene Ausstattung der Freifläche*

Sanitärelement	Größe	
	II	III und IV
Brausen, Zuleitung kalt	1	2
Tauchbecken, Zuleitung kalt	0,5 bis 1,0 m^2/SPL	0,5 bis 1,0 m^2/SPL

5.16 Freiluftraum im Gebäude

Loggiaähnlicher Raum mit einer offenen Wand; gegen Einblicke von außen ist ein Sichtschutz erforderlich. Zugerscheinungen sind zu verhindern (Atrium-Anlage – wie Wintergarten angelegt – mit zu öffnender Glasüberdachung).

Größe:

Tabelle 5.30 *Freiluftraumgrößen*

Größe	II	III	IV
NFL in m^2	10,00	15,00	18,00

Bauliches

Fußboden: trittsicher (R11 bis 12), wasserbeständig, Feuchteschutz, leicht zu reinigen

Sanitäre Ausrüstung:

Tabelle 5.31 *Sanitäre Ausstattung*

Sanitärelement	Anzahl
Fußbodeneinlauf Brausen, kalt	1 bis 2
Schlauchanschluss für Güsse	1 bis 2
Tauchbecken, Zuleitung kalt	0,5 bis 1,0 m^2/SPL

Raumheizung: keine (evtl. Fußbodenheizung zur Temperierung im Winter)

Allgemeinbeleuchtung: keine besonderen Anforderungen, günstige Beleuchtung in Bodennähe

Ausstattung

Ausstattung: Sitzbänke, Liegen, Grünpflanzen

6

RAUMPROGRAMME

Die Angaben der vorangegangenen Abschnitte über

- die Einzelfunktionen und deren Zusammenhänge
- den Nutzflächenbedarf der einzelnen Funktionselemente
- die Anforderungen an technische Gebäudeausrüstung und Ausstattung

werden im Folgenden an Beispielen und Tabellen für die Raumprogrammgestaltung zusammengefasst. Die beigefügten Grundrissbeispiele zeigen bereits realisierte Lösungen; sie geben einen Überblick über die Umsetzung der Funktionsforderungen aus den Kapiteln 4 und 5 in die räumliche Struktur der Gesamtanlage.

Flächenbedarf

Dabei ist zu den Grundrisslösungen eine Vielzahl von Modifikationen denkbar. Auf die Einhaltung der geforderten Grundprinzipien der Funktionsbeziehungen ist jedoch zu achten. In Tabelle 6.1 werden alle Räume (außer den Räumen für die technische Versorgung, da diese zu stark objekt- und standortabhängig sind) mit dem Gesamtaufwand nach Größenordnung und je Saunaplatz betrachtet. Anhand dieser Tabelle ist somit in Addition leicht der überschlägliche Flächenbedarf bei Planungen zu ermitteln.

Nutzflächen

Die Nutzflächen stellen etwa 65 % der Bruttogeschossflächen dar.

Nutzfläche	Fläche der Funktionselemente ohne Verkehrs- und Konstruktionsfläche
Nettofläche	Nutzfläche zuzüglich der Verkehrsflächen
Bruttogeschossflächen	Nettofläche zuzüglich der Konstruktionsfläche (Außenmaß der Anlage)

Tabelle 6.1 *Flächenbedarf für verschiedene Raumarten*

Raumart	Größe	mittlere Raumgröße m^2	Fläche je Saunaplatz m^2/SPL
Kleinstsauna		1,0 bis 4,0	0,85 bis 0,80
Sauna	I	1,0 bis 4,0	0,85 bis 0,80
	II	7,0 bis 11,0	0,87 bis 1,10
	III	12,0 bis 17,0	1,10 bis 1,13
	IV	17,5 bis 21,0	1,15 bis 1,05
Abkühlraum	II	16,0	2,0
	III	22,0	1,83
	IV	30,5	1,81
Vorreinigung	II	9,0	1,25
	III	12,0	1,0
	IV	17,0	1,0
Umkleideraum	II	16,0	2,0
	III	24,0	2,0
	IV	34,0	2,0

*Fortsetzung der **Tabelle 6.1** Flächenbedarf für verschiedene Raumarten*

Raumart	Größe	mittlere Raumgröße m^2	Fläche je Saunaplatz m^2/SPL
Ruheraum	II	13,2	1,65
	III	18,0	1,50
	IV	27,0	1,60
Massagekabine			
– mit Vorhängen		5,85	–
– mit festen Wänden		8,45	–
Warteraum einschließlich	II	13,0	1,63
Verkehrsfläche	III	20,0	1,67
	IV	26,0	1,53
Raum für Aufsichtspersonal			
a) Aufsicht, Anmeldung, Aufenthalt, Lager		6,0	–
b) Aufsicht, Aufenthalt, Lager		7,3	–
c) Aufsicht		4,0	–
Personalaufenthaltsraum			
a) Aufenthalt, Aufsicht		10,0	–
b) Aufenthalt		10,0	–
Anmeldung (Kasse)			
a) Anmeldung, Lager		6,0 bis 7,0	–
b) Anmeldung		5,0 bis 6,0	–
Personaltoiletten	III/IV	3,5	–
Besuchertoiletten im Trockenbereich	II	7,5	–
	III	7,5	–
	IV	7,5	–
Besuchertoiletten im Nassbereich	II	3,0	–
	III	3,8	–
	IV	6,0	–
Lagerraum			
a) Lager für Reinigungsgeräte		3,0	–
b) Wäschelager		3,0	–
c) Lager für Reinigungsgeräte und Wäsche		4,4	–
Abkühlen im Freien	II		mindestens 3,0
	III		
	IV		

Legende für nachstehende Bilder

A Dusche
B Wanne/Tauchbecken
C Fußwärmebecken
E Hocker/Stuhl
F Sitzbank
G Liege
H Umkleideschrank
N Schreibtisch
O Saunaofen
R Regal
D Handwaschbecken
T Tisch

6.1 Familienanlagen – Grundrissbeispiele und Kennwerte

6.1.1 Frei stehende Anlagen

Frei stehende Saunaanlage in Blockbauweise mit Elektro-Ofen, 3 SPL, Nutzgröße 10,5 m²

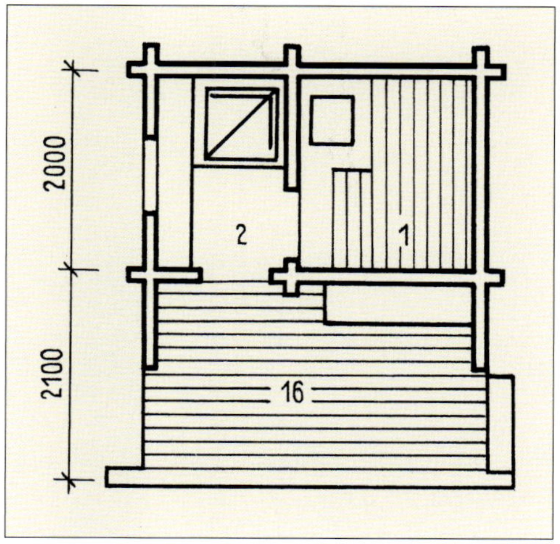

Anzahl	Raumart	Raum-Nr.	Raumgröße (Nutzfläche) in m²
1	Sauna	1	1,7 bis 4,0
1	Vorraum (Duschen, Umkleiden, Ruhen)	2	2,0 bis 6,0
1	Freisitz	16	etwa 3,0
			6,7 bis 13,0

Frei stehende Saunaanlage in Blockbauweise mit Elektro-Ofen, 4 bis 5 SPL, Nutzgröße 15,0 m²

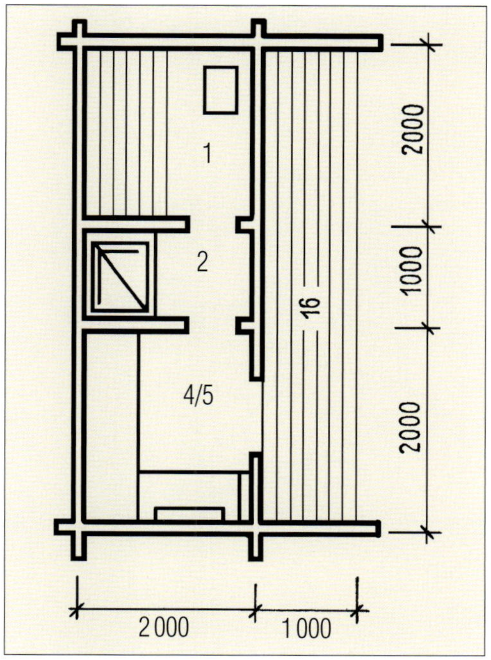

Anzahl	Raumart	Raum-Nr.	Raumgröße (Nutzfläche) in m²
1	Sauna	1	1,7 bis 4,0
1	Duschraum (Vorreinigung, Abkühlung)	2	2,0 bis 6,0
1	Umkleide- und Ruheraum	4/5	3,0 bis 8,0
1	Freisitz	16	etwa 4,0
			10,7 bis 22,0

6.1.2 Eingebaute Anlagen

Kleinst-Sauna mit Fertigkabine (1,0 m²), Nutzfläche 8,4 m²

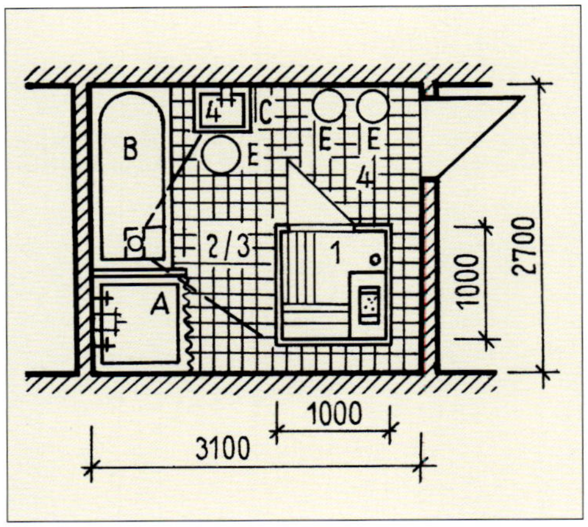

Anzahl	Raumart	Raum-Nr.	Raumgröße (Nutzfläche) in m²
Variante a)			
1	Saunakabine (im Keller)	1	(1,0)
1	Vorraum mit Duschen	2/3	1,7 bis 2,5
	(im Haus vorhanden:	–	
	Umkleiden u. Ruhen)		4,0 bis 10,0
			5,7 bis 12,5
Variante b)			
1	Saunakabine (im Bad)	1	1,0
1	(im Haus vorhanden:		
	Duschen, Umkleiden u. Ruhen)		
			1,0

Kleinst-Sauna mit Fertigkabine im Keller eines Wohnhauses, Nutzfläche insgesamt 20,0 m²

Anzahl	Raumart	Raum-Nr.	Raumgröße (Nutzfläche) in m²
1	Saunakabine	1	3,0 bis 3,2
1	Reinigungs- und Abkühlbereich	2/3	6,0 bis 7,0
1	Umkleide- und Ruhebereich	4/5	10,0 bis 12,0
			19,0 bis 22,2

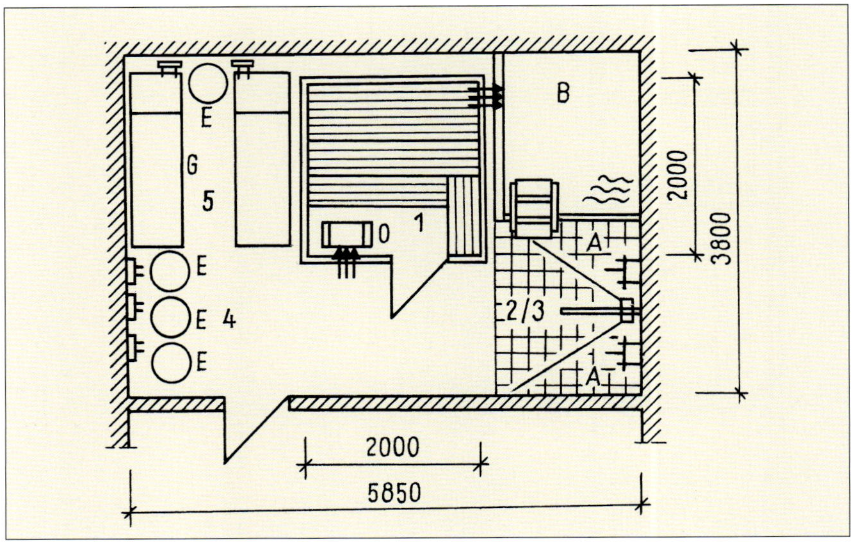

Saunaanlage mit Fertigkabine im Keller eines Mehrfamilienhauses, Nutzfläche 25,0 m²

Anzahl	Raumart	Raum-Nr.	Raumgröße (Nutzfläche) in m²
1	Sauna	1	3,0 bis 3,2
1	Abkühlbereich	2	8,0 bis 9,0
1	Reinigungsbereich	3	6,0 bis 7,3
1	Umkleideraum	4	5,0 bis 6,0
1	WC-Anlage	13	3,0
			25,0 bis 28,5

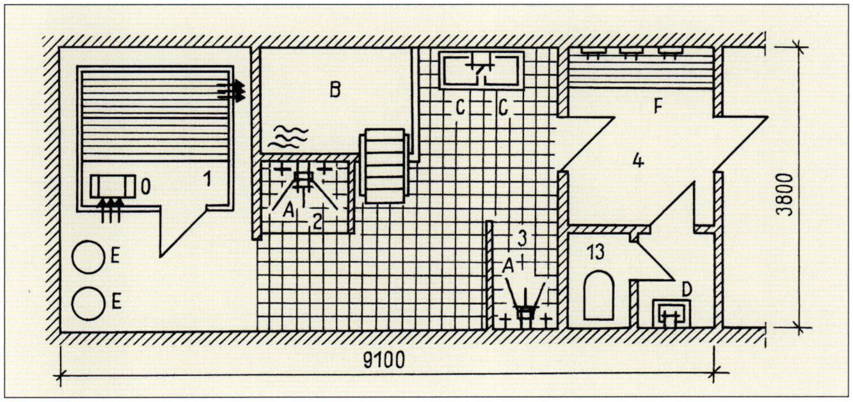

Familiensauna mit Blockhauskabine, Elektro-Ofen, in einem ehemaligen Stallgebäude, Nutzfläche 28,0 m²

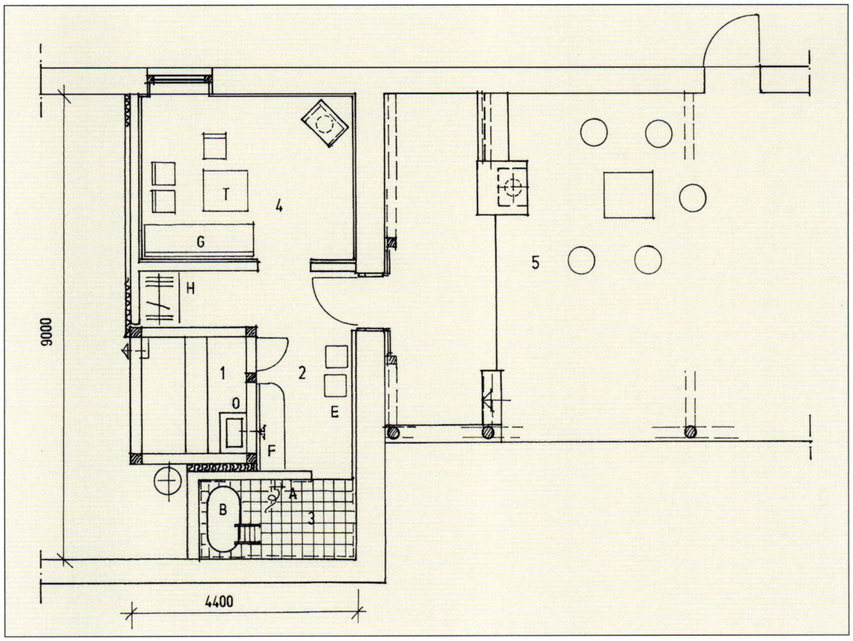

Anzahl	Raumart	Raum-Nr.	Raumgröße (Nutzfläche) in m²
1	Sauna	1	4,4
1	Umkleiden	2	7,5
1	Duschen Tauchen	3	4,3
1	Ruheraum	4	12,0
1	Freiraum	5	–
	insgesamt		**29,2**

Frei stehende Saunaanlage eines Saunaclubs in Blockbauweise

mit Feuerungsofen und Kamin im Aufenthalts- und Ruheraum, Kabinenkapazität 5 bis 6 Plätze

Anzahl	Raumart	Raum-Nr.	Raumgröße (Nutzfläche) in m²
1	Sauna	1	4,8
1	Abkühlraum/Vorreinigung	2/3	4,8
1	Umkleide- und Ruheraum	4/5	14,7
			24,3

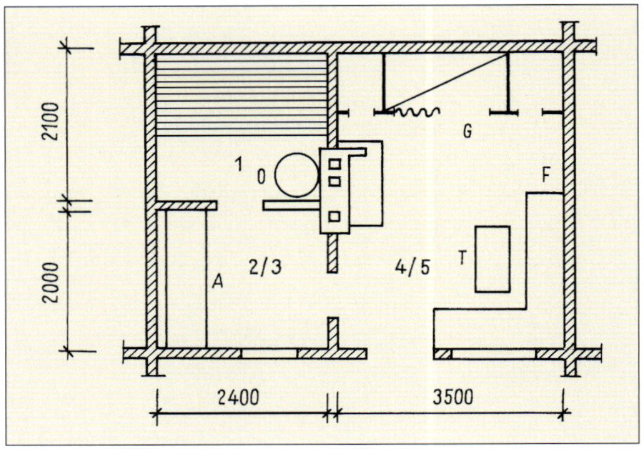

Frei stehende Saunaanlage eines Saunaclubs in Blockbauweise

mit Elektro-Ofen und Kamin im Aufenthalts- und Ruheraum als Heizung, Kabinenkapazität 8 Plätze

Anzahl	Raumart	Raum-Nr.	Raumgröße (Nutzfläche) in m²
1	Sauna	1	7,8
1	Abkühlraum	2	8,0
1	Vorreinigung	3	11,0
1	Umkleide- und Ruheraum	4/5	33,6
1	Abkühlen im Freien	16	15,0
1	WC-Anlage	13	1,2
			76,6

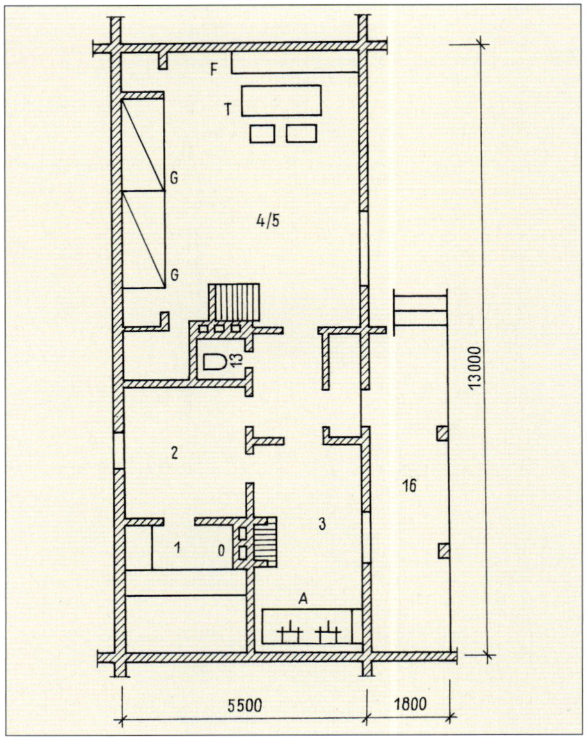

Saunaanlage eines Saunaclubs nach Umbau eines alten Pumpenhauses

Saunakabine in der Anlagenmitte mit einer Kapazität bis zu 12 Plätzen

Anzahl	Raumart	Raum-Nr.	Raumgröße (Nutzfläche) in m²
1	Sauna	1	7,8
1	Abkühlraum mit Tauchbecken	2	8,4
1	Vorreinigung	3	8,4
1	Umkleideraum mit Kabinen	4	10,8
1	Ruheraum	5	20,0
1	Warte- und Aufenthaltsraum	8	5,2
1	Personalraum	9	5,2
1	WC-Anlage	13	2,9
1	techn. Versorgung	15	(7,0)
			68,7

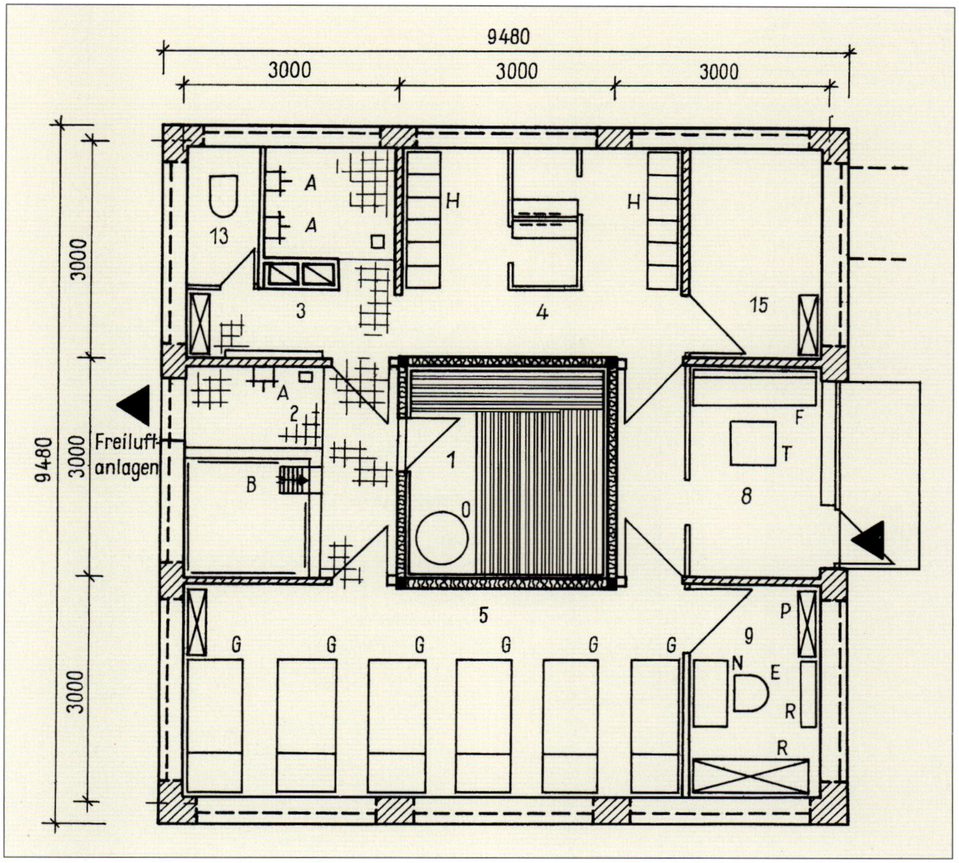

Saunaanlage auf frei stehender Steganlage am See, Elektro-Ofen, Kabinenkapazität bis 6 Plätze

Inselhotel Brückentinsee

Anzahl	Raumart	Raum-Nr.	Raumgröße (Nutzfläche) in m^2
1	Sauna	1	4,5
1	Vorraum	2	2,2
1	Umkleiden	3	4,4
1	Duschen	4	2,4
1	WC	5	1,3
3	Ruhen	6	9,4
1	Freiraum – Steg	7	–
1	Abkühlen	8	–
1	See	9	–
	insgesamt		**24,2**

Saunaanlage mit Steganlage des Inselhotels Brückentinsee

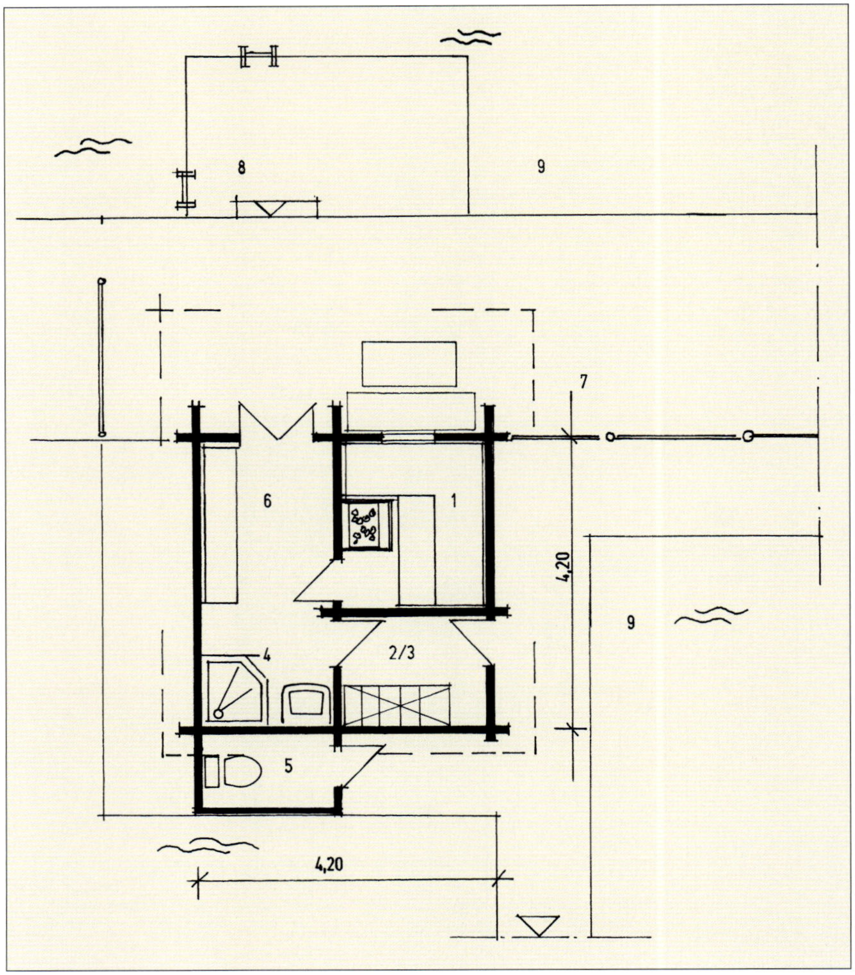

Saunaanlage in einer freistehenden Steganlage am See – Inselhotel Brückentinsee. Blick vom See, Foto: Höckert

Steganlage zum »Tauchbecken« See, Foto: Höckert

Anzahl	Raumart	Raum-Nr.	Raumgröße (Nutzfläche) in m²
2	Sauna	1	20,5
1	Abkühlraum – Tauchbecken	2	5,0
1	Dampfbad	3	5,3
1	Fußwärmebad	4	6,2
1	Duschen – Güsse	5	4,0
1	Whirlpool	6	6,0
1	Vorreinigung	7	7,5
1	Ruheraum – Sitze	8	7,0
1	Ruheraum – Liege	9	25,0
1	Aufenthalt	10	77,0
2	Umkleiden	11	30,5
1	Eingang – Anmeldung	12	16,5
2	WC-Anlagen	13	10,0
1	Lager für Wäsche und Geräte	14	18,0
1	Eingang – Personal	15	15,0
	insgesamt		**253,5**

Sauna-Anlage in einem Landhotel als eingebaute Anlage mit zwei Kabinen, nach Umbau einer Gaststätte

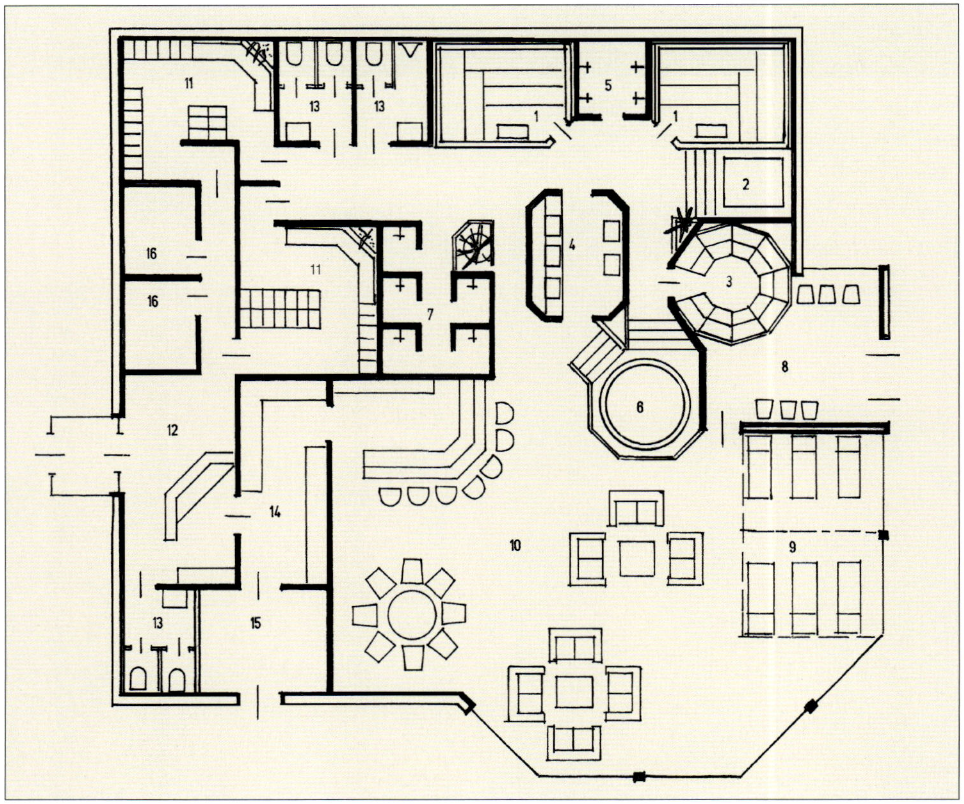

Saunalandschaft der Natur-Therme Templin

Anzahl	Raumart	Raum-Nr.	Raumgröße (Nutzfläche) in m²
1	Sauna	1	19,3
1	Vorraum	2	2,0
1	Ofenfläche	3	5,5
	insgesamt		**26,8**

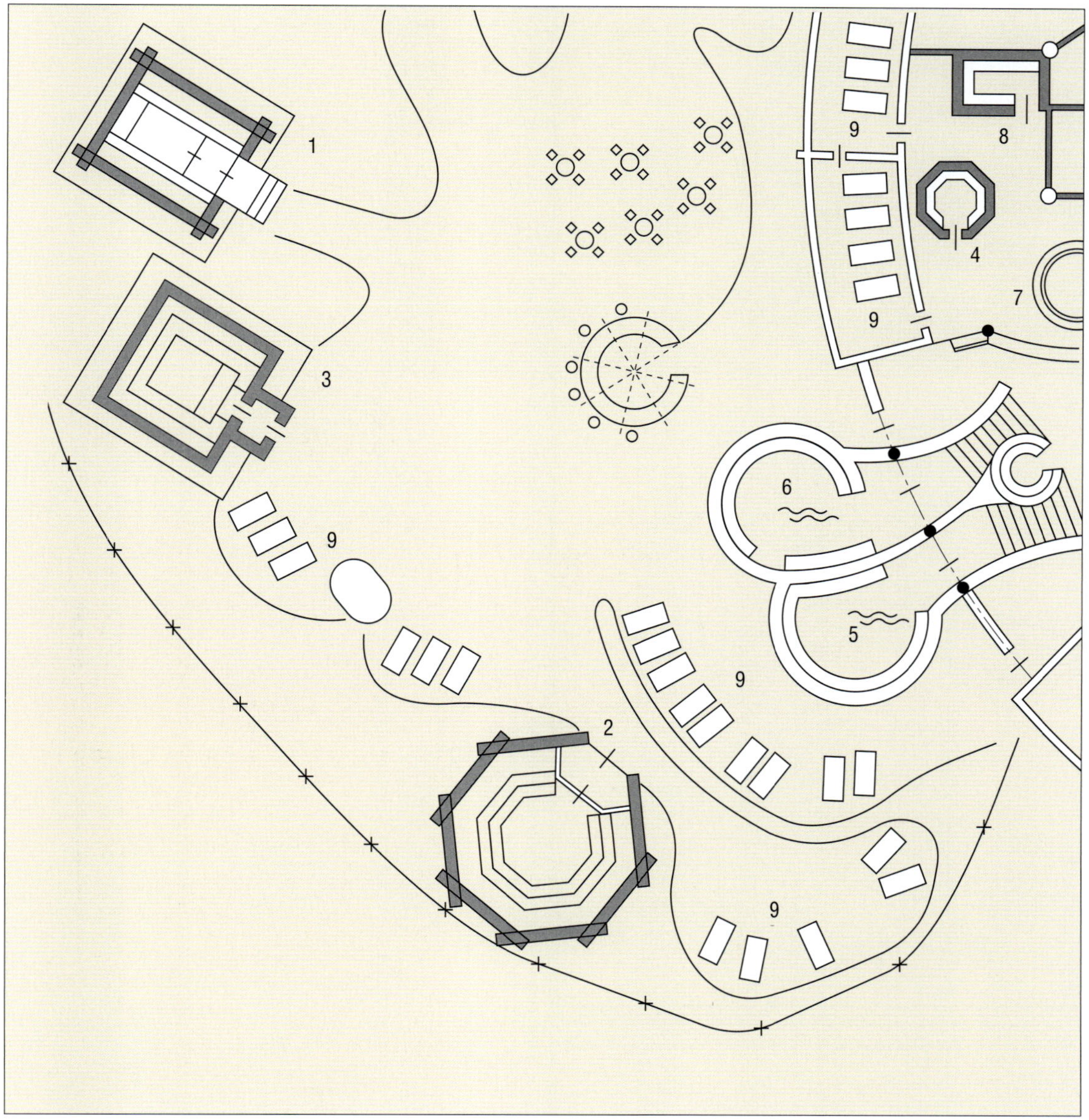

1 Finnische Sauna,
2 Erdsauna als Blockhaus
3 Blockhaussauna
4 Liegedeck mit Spiralbrunnen
5 Tauchbecken, kalt
6 Tauchbecken, warm
7 Tauchbecken
8 Duschen
9 Dampfbad

Siehe auch Seite 50

Erdsauna als Blockhaus mit Elektro-Ofen und Kamin, von FINNJARK GmbH gebaut in der Natur-Therme Templin, Außenansicht, Foto: Höckert

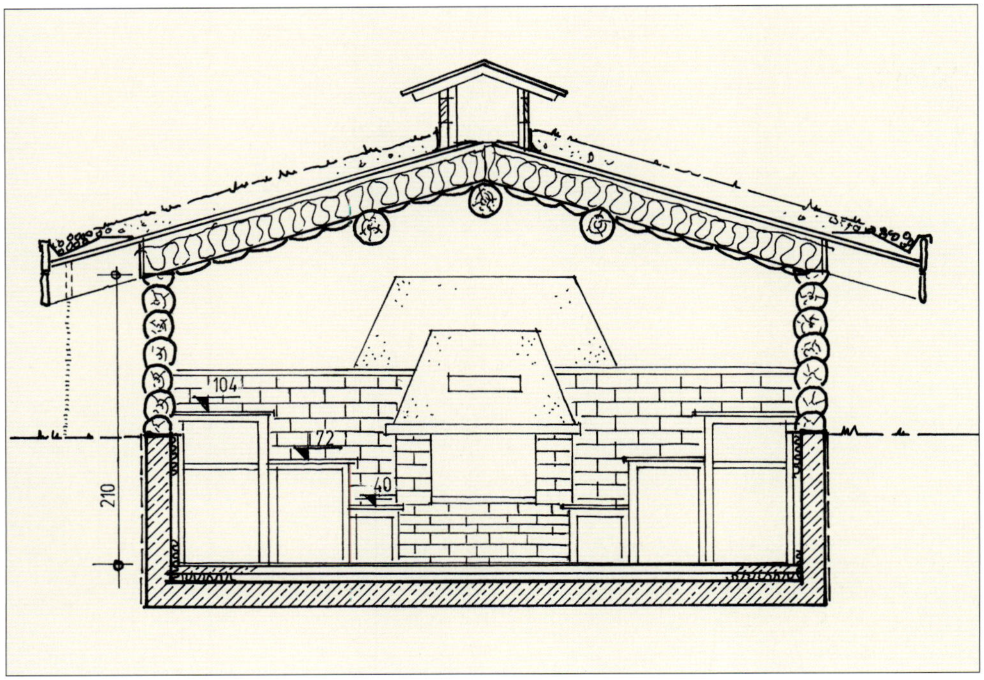

Erdsauna als Blockhaus mit Elektro-Ofen und Kamin, von FINNJARK GmbH gebaut in der Natur-Therme Templin, Schnitt

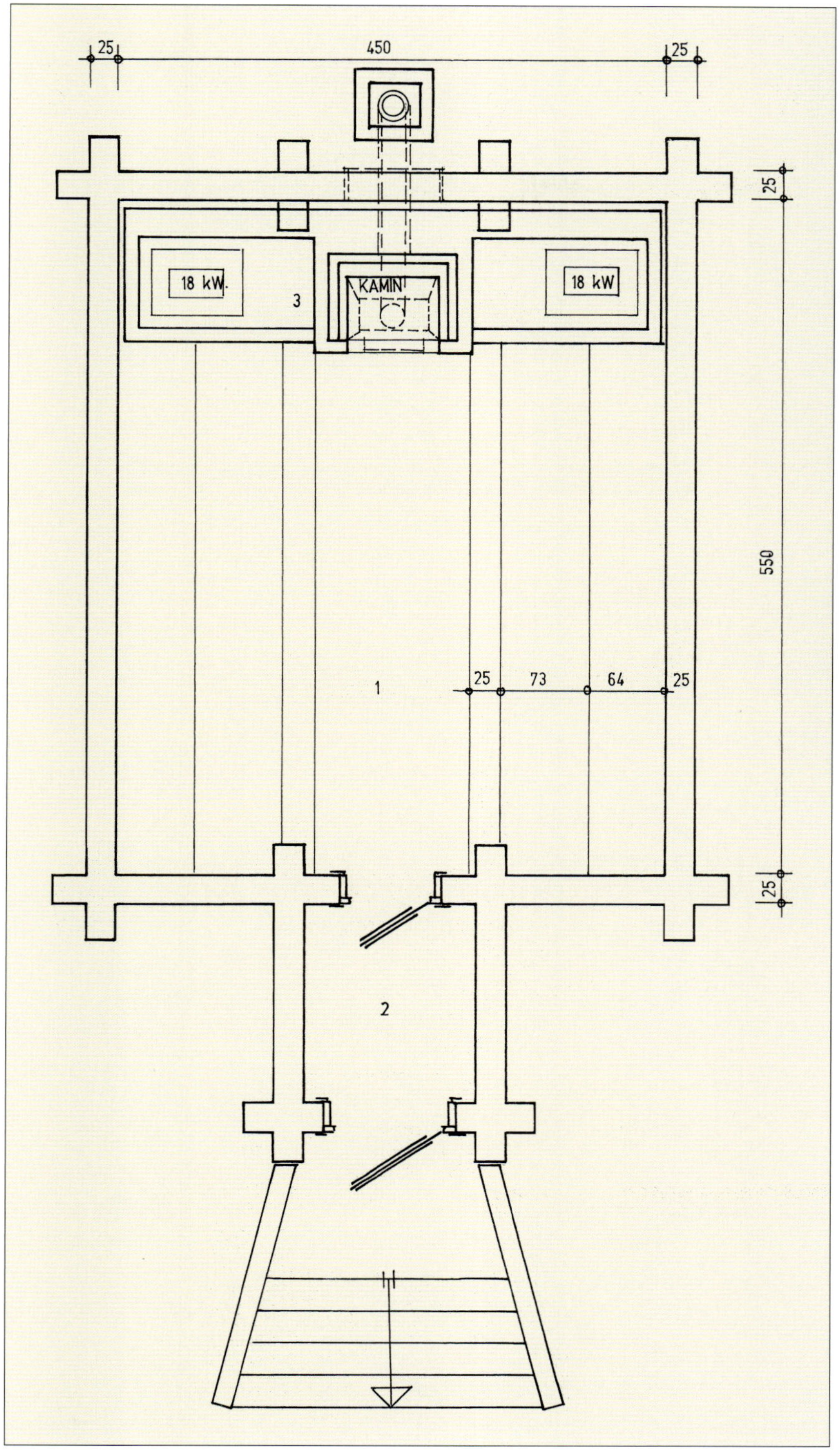

Erdsauna als Blockhaus mit Elektro-Ofen und Kamin, von FINNJARK GmbH gebaut in der Natur-Therme Templin, Blick in den Innenraum mit Kamin, Foto: Höckert

Erdsauna als Blockhaus mit Elektro-Ofen und Kamin, von FINNJARK GmbH gebaut in der Natur-Therme Templin, Grundriss

Anzahl	Raumart	Raum-Nummer	Raumgröße (Nutzfläche) in m²
1	Sauna	1	24,3
1	Vorraum	2	2,4
1	Ofenfläche	3	2,1
	insgesamt		**28,8**

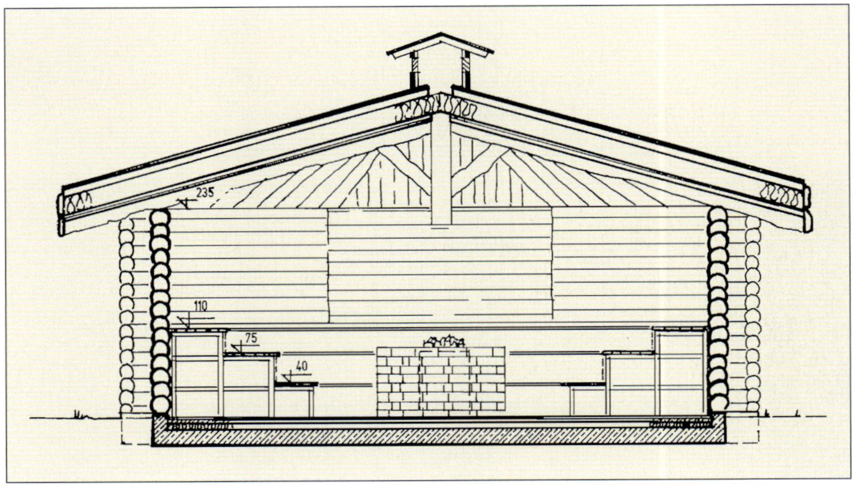

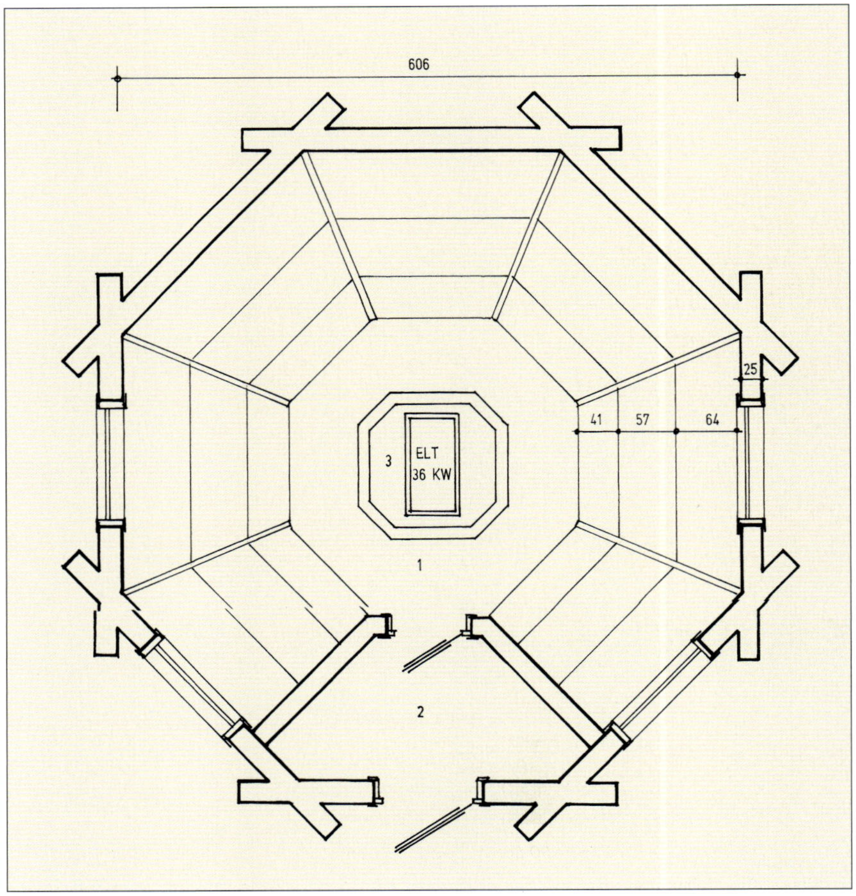

Blockhaus-Sauna mit Elektro-Ofen, von FINNJARK GmbH gebaut in der Natur-Therme Templin, Schnitt und Grundriss

Blockhaus-Sauna mit Elektro-Ofen,
von FINNJARK GmbH
gebaut in der Natur-Therme Templin,
Außenansicht,
Foto: Höckert

Blick in eine Blockhaus-Kabine – so schön können Holzbalken wirken. Foto: Höckert

Saunakabinenleuchte am Fußboden – mit dem richtigen Blendschirm eine sehr angenehme Kabinenbeleuchtung, Foto: Höckert

Blockhaus-Sauna der Natur-Therme Templin in Betrieb, Foto: Natur-Therme Templin

Blockhaus-Sauna mit Elektro-Ofen, von FINNJARK GmbH gebaut in der Natur-Therme Templin, Blick in den Innenraum, Foto: Höckert

KENNWERTE

baulicher Aufwand

Kennwerte werden für den baulichen Aufwand und für den Bedarf an Versorgungsmedien angegeben. Sie sind der Tabelle 7.1 zu entnehmen. Die Kennwerte ergaben sich aus untersuchten gebauten Saunaanlagen, einige sind im Kapitel 6 dargestellt und dürfen aber nur als Richtwert für die bei der Planung erforderlichen Ausgangswerte verwendet werden.

Für die Familiensaunen entsteht im Allgemeinen kein zusätzlicher Aufwand an Verkehrsfläche, so dass die Nutzfläche gleich der Nettofläche sein kann.

Die Abkühlfläche im Freien bzw. der Freiluftraum im Gebäude ist in den Kennzahlen nicht erfasst – keine Angaben zur Kubatur.

Bedarf an Versorgungsmedien

Der Elektroenergiebedarf wird im Wesentlichen durch den elektrischen Saunaofen bestimmt. Dabei ist bei größeren Öfen immer ein Kraftstrom-Anschluss erforderlich.

Kennwerte zu Wasser- und Wärmebedarf können für Familiensaunen nicht ermittelt werden, da diese Werte nicht im Einzelnen gemessen werden.

Tabelle 7.1 *Kennwerte*

Saunaart	Kabinenplätze	Nutzfläche				Elt-anschluss PAN		Bemerkung
		Kabine		Gesamtanlage		Gesamt	davon Ofen	
		m^2	m^2/SPL	m^2	m^2/SPL	kW	kW	
1	2	3	4	5	6	7	8	9
Familiensauna								
frei stehend	3	3,4	1,1	7,0	2,4	8,0	7,5	ohne
frei stehend	4 – 5	4,0	1,0	18,0	4,5	8,0	7,5	WW-
eingebaute Kabine mini	1 – 2	1,6	0,8	5,8	2,9	4,3	4,0	Boiler
eingebaute Kabine	bis 4	3,6	0,9	22,0	5,5	8,0	7,5	
eingebaute Kabine	4 – 5	3,8	0,9	7,0	28,0	8,2	7,4	
öffentlich betriebene Anlage								
frei stehende Erdsauna	bis 16	19,3	1,2	–	–	37,0	36,0	nur
frei stehend	5	4,6	0,92	24,3	4,8	8,9	7,5	Sauna-
frei stehendes Blockhaus	bis 24	24,3	1,0	–	–	37,5	36,0	kabine
eingebaut	bis 9	10,2	1,1	74,8	6,8	28,0	18,0	

8.1 Holz

Für den Saunabau stellt Holz den für den Saunacharakter adäquaten Baustoff dar. Es ist ein Gewebe aus sehr verschiedenartigen Zellen, die sich aus submikroskopischen Kristalliten (Cellulose-Mizelle) zusammensetzen.

adäquater Baustoff

Der Aufbau des Holzes in Art und Zellen ist bei Nadel- und Laubhölzern unterschiedlich. Daraus ergibt sich die Verschiedenartigkeit der technologischen Eigenschaften und damit der Verwendungsmöglichkeiten des Holzes.

Querschnitt

Der Querschnitt oder Hirnschnitt (Bild 8.1) durch einen Nadelholzstamm zeigt folgende **Schichten**:

- Rinde, Borke, Bast
- Kambium (Wachstumsschicht)
- Splintholz (jung, oft heller, saftreich und daher leicht verderblich)
- Kernholz (älter, oft dunkler, saftarm, haltbar)
- Markstrang mit dem bei alten Stämmen zusammengeschrumpften Mark.

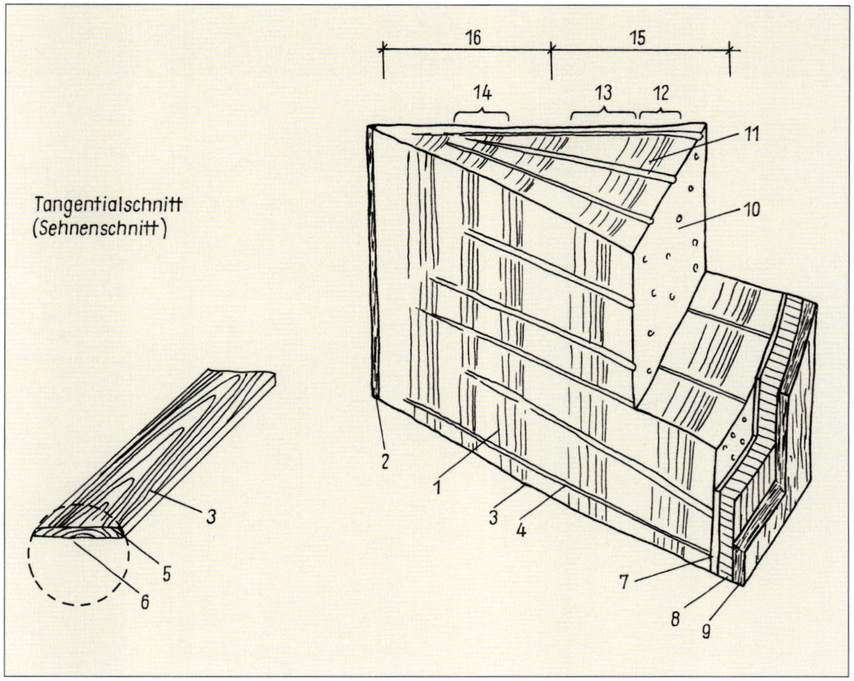

Bild 8.1 *Querschnitt durch einen Nadelholzstamm*
1 Radialschnitt
2 Markröhre
3 Jahresringgrenze
4 Hauptmarkstrahl
5 Splintseite (linke Seite)
6 Kernseite (rechte Seite)
7 Kambium
8 Bast
9 Rinde/Borke
10 Tangentialschnitt
11 Hirnschnitt (Querschnitt)
12 Spätholz
13 Frühholz
14 Jahresring
15 Splintholz
16 Kernholz

Der Hirnschnitt lässt die Jahresringe erkennen (Frühholz heller, locker, porös und Spätholz dunkel, fest, hart). Nicht immer sichtbar sind die von der Rinde zum Mark verlaufenden Markstrahlen, deren Zellen der Nährstoffspeicherung dienen.

Radial- oder Spiegelschnitt

Im Mittellängsschnitt, Radial- oder Spiegelschnitt sind die breiten, glänzenden Bänder (Spiegel) zu erkennen.

Längsschnitt

Beim Tangentialschnitt oder Sehnenschnitt (ein Längsschnitt, der nicht durch den Markstrang geführt wird) werden die Unregelmäßigkeiten und die bei jeder Holzart anders geartete Maserung sichtbar.

Tabelle 8.1 *Einteilung der Hölzer entsprechend ihrer Härte*

Holzart	harte Hölzer	mittelharte Hölzer	weiche Hölzer
Laubhölzer	Eiche	Ahorn	Linde
	Ulme	Birke	Erle
	Rotbuche	Rüster	Pappel
		Platane	
Nadelhölzer		Lärche	Kiefer
		Douglasie	Fichte
			Tanne

Tabelle 8.2 *Eigenschaften wichtiger Nutzhölzer*

Holzart		mittlere Rohdichte kg/dm³	mittleres Schwindmaß αr %	αt %	mittleres Elastizitätsmodul E N/mm²	Druckfestigkeit σdB N/mm²	Zugfestigkeit σzB N/mm²	Biegefestigkeit σbB N/mm²	Scherfestigkeit σaB N/mm²
Fichte	ll	0,47	3,6	7,8	10.791	42,18	88,29	64,75	6,57
	⊥				539,55	5,69	2,65		25,51
Kiefer	ll	0,52	4,0	7,7	11.772	46,11	102,02	85,35	9,81
	⊥				451,26	7,55	2,94		20,60
Lärche	ll	0,59	3,3	7,8	11.772	51,99	104,97	82,20	8,83
	⊥					5,89	2,26		24,53
Tanne	ll	0,45	3,8	7,6	10.791	39,24	82,40	60,82	4,91
	⊥				480,69	4,12	2,26		26,98
Eiche	ll	0,69	4,0	7,8	12.753	52,97	88,29	89,27	10,79
	⊥				981,00	10,30	3,92		31,39
Nussbaum	ll	0,68	5,4	7,5	12.263	56,41	98,10	116,74	–
	⊥					11,77	3,43		
Buche	ll	0,73	5,8	11,8	15.696	51,50	132,44	103,01	7,85
	⊥				1.511	8,83	6,87		33,35
Rüster	ll	0,68	4,6	8,3	10.791	40,22	78,48	68,67	6,87
	⊥					9,81	3,92		24,53

ll parallel zur Faser; ⊥ senkrecht zur Faser; r radial; t tangential

8.1.1 Eigenschaften des Holzes

Vor- und Nachteile

Eigenschaften des Holzes lassen sich in Vor- und Nachteile untergliedern:

- Vorteile:
  - geringe Dichte
  - große Festigkeit
  - leicht zu bearbeiten
  - gute Wärmedämmung
  - schönes Aussehen
- Nachteile:
  - unbeständig bei Witterungseinflüssen
  - unbeständig bei Holzschädlingen
  - sehr großes Quell- und Schwindmaß
  - brennbar.

technische Eigenschaften

Die technischen Eigenschaften wie Druck-, Zug- und Biegefestigkeit, Elastizität und Spaltbarkeit sind weitgehend vom Wassergehalt des Holzes abhängig, aber im Saunabau von zweitrangiger Bedeutung.

Lebensfähigkeit des Holzes

Die Lebensfähigkeit des Holzes hängt von der Art seines Einsatzes ab. Man rechnet bei ungeschützten Hölzern im Freien mit 25 Jahren (Erle) bis 100 Jahren (Eiche), im fließenden Wasser mit 50 Jahren (Fichte) bis nahezu unbegrenzt (Eiche).
Am ungünstigsten ist ein häufiger Wechsel zwischen nass und trocken, warm und kalt, dem die Hölzer im Saunabau und insbesondere im Ausbau der Saunakabine ausgesetzt sind. Diese Beanspruchung führt neben Quellen und Schwinden bei den meisten Hölzern zur Fäulnis. Deshalb muss beim Einbau des Holzes stets darauf geachtet werden, dass alle Holzeinbauten ständig **gut durchlüftet** werden.

Wassergehalt

Holz enthält nach seinem »biologischen Tod« noch Quellkörper (Zellulose, Eiweißstoffe und Plasma).

- Frisches Holz enthält etwa 20 bis 25 % Wasser.
- Luftgetrocknetes Holz enthält etwa 10 bis 20 % Wasser.

Der Wassergehalt ändert sich und damit zugleich das Volumen des Holzes – es »arbeitet«. Im Wesentlichen schwindet bzw. quillt das Holz in zwei Hauptrichtungen:

- radial (Schwindmaß 2,5 bis 7,8 %) und
- tangential (Schwindmaß 6 bis 12 %).

Tabelle 8.3 *Die wichtigsten Holzarten in Mitteleuropa*

Holzart	Farbe	Struktur	Dichte kg/dm2 luft-trocken	frisch	Härte	Dauer-haftigkeit	Schwinden Arbeiten	Bearbeit-barkeit	Verwendung
Laubhölzer									
Eiche	Splint gelblich schmutzig bis weiß, Kern gelb bis braun	grob und langfaserig	0,70 bis 1,28	0,93 bis 1,50	hart, wenig elastisch, schwer spaltbar	sehr gut	mäßig bis stark	je nach Art mittel bis gut	Parkettfußböden, Haustüren, Wasserbauten, Möbeltischlerei, Schiffsbau, für Saunabau nicht geeignet
Erle	rötlich bis hellbraun	fein, dicht	0.42 bis 0,63	0,68 bis 1,00	mittelhart wenig zäh, gut spaltbar	im Wasser gut	mäßig	leicht	Möbeltischlerei, Schnitzereien, Grund- und Wasserbau, **Saunaausbau, Sitzstufen**
Rotbuche	gelblich	dicht	0,65 bis 0,80	0,85 bis 1,00	hart, dicht, schwer, wenig elastisch	im Trockenen gut	stark gedämpft, gut stehend	gut	Modelltischlerei, Werkzeuge, Stellmacherei, für Sauna nicht geeignet
Weißbuche	weiß bis grünlich	kurzfaserig dicht	0,60 bis 0,80	0,90 bis 1,25	hart, zäh, elastisch	sehr gut	stark arbeitend	schwer	Drechslerei, Modelltischlerei, Werkzeuge, für Sauna nicht geeignet
Ahorn	weißlich bis gelb	gemasert, fein, kurzfaserig	0,53 bis 0,80	0,85 bis 1,05	hart, zäh und fest, mittelschwer	sehr gut	mäßig	Gut polierbar	Möbel, splitterfreie Holzschienen, Geigenbögen, **Saunaausbau**
Birke	weißlich bis goldgelb	feinfaserig, geflammt	0,50 bis 0,75	0,80 bis 1,10	wenig hart, zäh, schwer spaltbar	im Trockenen gut	mäßig	Gut polierbar	Furniere, Möbel, Drechslerei und Stellmacherei, Saunaausbau, Sitzstufen
Buchsbaum	blassgelb	sehr fein, gleichmäßig, dicht	0,90 bis 1,15	1,20 bis 1,25	hart, schwer spaltbar	sehr gut	gering	Gut polierbar	Zierhölzer, für Sauna nicht geeignet
Esche	weißlich bis gelbbraun	dicht, grobfaserig	0,56 bis 0,80	0,80 bis 1,10	hart, zäh, glatt, schwer spaltbar	im Trockenen gut	mäßig	je nach Art mittel bis gut	Furniere, Turn- und Sportgeräte, Wagen, für Sauna nicht geeignet
Ross-kastanie	hellgelb	weich, porös	0,55 bis 0,60	0,70 bis 0,90	wenig fest	gering	mäßig bis stark	gut	Schnitzarbeiten, **für Saunaausbau bedingt geeignet**
Linde	weißlich bis gelb	weich, porös, grobfaserig	0,32 bis 0,58	0,59 bis 0,85	wenig fest leicht	gering	stark	leicht	Bildhauer-, und Drechslerarbeiten, Modelltischlerei, **Saunaausbau, Sitzstufen**
Pappel	weißlich bis gelblich	weich, porös, grobfaserig	0,30 bis 0,50	0,60 bis 1,05	wenig fest leicht	gering	stark	leicht	Blend- und Sperrholz, Reißbretter, Tischplatten, **Saunaausbau, Sitzstufen**
Nussbaum	weißlich bis bräunlich	zäh, krumm faserig, geflammt und gemasert	0,60 bis 0,80	0,90 bis 0,95	mittelhart, mäßig schwer, elastisch	im Trockenen sehr gut	mäßig	gut polierbar	Furniere, Möbel, Bildhauerei, Drechslerarbeiten für Sauna nicht geeignet

Holzart	Farbe	Struktur	Dichte kg/dm2 luft-trocken	frisch	Härte	Dauer-haftigkeit	Schwinden Arbeiten	Bearbeit-barkeit	Verwendung
Obstbaum	weißlich bis dunkelbraun	glatt, dicht, sehr fein	0,72 bis 0,80	0,95 bis 1,20	hart, elastisch	nicht immer gut	mäßig	gut	Möbel, Bildhauerei, Drechslerei, Modelltischlerei **Saunaausbau möglich**
Ulme (Rüster)	hellbraun bis dunkel-rotbraun	grobfaserig dicht	0,55 bis 0,80	0,80 bis 1,50	hart, fest	gut, beständig gegen Fäule u. Wurmfraß	wenig	schwer	Parkett, Mühlen- und Wasser-bau, Drechslerei, Stellmacherei, Schiffsbau **Saunaausbau möglich**
Nadelhölzer									
Kiefer	rötlich gelb bis bräunlich gelb	fein bis grob, ausgeprägte Jahresringe, harzreich	0,34 bis 0,70	0,40 bis 1,50	weich, zäh, wenig elastisch	im Wechsel von naß und trocken gut	wenig	gut	Holzkonstruktionen, Bauten im Freien, Möbel- und Wandtäfelung **Saunaausbau, Saunatür**
Fichte (Rottanne)	gelblich bis rötlichweiß	grob, harzreich, harte Äste	0,35 bis 0,55	0,45 bis 1,05	weich, sehr elastisch	im Wechsel von naß und trocken ungeeignet	wenig	gut	Möbel-, Klavier-, Orgelbau, Geigenbau, Schiffsböden, **für Saunaausbau bedingt geeignet**
Tanne (Weiß- oder Edeltanne)	weiß bis hellgelb	langfaserig, fast harzfrei	0,37 bis 0,75	0,77 bis 1,20	sehr weich, wenig elastisch	gering	wenig	gut, gut spaltbar	gutes Bauholz, Möbel, Fußböden, Tafelungen, Wasser- u. Schiffsbau **Saunaausbau, Wände, Decke**
Lärche	Kern rötlich, Splint gelblich	Dichtfaserig harzreich	0,47 bis 0,57	0,75 bis 0,85	hart, zäh, elastisch	sehr gut, wurm-sicher	wenig	gut, leicht spaltbar, polierbar	gutes Bauholz, Möbel, Täfelungen, Wasser- uund Schiffsbau, **Saunaausbau, Saunatür und -fenster und Lüftung, Öffnungsklappen**
Ausländische Hölzer									
Pitchpine (Pech-kiefer)	hellgelb mit dunklen Jahresringen	sehr astrein, dicht	0,80 bis 0,85	0,90 bis 1,10	sehr fest	sehr gut	wenig	schwer	Fußböden, Fenster, Treppen, Innenarchitektur, Möbel **Saunaausbau**
Hemlock	weiß bis hellgelb	langfaserig, fast harzfrei	0,37 bis 0,75	0,77 bis 1,20	sehr weich, wenig elastisch	gering	wenig	gut, gut spaltbar	gutes Bauholz, Möbel, Fußböden, Tafelungen, Wasser- u. Schiffsbau **Saunaausbau, Wände, Decke**
Ebenholz	dunkelbraun bis schwarz	sehr fein, kurzfaserig	1,10 bis 1,20	1,20 bis 1,35	hart, zäh	sehr gut	wenig	schwer, gut polierbar	Intarsien, Drechslerei, Klaviertasten, für Sauna nicht geeignet
Mahagoni	rot bis braun	sehr fein, kurzfaserig	0,55 bis 0,80	0,80 bis 1,05	hart, zäh	sehr gut	wenig	schwer, gut polierbar	Furniere, Möbel, Wand-bekleidungen für Sauna nicht geeignet
Palisander	dunkelrot bis braun	kurzfaserig, schwarz geflammt	0,70 bis 0,90	0,90 bis 1,05	hart, spröde	sehr gut	stark	schwer, gut polierbar	Möbel, Klaviere, Billardtische, für Sauna nicht geeignet

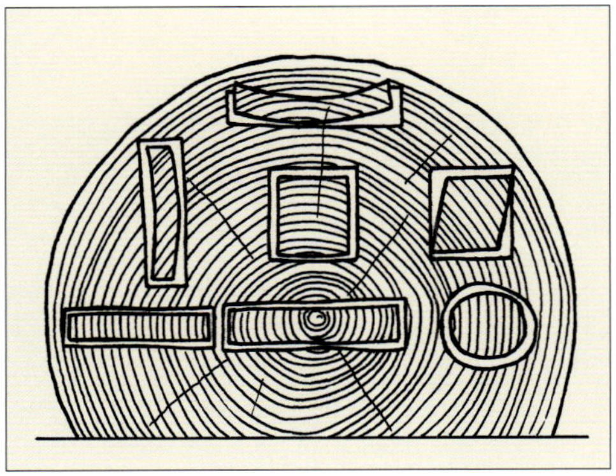

Bild 8.2 *Verzerrung von Holzquerschnitten verschiedener Lagen durch Schwinden*

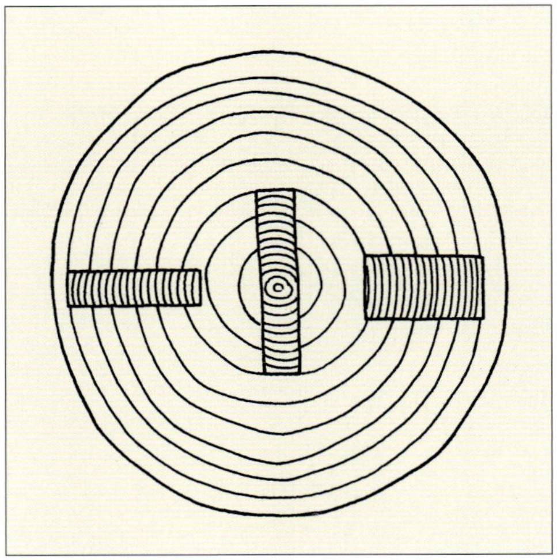

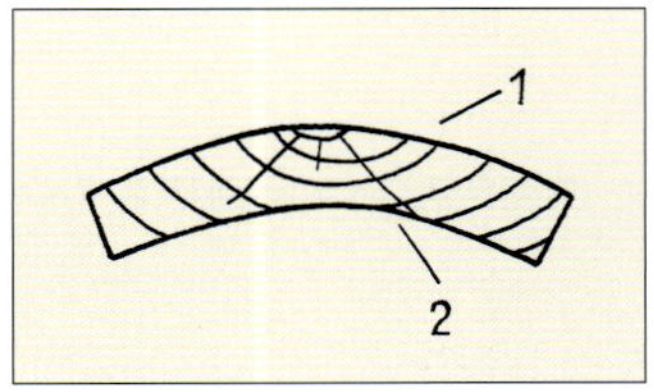

Bild 8.4 *Werfen des Holzes bei Austrocknung*
1 Kernseite
2 Splintseite

Bild 8.3 *Gute Brettlage im Rundholz*

Tabelle 8.4 *Schwindmaße (nach Kühnast)*

Holzart	radial %	tangential %
Fichte	3,6	7,8
Kiefer	4,0	7,7
Tanne	3,8	7,8
Eiche	4,0	7,8
Buche	5,8	11,8

Das **Schwinden** des Holzes in der Längsrichtung ist zu vernachlässigen, weil der Wert von 0,2 % kaum überschritten wird.

Das geringe Schwinden des Holzes in radialer Richtung gegenüber dem in Tangentialrichtung beruht auf den radial verlaufenden Markstrahlen, die dem Schwinden entgegenwirken.

Der richtungsgebundene Unterschied des Schwindens zieht zwangsläufig beim Trockenprozess Querschnittsveränderungen nach sich (Bilder 8.2, 8.3 und 8.4).

Quellen des Holzes

Wird das getrocknete Holz wieder feucht, so verläuft die Querschnittsveränderung umgekehrt (Quellen des Holzes). Holz nimmt erneut Feuchtigkeit auf, da es außerordentlich hygroskopisch ist. Es passt sich stets der umgebenden Feuchtigkeit an. Diese Erscheinung ist als »hygroskopisches Gleichgewicht« des Holzes bekannt.

Holz und Saunaklima

Mit diesen Eigenschaften wird Holz zum geeigneten Baustoff für den Saunabau, zur Gestaltung des Ausbaus, zur Schaffung des Saunaklimas. Gleichzeitig ergeben sich für den Einsatz von Holz im Saunabau auf Grund der genannten Eigenschaften konstruktive Forderungen.

Behandlungsmethoden

Das »Arbeiten« des Holzes kann durch verschiedene Behandlungsmethoden wesentlich vermindert werden:

a) Auslaugen mit kaltem Wasser, Kochen und Dämpfen
b) Behandlung mit heißen Gasen
c) Tränken mit Pyridin-Essigsäureanhydrit-Lösung

d) Einlagerung von gelösten, später erstarrenden Stoffen
e) Zuführung nicht härtbarer, wasserabweisender Stoffe
f) wasserabweisende äußere Anstriche.

Nur die Hölzer, die nach den Methoden a) und b) behandelt wurden, sind für den Saunabau geeignet.

vergütete Hölzer

Die Industrie bietet vergütete Hölzer an, die formbeständiger sind und eine größere Feuchtigkeit besitzen. Entsprechend den Vergütungsverfahren wird zwischen vergütetem Voll- und Lagenholz bzw. Leimholz unterschieden:
Vergütetes Vollholz ist Holz, dessen Gefüge durch Druck oder Tränken verdichtet wurde und dabei eine Rohdichte bis zu 1,45 kg/dm^2 erhält. Das als **Tränkholz** bezeichnete Holz ist für den Saunabau **nicht geeignet**.
Lagenholz besteht im Unterschied zum Vollholz aus mehreren unter Druck und hohen Temperaturen übereinander geleimten Holzschichten. **Lagenholz bzw. Leimholz** ist für den Saunabau **nicht geeignet**.

8.1.2 Fehler und Schäden

Holzfehler

Holzfehler sind: Wuchsfehler, Farbfehler, Äste und Harzgallen sowie Rissbildung durch das Arbeiten des Holzes.

a) Krummer Wuchs. Bei geringer Krümmung können kurze Stämme noch verwendet werden, deren Nutzwert nicht vermindert ist.
b) Drehwuchs. Holz ist entwertet.
c) Blaufärbung im Splintholz der Nadelhölzer durch Pilzbefall senkt den technischen Wert des Holzes nicht herab. Streifen in braun, rot, blau entstehen in der Rinde durch Ersticken des Holzes bei Feuchtigkeit. Das befallene Holz ist gegen Pilze empfindlich.
d) Äste und Harzgallen. Äste setzen die Festigkeit herab, stören im Saunabau weniger; Harzgallen machen das Holz für den Saunabau ungeeignet.
e) Trockenrisse, von außen nach dem Kern verlaufend. Sie entstehen durch ungleichmäßiges und schnelles Trocknen. Für den Saunabau ist dieses Holz bedingt geeignet (Schönheitsfehler im Bild 8.5).
f) Kernrisse. Nach dem Kern hin am breitesten, entstehen durch ungeschütztes Lagern und haben großen Einfluss auf die Tragfähigkeit. Für den Saunabau bedingt geeignet, abhängig von der Größe der Risse (Bild 8.6).

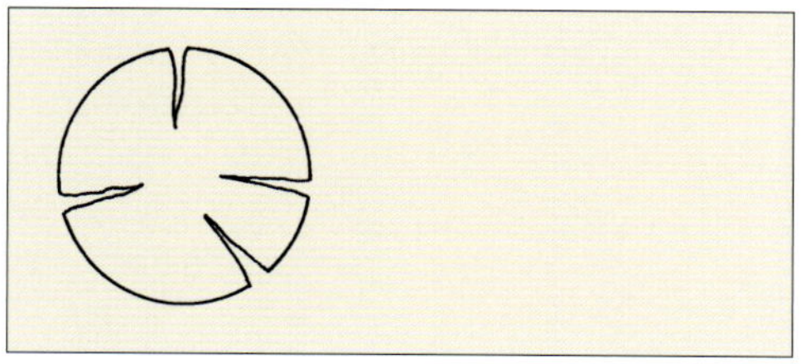

Bild 8.5 *Trockenrisse*

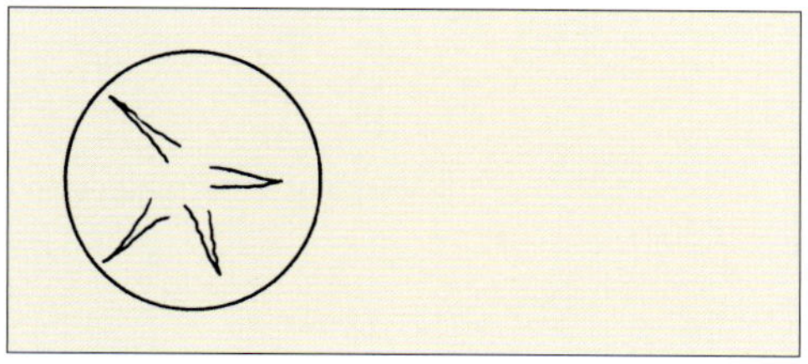

Bild 8.6 *Kernrisse*

Holzschäden

Holzschäden werden durch pflanzliche und tierische Holzschädlinge hervorgerufen. Da Hölzer, die im Saunabau verwendet werden, nicht mit Holzschutzmitteln, gleich welcher Art, behandelt werden dürfen, besteht die Gefahr des tierischen und pflanzlichen Befalls sehr stark.

Pflanzliche Holzschädlinge sind u. a. Pilze (Schwämme). Sie fördern in Verbindung mit Feuchtigkeit und Sauerstoff die Fäulnis des Holzes. Gefährlich ist der echte Hausschwamm. Er entsteht in geschlossenen Räumen und zerstört das Holz völlig. Bei diesem Befall muss die gesamte Sauna abgerissen werden; das Holz ist zu verbrennen. Da das Myzel des Hausschwamms auch Mauerwerk durchdringt, ist ein Neuaufbau der Sauna an gleicher Stelle nicht ratsam oder zumindest mit umfangreichen Vorsorgemaßnahmen verbunden.

Alle übrigen Fäulniserreger sind Nassfäulepilze. Sie setzen zu ihrer Ausbreitung im Gegensatz zum echten Hausschwamm ständig Feuchtigkeit voraus. Sie lassen sich örtlich bekämpfen und beseitigen.

Tierische Holzschädlinge sind u. a. Holzwürmer (z. B. Larve des Pochkäfers), Borkenkäfer, Holzbocklarve, Parkettkäferlarve, Anobien. Durch sie wird die Festigkeit des Holzes zerstört.

8.1.3 Die wichtigsten Holzarten

die wichtigsten Holzarten mit ihren Eigenschaften

In der Tabelle 8.3 auf den Seiten 114 und 115 werden die wichtigsten Holzarten mit ihren Eigenschaften und ihrem Verwendungszweck aufgezeigt:
Beim Saunaausbau eignen sich für die Sitzstufen: Linde, Pappel, Birke, finnische Haapa, Ahorn, Kastanie, nordische Fichte, kanadische Hemlock, Tanne, Pitchpine. Für die innere Wandverkleidung eignen sich: nordische Fichte, kanadische Hemlock, Tanne, Pitchpine, Birke, Zeder und astfreie Kiefer.

8.2 Steine

Vorsicht – Saunakabine !

Für den Bau der Saunakabine können auf Grund der physikalischen Eigenschaften wie Wärmedurchgang, Wärmeaufnahme und Wärmestrahlung folgende Materialien nicht verwendet werden: Natursteine, künstlich hergestellte Steine, Ziegelerzeugnisse, Baukeramik (Fliesen und Kacheln), Beton und Stahlbeton.

Sie dienen lediglich der Errichtung der Räume, in denen Saunakabinen unter Beachtung der saunaklimatischen Bedingungen eingebaut werden können.

Beachtung der saunaklimatischen Bedingungen

Weiterhin finden diese Materialien Verwendung für den Bau und die Ausbildung der Räume mit den Funktionen: Umkleiden, Vorreinigen, Abkühlen und Ruhen. Dabei sind die jeweiligen Vorschriften für den Ausbau von Nassräumen zu beachten. Seitens des Saunabaus ergeben sich keine besonderen Anforderungen für diese Raumgruppen.

8.3 Dämmstoffe

Fachbegriffe rund ums Dämmen

Baustoffklasse: Einteilung von Baustoffen nach ihrem Brandverhalten.

Brandschutz: Die Baustoffklassen (nach DIN 4102) teilen die Stoffe nach ihrem Brandverhalten ein:

- A1/A2 nicht brennbare Baustoffe,
- B1 schwer entflammbare und
- B2 normal entflammbare Baustoffe.

Im Saunabau kommen nur Dämmstoffe der Klasse A1/A2 zum Einsatz.

Dämmstoffe: Materialien, die Wärmeenergie schlecht weiterleiten und deren Wärmeleitzahl nicht mehr als 0,1 W/mK beträgt.

Dampfbremse: Häufig auch als Dampfsperre bezeichnet, die das Eindringen von Raumluftfeuchtigkeit in Baukonstruktionen verhindert – Wasserdampfdiffusion.

Diffusionswiderstand: Ausgedrückt wird der Diffusionswiderstand eines Baustoffes mit der Diffusions-Widerstandszahl u. Sie gibt an, um wie viel mal größer der Diffusionswiderstand einer Stoffschicht im Vergleich zu einer gleich dicken Luftschicht unter gleichen Bedingungen ist (bei Luft ist u = 1).

Wärmeleitfähigkeit: Die spezifische Wärmeleitfähigkeit eines Stoffes wird mit λ bezeichnet. Sie gibt an, welche Wärmemenge in einer Sekunde durch 1 m^2 einer 1 m dicken Materialschicht bei 1 Kelvin (1 °C) Temperaturdifferenz hindurchgeleitet wird. Die Einheit ist W/mK. Stoffe mit dichtem Gefüge leiten Wärme besser als leichte, poröse.

Energieaufwand senken

Im Saunabau interessieren die Dämmstoffe, die den Wärmeaustausch zwischen der Innenluft der Saunakabine und der Außenluft (bzw. dem Luftraum der anschließenden Räume) so verlangsamen, dass die mit großem Energieaufwand erzeugte Wärme nicht so schnell abfließen kann (Energieaufwand senken).

Entstehende Temperaturdifferenzen sind bei eingebauten Saunaanlagen 70 bis 80 K zu Nachbarräumen bzw. bei frei stehenden Saunaanlagen 120 bis 130 K zur Außenluft. Diese Temperaturdifferenzen sind durch die üblichen Forderungen des Wärmeschutzes für Hochbauten nicht abzufangen. Die Umfassungswände und Decken der Saunakabine erfordern eine spezielle, dem Saunaklima adäquate zusätzliche Wärmedämmung durch geeignete Dämmstoffe.

übliche Forderungen des Wärmeschutzes für Hochbauten greifen hier nicht

Wände und Decken der Kabine sind so auszukleiden, dass der Wärmedurchlass so niedrig wie möglich gehalten wird. Die Angaben der Wärmeschutzverordnung können hierbei nicht direkt, sondern müssen erweitert angesetzt werden. Man kann sagen: »Viel hilft viel!« Je dicker und geschlossener die Wärmedämmschicht in der Kabine ausgeführt wird, desto energiesparender ist der Betrieb.

Im Gegensatz zur allgemeinen Bauart müssen in Saunakabinen die Wärmedämmstoffe an den Innenseiten der Kabine angebracht werden. Das bringt Vorteile:

Wärmedämmstoffe an den Innenseiten der Kabine

- Die Aufheizzeiten werden verkürzt und die Abkühlverluste vermindert, da die Konstruktion nicht aufgeheizt wird.
- Die Dämmschichten nehmen durch ihre geringe spezifische Dichte nur geringe Wärmemengen auf. Durch die niedrige Wärmeeindringung wird eine kurze Aufheizzeit der Saunaluft erreicht.
- Kältebrücken werden vermieden, da Dämmschichten im Kabineninneren zusammenhängend montiert werden können und als geschlossene Hülle wirken.

8.3.1 Anforderungen an Dämmstoffe für den Saunabau

Anforderungen an Dämmstoffe

Als Wärmedämmstoffe können im Saunabau (Kabine) nur diejenigen Materialien eingesetzt werden, die:

- eine niedrige Wärmeleitfähigkeit ≤ 0,044 W/m · K besitzen,
- feuersicher/nicht brennbar sind und nicht schwelen – Baustoffklasse A1–A2
- eine hohe Temperaturbeständigkeit (> 120 °C) aufweisen,
- unter hohen Temperaturen (> 120 °C) absolut geruchsfrei, raum- und formbeständig sind und keinerlei toxische Gase freisetzen
- nicht hygroskopisch sind.

Die Tabelle 8.5 zeigt die mittleren Wärmeleitwerte einer Reihe von Baustoffen als vergleichende Übersicht.

Tabelle 8.5 *Mittlere Wärmeleitwerte wichtiger Bau- und Dämmstoffe*

Stoffart	Rohdichte kg/m2	Wärmeleitwert bei normaler Temperatur W/m·K	Sauna + ca. 25% W/m2K	max. Temperatur-beständigkeit °C	Baustoff-klasse	Geruchs-verhalten
Mauerwerk						
Vollziegel	1.800	0,814	1,018	–	A1	–
Kalksandstein	1.600	0,849	1,061	–	A1	–
Langlochziegel	1.200	0,535	0,669	–	A1	–
Beton						
Porenbeton mit leichten Zuschlagstoffen	400 bis 1.600	0,175 bis 0,779	–	–	A1	–
Schwerbeton	1.800 bis	0,965 bis	–	–	A1	–
Stahlbeton	2.500	1,745	–	–	A1	–
Putz						
Innenputz, Kalkmörtel	1.600	0,814	–	–	A1	–
Außenputz, Kalkzementmörtel	1.800	0,954	–	–	A1	–
Holzwolle-Leichtbauplatten						
Dicke: 25 mm	460	0,116	0,169	120	A2/B1	frei
35 mm	415	0,105	0,155			von
50 mm	400	0,093	0,135			Geruch
Wärmedämmstoffe						
Mineralwolle	50	0,035 bis 0,05	0,035	bis	A1/A2	frei
Schaumglas	75	0,04 bis 0,06	0,040	600	A1	von
Glasfaser in Matten,	100	0,044	0,040		A1	Geruch
Zellulose Dämmstoffe	65	0,040 bis 0,045	0,040		B2	
pflanzliche Faser	150	0,052	0,076	bis		frei
Seegras oder Schilfrohr	250	0,069	0,100	80		von
Rapsstroh,	200	0,093	0,135			Geruch
Kokos, Flachs	25 bis 50	0,04 bis 0,06	0,040		B2	
Textilfasern wie	20 bis	0,043 bis	0,063 bis	60 bis	B2	frei von
Schaf-, Baumwolle	80	0,041	0,059	90	B2	Geruch
Korkplatten	300	0,069	0,100	80	B2	frei von
	400	0,093	0,135			Geruch
Gummischrot	400	0,081	0,119	80	B2	frei von Geruch
Holz, lufttrocken						
Eiche	700	0,209	0,304	–	B1/B2	–
Buche	700	0,174	0,216	–		–
Fichte	420	0,139	0,174	–		–
Kiefer	550	0,139	0,174	–		–
Pappel	450	0,174	0,216	–		–
Esche	640	0,139	0,174	–		–
Birke	680	0,139	0,174	–		–
Tanne	630	0,139	0,174	–		–

8.3.2 Leichtbaustoffe als Dämmstoffe

Für den Saunakabinenbau sind alle Baustoffe ungeeignet, die eine Wärmeabstrahlung nach dem Aufheizen erzeugen, auch dann nicht, wenn sie im Innenraum der Kabine mit Holz verkleidet werden. Dazu zählen u. a.:

in der Sauna als Baustoffe ungeeignet

- tragende belastbare Leichtbaustoffe (Steine und Platten aus Leichtbetonen mit porigen leichten Zuschlägen, Gas- und Schaumbetone, Schaumsilikat usw.)
- selbsttragende Leichtbaustoffe (Korkplatten, Holzwolle-Leichtbauplatten, Mineralwolleplatten die mit Zusätzen gebunden sind, geleimte Verbundplatten jeglicher Art, kunststoffbeschichtete Platten, alle gipsgebundenen Platten)
- nichttragende Dämmstoffe (Korkplatten aus aufgeblätterdem Korkschrot mit Bindemitteln, Faserplatten mit Bindemitteln, schaumige Kunststoffe die bis 150 °C nicht formbeständig sind, alle mit Teer oder mit teerähnlichen Bindemitteln hergestellten Platten).
- lose Füllstoffe (Lose Füllstoffe neigen bei Erschütterungen zur Verdichtung und damit zur Holraumbildung – es entstehen Wärmebrücken.)

8.4 Dichtungen

Schutz vor Feuchtigkeit

Zu den wichtigsten Forderungen im Bauwesen gehört der Schutz der Bauten vor Witterungseinflüssen, vor allem vor Feuchtigkeit.
Auf Grund der Kapillarwirkung poröser Baustoffe steigt das Wasser in den feinen Hohlräumen (Poren) hoch. Eindringendes Wasser vermindert die Wärmedämmung und zersetzt den Baustoff bei Vorhandensein angreifender chemischer Stoffe.
Abdichten gegen Wasser und Erdfeuchte erfolgt nach den allgemeinen geltenden Planungsgrundsätzen und DIN-Normen (DIN 18195 Bauwerksabdichtungen).

8.4.1 Aufgaben der Dichtungen

Feuchtigkeit abwehren

Dichtungen haben die Aufgabe, die Feuchtigkeit von Bauwerk völlig fernzuhalten.
Im Saunabau umfassen die Dichtungen den Schutz gegen Wasser und Erdfeuchte.
Dämmschichten und Dichtungen der Fußböden und Wandaufbauten bilden im gesamten Saunaanlagenbau eine Einheit.
Im Fußboden umschließen die Dichtungen dabei grundsätzlich die Dämmschichten.

8.4.2 Abdichtstoffe und ihre Anwendung

- **Betonzusatzmittel:** Chemische Zusatzmittel zur porenfüllenden Abdichtung werden dem Anmachwasser für Beton (WU-Beton) beigemischt. Verwendung: Boden und Wände des Tauchbeckens

Boden und Wände des Tauchbeckens

- **Anstriche und Vergussmittel:** Senkrechte Wandflächen und Fußböden werden durch Schutzanstriche gegen seitlich eindringende und aufsteigende Feuchtigkeit abgedichtet.
  Verwendung: Boden- und Wandanstriche für Tauchbecken, Wandabdichtungen für Nassräume, Kalt- und Heißanstriche mit Einbetten von Putzträgern und Wärmedämmplatten – Angebote der Spezialfirmen beachten.

Wandabdichtungen

- **Emulsion und Lösungen:** Emulsionen von Bitumen oder Teerpech unter Zusatz eines geeigneten Emulgators finden im Saunabau keine Verwendung.

keine Verwendung im Saunabau

- **Pappen und Dichtungsbahnen:** Für horizontale Dichtungen gegen aufsteigende Feuchtigkeit und für wasserdruckhaltende Dichtungen werden meist Spezialpappen und Dichtungsbahnen verwendet.
  Verwendung: Fußboden der Saunakabine, Dichtungen für Fußböden und Wände der Nassräume – Angebote der Spezialfirmen beachten.

horizontale Dichtungen

8.5 Dampfsperre (Dampfbremse)

Die erhöhte Wärmedämmung in den Konstruktionen für die Saunakabine kann nicht als alleinige Maßnahme zur Verhinderung von Schwitzwasserbildung angesehen werden, da bei Feuchtigkeitszuführung (Frischluft und Schweiß) die Dämmschichten mit niedrigem Diffusionswiderstandsfaktor stark mit Feuchtigkeit belastet werden. Dabei dringt Feuchtigkeit durch Wasserdampfdiffusion in die Raumbegrenzungen ein. Die Wärmedämmschichten werden mit Feuchtigkeit durchsetzt und verlieren ihr Wärmedämmvermögen.

Schwitzwasserbildung

Ein wichtiges Hilfsmittel zur Regulierung der Wasserdampfdiffusion ist der Einsatz von dampfbremsenden Schichten (Dampfsperren). Diese müssen grundsätzlich auf der warmen Seite der Konstruktion eingebaut werden. Sie verhindern:

Dampfsperren

- die Wasserdampfdiffusion, sowie
- die Bildung von Tau- und Kondenswasser.

Achtung: In der Saunawand wird die Dampfsperre vor der Wärmedämmschicht zum Innenraum hin angebracht.

keine Dampfsperre an Decken

In die Decke der Saunakabine darf keine Dampfsperre eingebaut werden (Tropfwasser vermeiden). Die Wasserdampfdiffusion muss durch eine sinnvolle Deckenkonstruktion und den Deckenaufbau gewährleistet werden. Der Luftraum über der Saunadecke ist gut zu durchlüften.

Als Dampfsperren für Wände in Saunakabinen eignen sich Metalle am besten. Alle anderen, im Bauwesen üblichen Materialien für Dampfsperren halten den hohen Wärmebelastungen nicht stand, sind nicht formbeständig und nicht geruchsfrei.

Materialien müssen korrosionsfest sein

Die verwendeten Metalle müssen korrosionsfest sein. Geriffelte Bleche – Folien – (Riffelung oder Wellung zur Aufnahme der Wärmedehnung) aus Kupfer, Aluminium oder Zink in Dicken von 0,1 bis 0,2 mm eignen sich am besten. Kupfer- und Zinkbahnen haben den Vorteil, dass sie bei der Verarbeitung gelötet werden können. Aluminium-Bleche oder -Folien werden untereinander durch Falzen und mit den Konstruktionselementen durch Heften oder Nageln (Bild 8.7) verbunden.

__Bild 8.7__ Metalldeckung mit Aluminium-, Kupfer- und Zinkblech
a Lötverbindung
b Nietverbindung
c Aufkantung
d Abkantung
e Einkantung
f Umkantung
g Falzung
h Umschlag
i Aufkantung mit Falz
k Abkantung mit Falz
l Wulst
m Wulstfalz
n Deckleiste mit Wulst
o Einfachfalz
p Doppelfalz
r umgelegter Doppelfalz

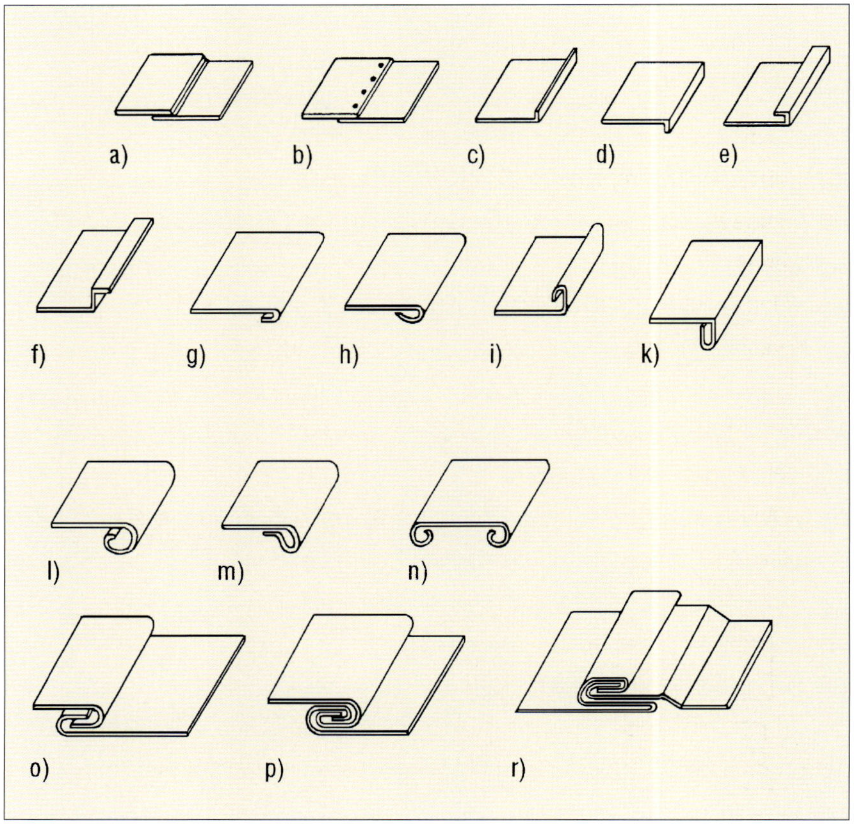

9.1 Wände

Die ursprüngliche Bauweise der finnischen Sauna ist die Blockbauweise. Die Holzstämme sind dabei geschält als runde Stämme aufeinandergefügt und die Fugen mit Dämmstoffen verschlossen oder mit dem Beil auf vier Seiten abgerichtet, um ein gutes Auflager und vor allem auf der Innenseite eine einigermaßen glatte Fläche zu erhalten.

ursprüngliche Bauweise der finnischen Sauna ist die Blockbauweise

In der Anpassung der Sauna an unsere heutigen Bedürfnisse und bei denen uns zur Verfügung stehenden Baumaterialien hat sich der industriell vorgefertigte Wandaufbau durchgesetzt und bewährt.

industriell vorgefertigter Wandaufbau

Dabei haben sich **zwei Bauarten für Fertigkabinen** entwickelt:

zwei Bauarten für Fertigkabinen

- die Kabine mit massivem Holz, Vollholz-Blockbohlen mit Nut und Feder
- die Kabine in Sandwich-Bauweise, Holz-Ständerkonstruktion beidseitig verschalt mit innen liegender Wärmedämmung und Dampfsperre

9.1.1 Wände der Saunakabine

Das für den Bau der Saunakabine adäquate Baumaterial ist das Holz. Nach den Konstruktionsmerkmalen unterscheidet man:

adäquates Baumaterial ist das Holz

Konstruktionsmerkmale

- Holzwände, die mit ihrem gesamten Querschnitt tragen (Blockbau, Tafelbau)
- Wände aus Holztragwerken mit aussteifender oder füllender Ausfachung (Fachwerk)
- Wände aus Mehrschichtenkonstruktion (Tafelbauweise, mehrschichtiger Blockbau, Fachwerkbau)

Aus dem liegenden Blockbau (Bild 9.1a) aus Rund- oder Kanthölzern entwickelte sich der stehende Blockbau (Bild 9.1b) ursprünglich aus eingerammten Pfählen, später aus verzimmerten Bohlen. Eine Weiterentwicklung ist der Holztafelbau (Bild 9.1c) aus Rahmenhölzern mit dazwischenliegender Holzfüllung.

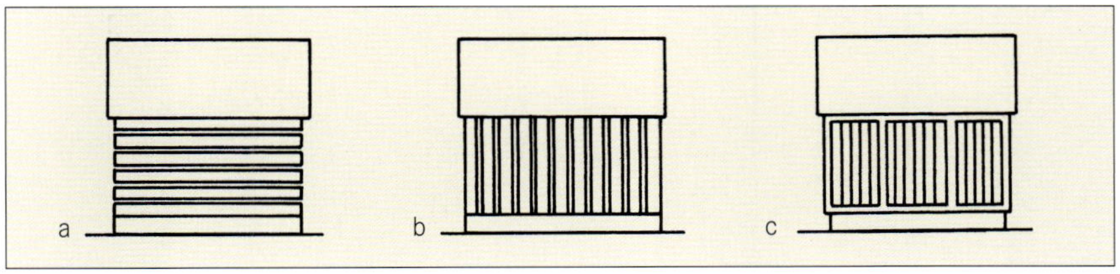

Bild 9.1 *Blockbauvarianten*
a) mit liegenden Hölzern: Rund- und Kanthölzern
b) mit stehenden Hölzern: Bohlen
c) Tafelbauweise mit Tragrahmen und tragender Ausfachung

Blockbau, liegend

Blockwandquerschnitte (Bild 9.2) sind Wände, bei denen ein mäßiges Durchstreichen der Luft erwünscht ist. Unbehauene Rundhölzer werden mit dem gegenläufigen Zopf- und Fußende verlegt und die Fugen mit Werg oder Moos (Bild 9.2a) verstopft.

Dichtere Wände lassen sich durch Auskerben der Lagerflächen erreichen (Bild 9.2.b), die anschließend gedichtet (kalfatert) werden.

Durch eine innere Schalung entsteht eine vollkommen dichte Wand (Bild 9.2.c).

Durch zweiseitiges (Bild 9.2.d), dreiseitiges (Bild 9.2.e) oder vierseitiges (Bild 9.2.f) Bearbeiten der Hölzer lassen sich bessere Auflager- und glatte Innen- bzw. Außenflächen erzielen.

Dem starken Schwinden der Hölzer parallel zur Faser muss durch eingenutete Federn (Bild 9.2.e bis 9.2.p) begegnet werden. Die verschiedentlich anzutreffende Kantenabfasung an den Fugen (Bild 9.2.g) ist nicht zu empfehlen. Sie wirkt unnatürlich und zieht Feuchtigkeit in die Fuge. Die in Schweden übliche sattelförmige

Bild 9.2 *Blockbauwände – Varianten a) bis p)*
1 Moos/Werg
2 Feder
3 Dichtungsrinne
4 Nut und Feder (ausgearbeitet)
5 Zopfende
6 Fußende
7 Dampfsperre
8 Leiste

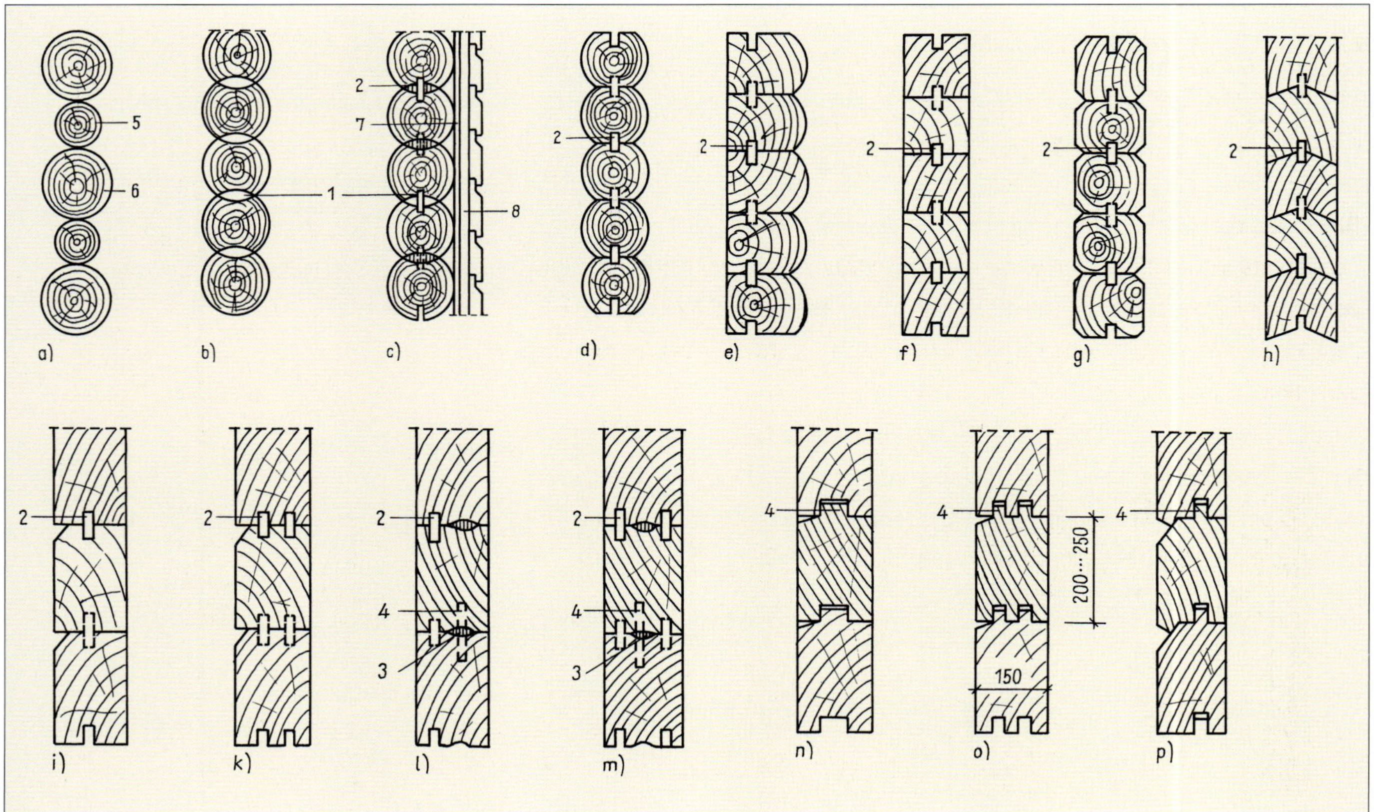

Ausbildung der Lagerfugen (Bild 9.2h) ist dagegen sehr gut. Sie verhindert das Eindringen des Wassers und gleicht das Schwinden des Holzes zum Teil aus.
Bei Verwendung von Kanthölzern und Bohlen (Bild 9.2.i bis 9.2.p) ist auf gute Federausbildung, Dichten der Fugen und Wasserableitung zu achten.
Für die Eckenausbildung bei Blockbauten mit liegenden Hölzern, für Rund-, Kanthölzer und Bohlen eignen sich die in den Bildern 9.3 bis 9.8 dargestellten Konstruktionen.

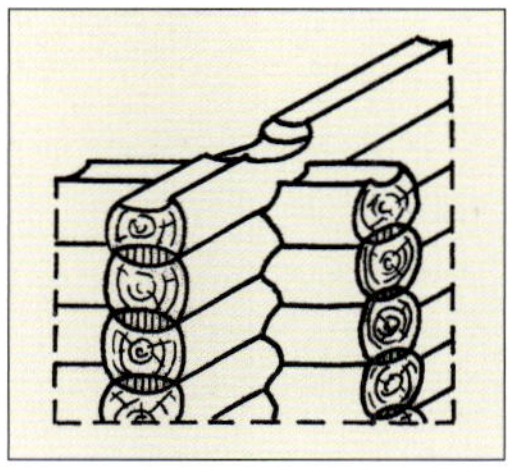
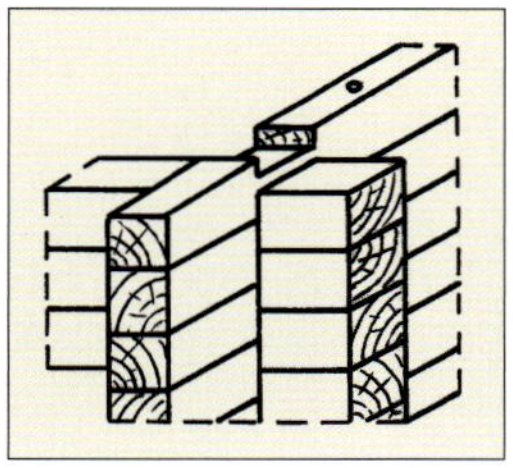
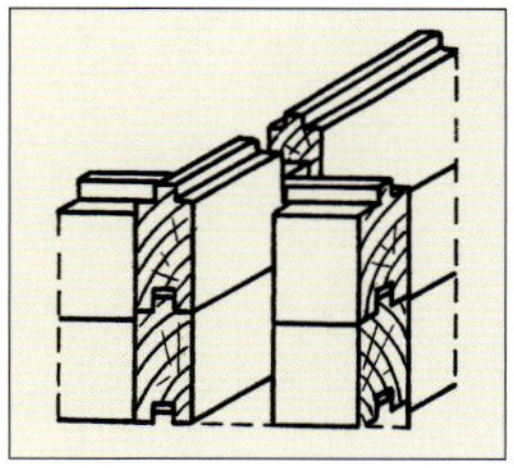

Bild 9.3 *Überplattung mit Vorkopf bei Rundhölzern*
Bild 9.4 *Überplattung mit Vorkopf bei Kanthölzern*
Bild 9.5 *Überplattung mit Vorkopf bei Bohlen*

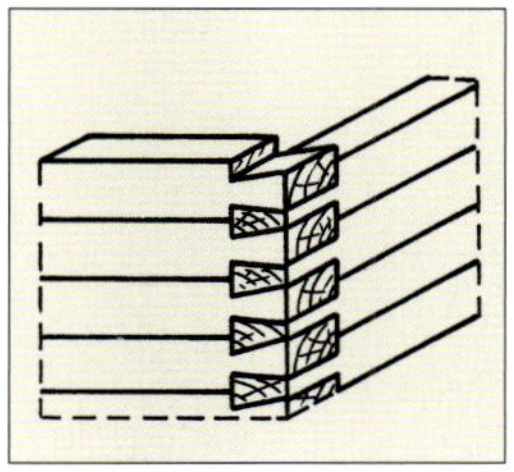
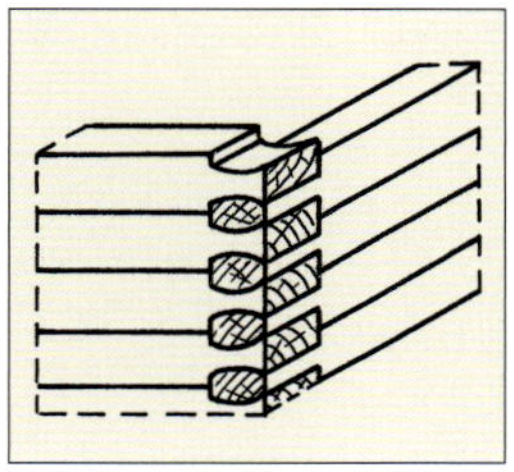
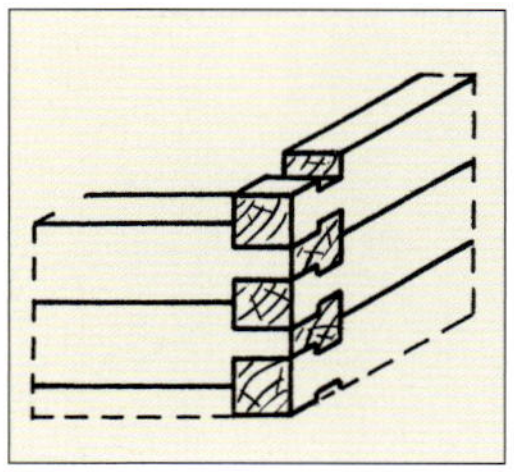

Bild 9.6 *Überplattung mit schwalbenschwanzförmiger Verzahnung*
Bild 9.7 *Überplattung mit gewölbten Lagerflächen*
Bild 9.8 *Überplattung mit verdeckter schwalbenschwanzförmiger Verzahnung*

Blockbau, stehend

Für den stehenden Blockbau werden im Gegensatz zum liegenden Blockbau nur Bohlen verwendet und der Wandaufbau der Saunakabine in einem mehrschichtigem Aufbau ausgeführt, da die Bohlen allein nicht den ausreichenden Wärmeschutz garantieren (Bilder 9.9 bis 9.15).

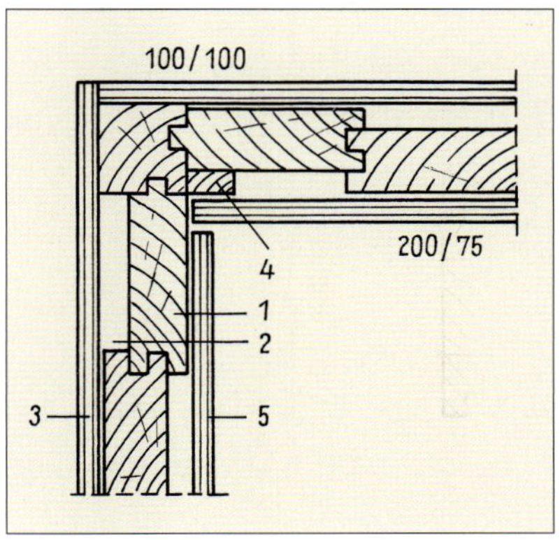

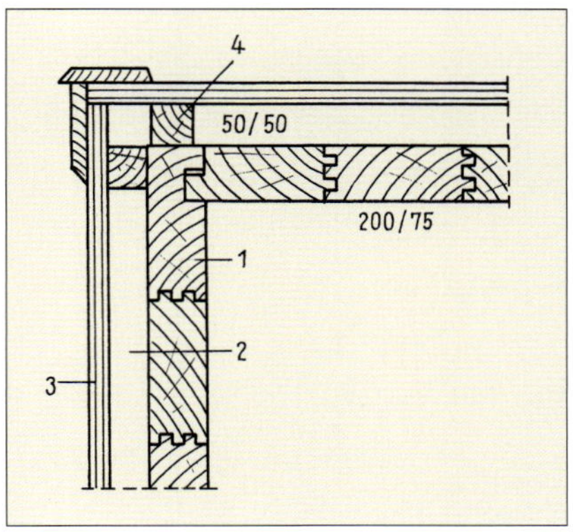

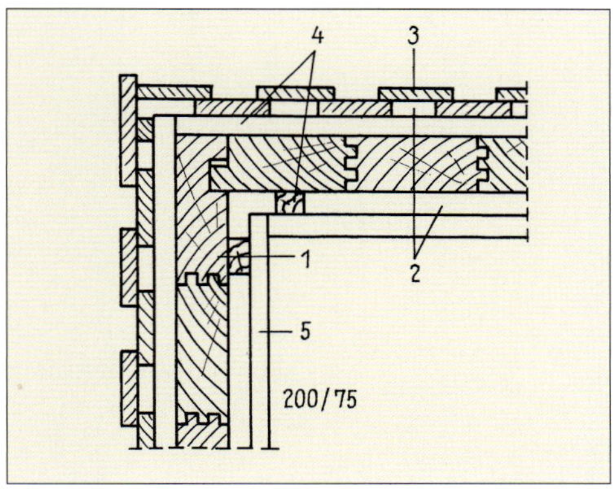

Bild 9.9 *Blockbau, stehend – außen und innen verschalt*
Bild 9.10 *Blockbau, stehend – außen mit Abstandsleisten und einfacher Luftschicht*
Bild 9.11 *Blockbau, stehend – Luftschicht*

1 Blockwand, 2 Luftschicht, 3 äußere Verschalung, 4 Leiste, 5 innere Verschalung

Bild 9.12 *Blockbau, stehend – außen und innen verschalt, mit doppelter Luftschicht*

Bild 9.13 *Blockbau, stehend – außen verschalt (Stülpschalung), mit einfacher Luftschicht*

Legende zu Bild 9.12 und 9.13

1 Blockwand
2 Luftschicht
3 äußere Verschalung
4 Leiste
5 innere Verschalung

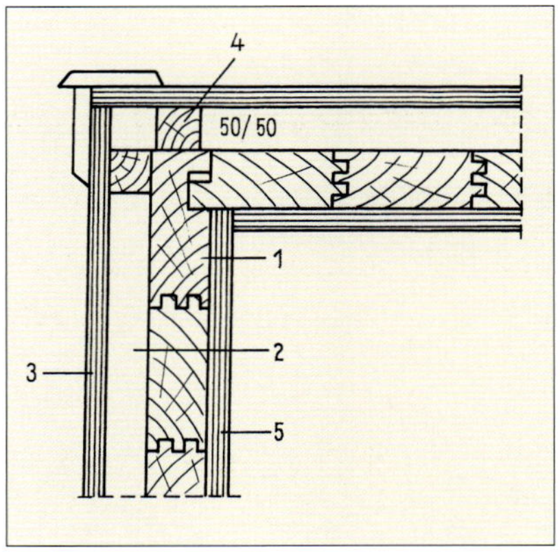

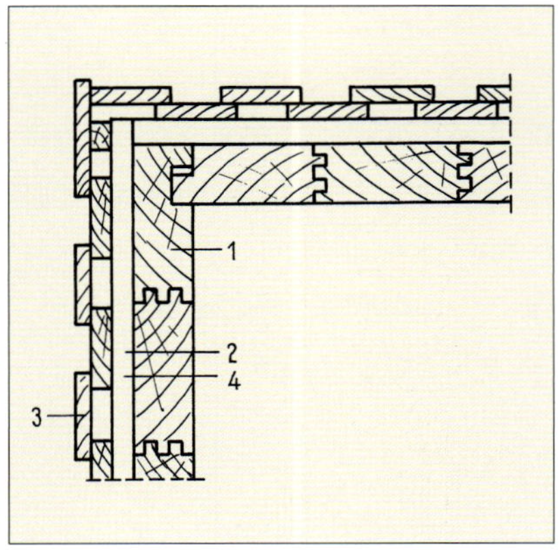

Bild 9.14 *Blockbau, stehend – mit Bohlen, innen verschalt, mit einfacher Luftschicht*

Bild 9.15 *Blockbau, stehend (Variante zu Bild 9.14) – mit Stülpschalung*

Legende zu Bild 9.14 und 9.15

1 Blockwand
2 Luftschicht
3 innere Schalung
4 Lattung

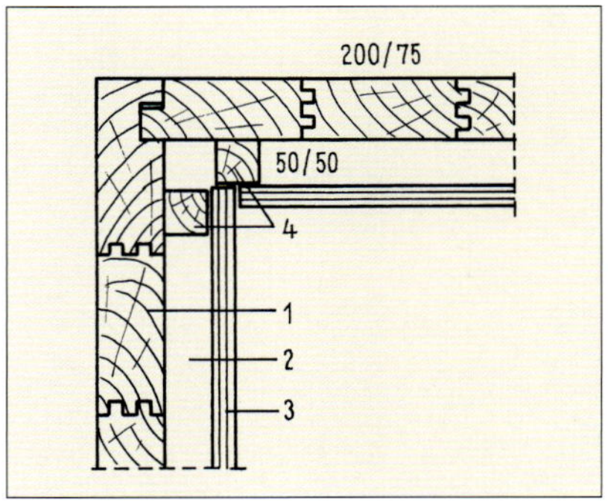

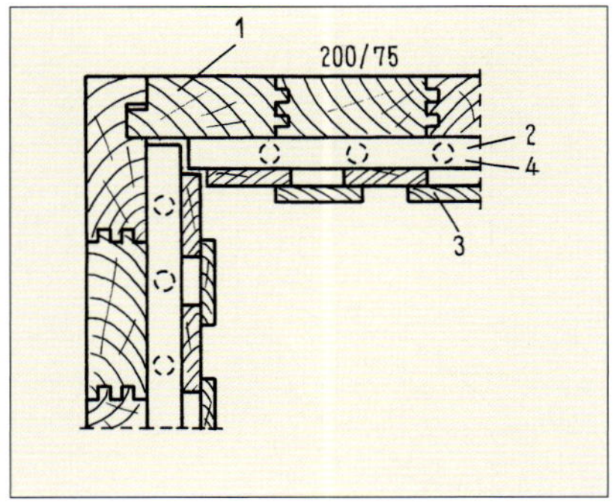

Tafelbauweise

vorgefertigtes Material

Verwendung findet diese Konstruktionsart bei den Fertigkabinen, die in den Werkstätten vorgefertigt und am Einsatzort lediglich noch montiert werden. Die Größe der Tafelfelder ist abhängig von der Größe des Saunaraumes und der zur Verfügung stehenden Hölzer. Bevorzugt werden Feldergrößen von 1.100 bis 1.250 mm. Der Tragrahmen wird beiderseitig verschalt, und die Zwischenräume werden mit Wärmedämmmaterial ausgefüllt (Bild 9.16).
Durch das Schwinden der Schalbretter kommt es zur Fugenbildung, wenn die Überdeckung der Schalbretter nicht groß genug ist. Diese Ausbildung ist in ihrer Konstruktion sehr starr und kann sich den auf sie einwirkenden Temperaturschwankungen nur sehr schwer oder gar nicht anpassen. Dies führt zu Verziehungen in der Konstruktion.

sinnvoll: lose Schalung

Den Tafelbau mit loser Schalung zeigt Bild 9.17. Hier liegt die Schalung lose in den Nuten der Stiele. Die einzelnen Schalbretter können beim Schwinden nachrutschen. Die Fugenbildung wird somit verhindert. Diese Konstruktion passt sich gut

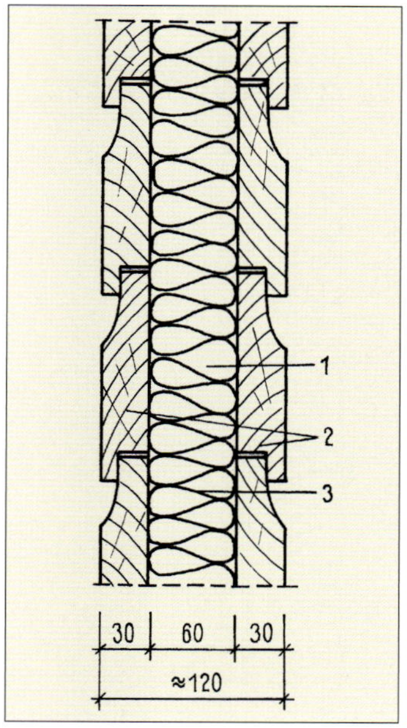

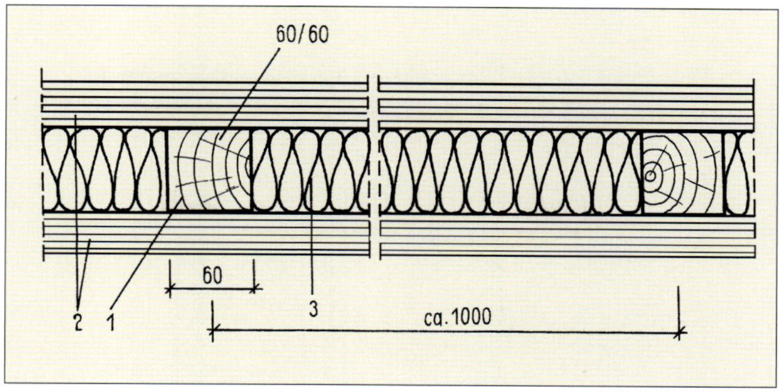

Bild 9.16 *Tafelbau mit fester Schalung*
1 Tragholz, 2 Schalung, 3 Wärmedämmung

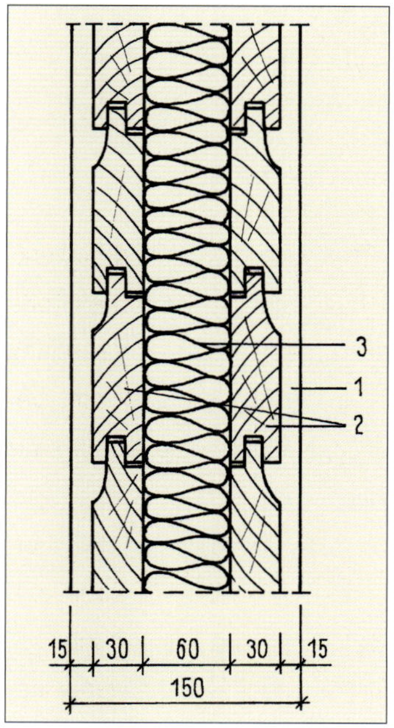

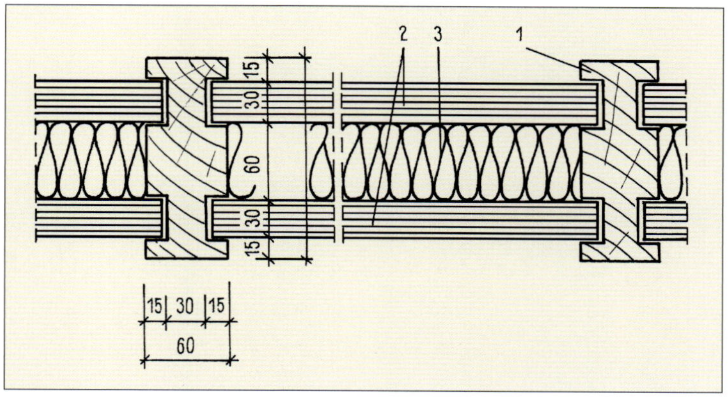

Bild 9.17 *Tafelbau mit loser Schalung*
1 Tragholz, 2 eingeschobene Schalung, 3 Wärmedämmung

den jeweiligen Temperatur- und Feuchtigkeitsschwankungen an. Schadhafte Teile lassen sich gut auswechseln.

mehrschaliger Wandaufbau

Mehrschaliger Wandaufbau aus verschiedenen Materialien: Bei freistehenden Saunakabinen werden die Anforderungen an die Wärmedämmung erhöht.

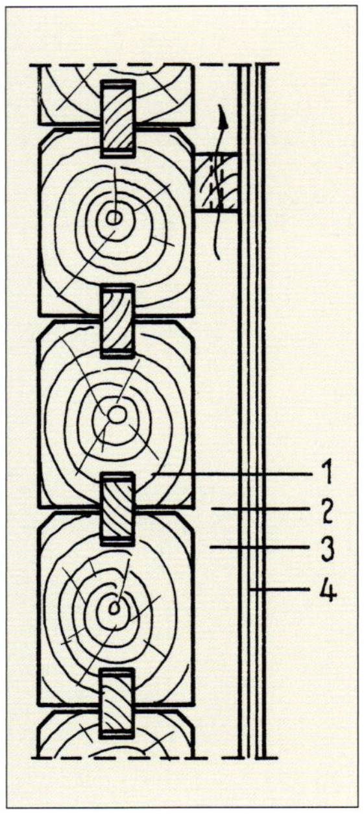

Bild 9.18 *Blockbau, liegend, mit Verschalung im Saunaraum*

1 Blockwand
2 Luftraum
3 Lattung
4 Innenverschalung

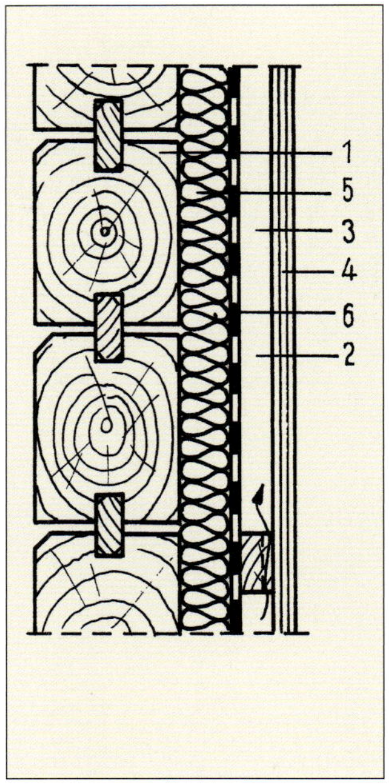

Bild 9.19 *Blockbau, liegend, Außenwand mit Wärmedämmung und innerer Verschalung*

1 Blockwand
2 Luftraum
3 Lattung
4 Innenverschalung
5 Wärmedämmung
6 Dampfsperre

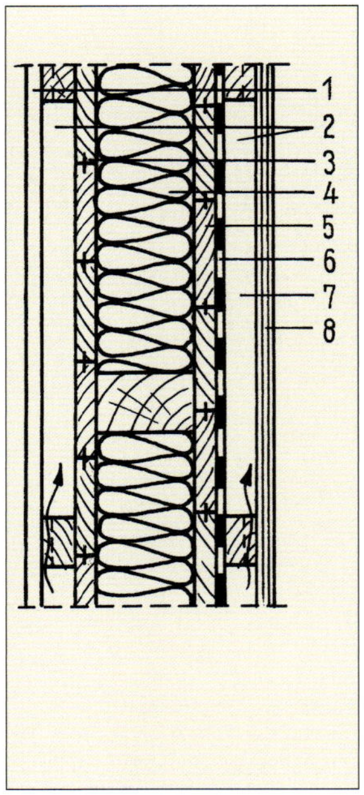

Bild 9.20 *Fachwerkbau einer Saunaaußenwand*

1 Fassadenplatte
2 Lattung
3 gespundete Schalung
4 Fachwerkrahmen mit Wärmedämmung
5 Schalung innen, gespundet
6 Dampfsperre
7 Lattung
8 Innenschalung

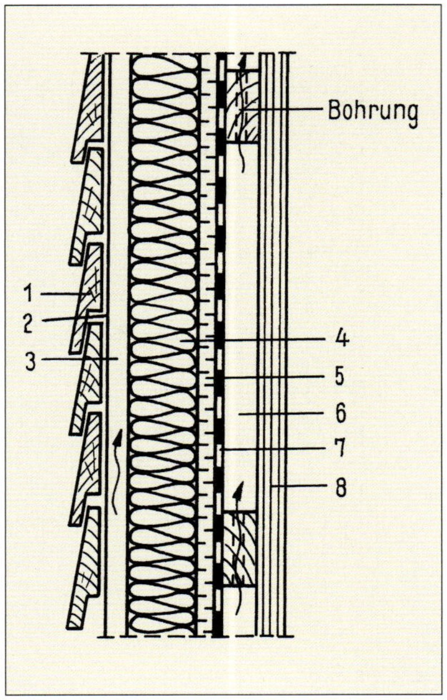

Bild 9.21 *Fachwerkaufbau einer Saunaaußenwand*

1 Außenschalung
2 Bitumenpappe
3 vertikale Lattung
4 Fachwerk mit Wärmedämmung
5 Wärmedämmplatten
6 horizontale Lattung
7 Dampfsperre
8 Innenverschalung

Blockbau mit Wärmedämmschicht

Bei der Anordnung von Schalung an der Innenseite ist auf gute Luftzirkulation hinter der Schalung zu achten (Bilder 9.18 und 9.19). Diese Lösung ist konstruktiv einfach auszuführen und dem zu empfehlen, der seine Sauna im Eigenbau errichtet.

Fachwerkbau für Außenwände

Der gut durchspülte Luftraum zwischen Dampfsperre und Innenverschalung ist die wichtigste Voraussetzung für diesen Wandaufbau. Die Luftzirkulation hinter der Schalung verhindert das Stocken und Faulen der Bretter (Bilder 9.20 und 9.21). Durch das Anbringen von Wärmedämmschichten, Dampfsperren und Schalung wird die Massivwand (Mauerwerk) als Saunawand vorbereitet (Bilder 9.22 bis 9.24).

falsche Lage der Wärmedämmung

Durch falsche Anordnung der Wärmedämmschicht (Bild 9.23) wird das Mauerwerk aufgeheizt, es entstehen Wärmespannungen im Mauerwerk. Das Mauerwerk strahlt

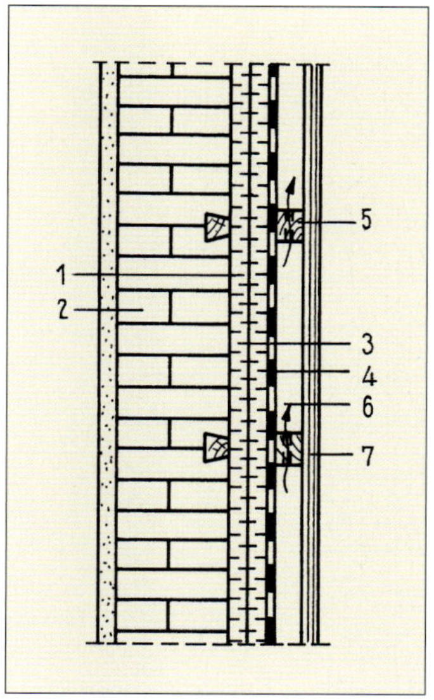

Bild 9.22 *Aufgebesserte Massivwand als Saunaaußenwand*
1 Putz
2 Mauerwerk
3 Wärmedämmplatten
4 Dampfsperre
5 horizontale Lattung
6 Luftraum
7 Innenschalung

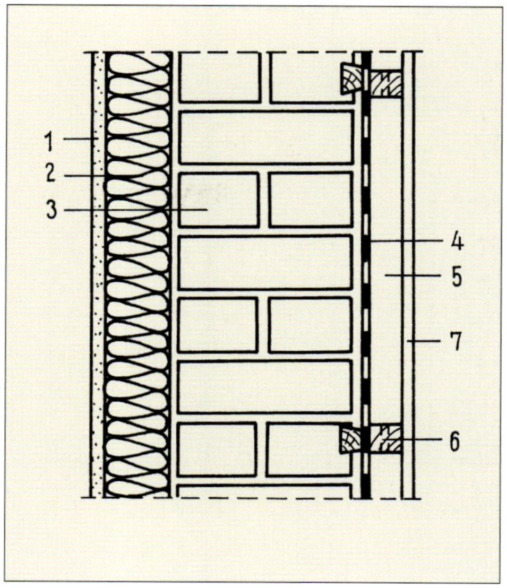

Bild 9.23 *FALSCH!*
Saunawand mit außen liegender Wärmedämmschicht
1 Außenputz
2 Wärmedämmschicht
3 Mauerwerk
4 Dampfsperre
5 Luftraum
6 horizontale Lattung
7 Innenschalung

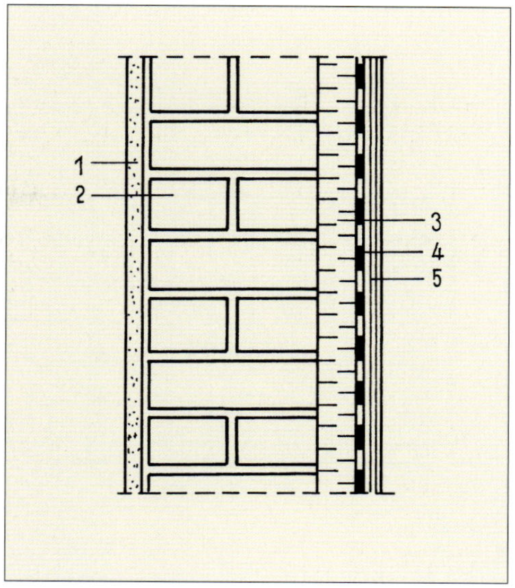

Bild 9.24 *FALSCH!*
Fehlender Luftraum bei einer mehrschichtigen Saunawand
1 Außenputz
2 Mauerwerk
3 Wärmedämmung
4 Dampfsperre
5 Innenschalung

die gespeicherte Wärme zu stark zurück, das Saunaklima wird gestört und es entsteht ein erhöhter Energieaufwand.

fehlende Luftschicht

Ist zwischen der Dampfsperre und der Innenverschalung keine Luftschicht (Bild 9.24) kommt es zu Kondensatniederschlag an der Dampfsperre, Durchfeuchtung, Stockung und Fäulnis des Holzes, was zur Selbstentzündung des Holzes und zu Schwelbränden führen kann.

9.1.2 Wände der Nassräume

Der Wandaufbau für die Nassräume entspricht den üblichen Bedingungen für Nassräume im Wohnungsbau.

Fliesenzeichnung

Für eine fliesengerechte Montage der Installation ist eine Fliesenzeichnung Voraussetzung. Alle aus der Wandfläche hervortretenden Installationsteile müssen in den Fugenschnittpunkten oder symmetrisch zu diesen liegen.

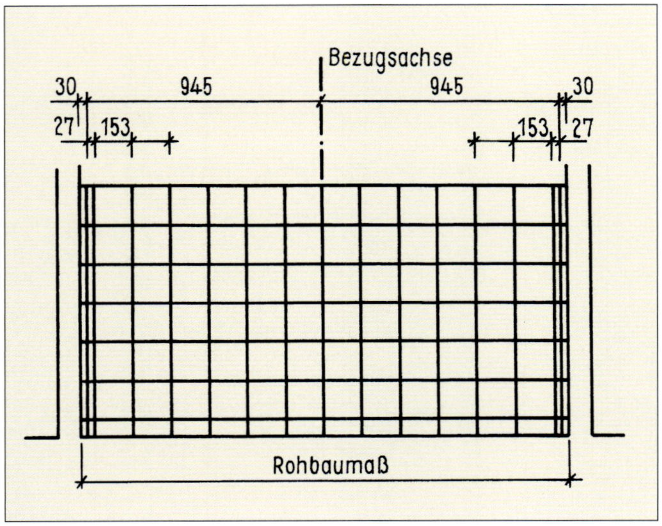

Bild 9.25 *Fliesenwand, Bezugsachse mit senkrechter Fuge übereinstimmend*

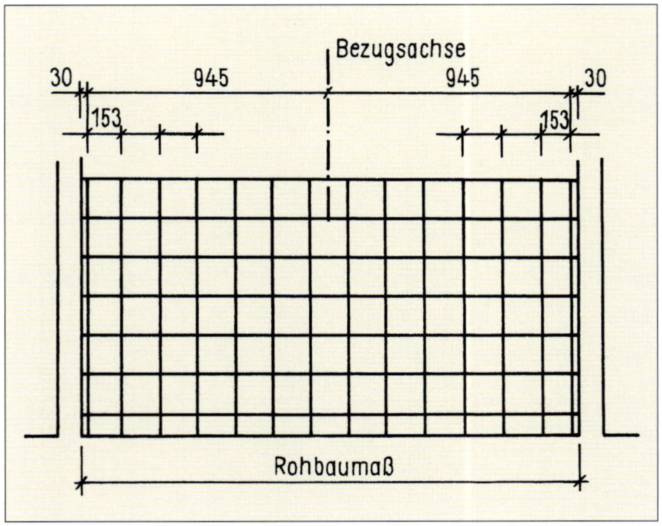

Bild 9.26 *Fliesenwand, Bezugsachse mit Fliesenmitte übereinstimmend*

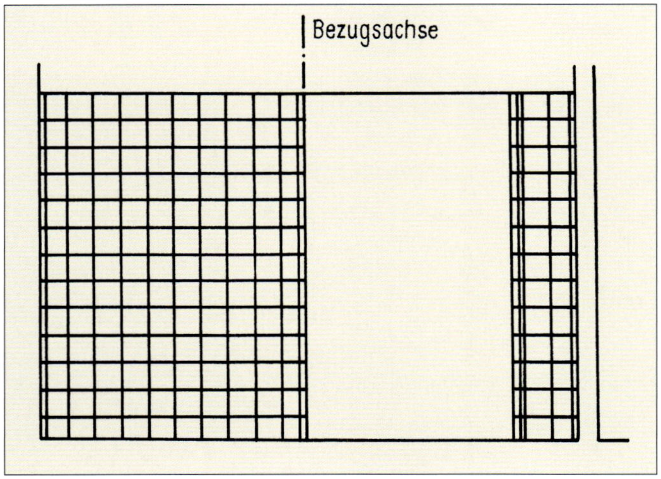

Bild 9.27 *FALSCH! Bezugsachse auf Wandmitte*

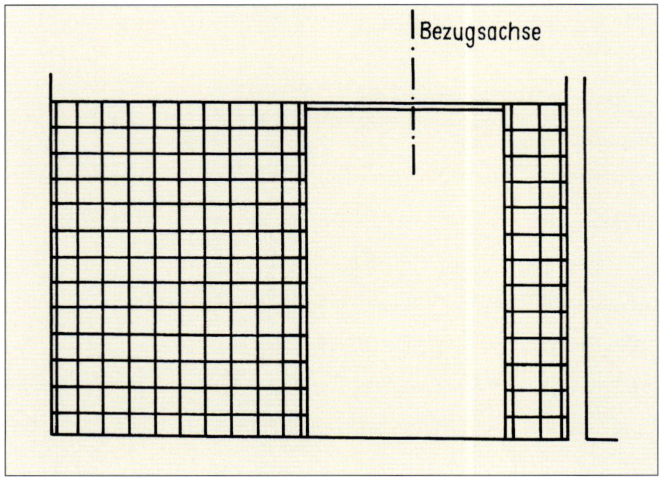

Bild 9.28 *Bezugsachse auf Öffnungsmitte*

seitliche Einteilung der zu fliesenden Wand:

Die angenommene seitliche Bezugsachse bildet den Ausgangspunkt für die Einteilung in seitlicher Richtung. Bei Wänden ohne Öffnung wird die Bezugsachse in die Mitte der Wand gelegt (Rohbaumaß) und nach beiden Seiten eingeteilt.

Die Bezugsachse kann dabei mit einer senkrechten Fuge oder einer Fliesenmitte übereinstimmen (Bilder 9.25 und 9.26)
Öffnungen in der Wandfläche sollten immer symmetrisch im Fugenbild liegen. Die

Bezugsachse ist in die Mitte der Öffnung zu legen. Die Bilder 9.27 und 9.28 zeigen sowohl richtige als auch falsche Wandeinteilungen.

Die Einteilung der waagerechten Fliesenstreifen erfolgt ebenso symmetrisch. In der Höhe sollte der Fliesenbelag bis Oberkante Türzarge geführt werden. Die Türzarge wird dabei gleichzeitig als waagerechte Bezugslinie angenommen und alle Messungen von ihr aus in Richtung Fußboden durchgeführt. Die erste Wandfliese über dem Sockel wird als Ausgleichsschicht geschnitten. Sie muss jedoch eine Mindesthöhe von 2/3 des ganzen Fliesenmaßes behalten. Bei dieser Schicht sind die Ungenauigkeiten und Differenzen des Fußbodens auszugleichen.

senkrechte Einteilung der zu fliesenden Wand

Das Vermaßen der Fliesenzeichnung erfolgt grundsätzlich von der Bezugslinie aus.

9.1.3 Wände der trockenen Räume

Zu den trockenen Räumen zählen im Saunabau: Der Umkleide-, der Ruhe-, der Massage- und der Warteraum. Für sie gelten die gleichen Forderungen, wie sie für die Räume gleicher Art im Wohnungsbau bestehen.
Die Wandflächen werden mit wisch- bzw. waschfesten Anstrichen versehen, die eine gute Feuchtigkeitsabsorption und ein gutes »Atmen« der Wände garantieren. Keine Öl- und Halbölanstriche verwenden!

wisch- bzw. waschfeste Anstriche

gutes »Atmen« der Wände garantieren

9.2 Decken

Die Decken haben die Verkehrslasten aufzunehmen sowie die einzelnen Geschosse untereinander gegen Schall, Wärmeverluste, Feuchtigkeit und Feuer zu schützen.
Je nach Aufgaben unterscheidet man:

- Außendecken (unter Terrassen, Dächern)
- Kellerdecken
- Decken unter nicht ausgebauten Dachgeschossen
- Geschossdecken

Der Saunabau stellt keine Sonderforderungen an die Deckenkonstruktion.

Saunabau stellt keine Sonderforderungen an Deckenkonstruktion

Decken von Saunakabinen sind abhängig von ihrer Spannweite so zu bemessen, dass sie sowohl die Wärmedämmung als auch die Holzverschalung tragen.

spezielle Anforderungen an die Decke einer Saunakabine

Deckenausbildung der Saunakabine

Spezielle Anforderungen, an die Decke einer Saunakabine:

- hohe Wärmedämmung (Luft unter der Decke 110 °C)
- hohes Temperaturgefälle zwischen Raumluft-Saunakabine 110 °C und Außenraum (Innenraum 20, Außenraum -15 °C)
- Gewährleistung der Dampfdiffusion
- Sicherheit vor eventuell auftretender Tropfenbildung
- geringe Wärmespeicherung und damit milde Wärmestrahlung

Diese Forderungen werden erfüllt durch den konstruktiven Aufbau der Decke mit einigen Sonderausbildungen:

1. tragende Konstruktion
2. Wärmedämmung
3. Holzverschalung als oberer Raumabschluss
4. Luftzirkulationsraum

Wärmedämmstoffe

Diese Ausbildung ist anzuwenden, gleich, ob die Kabine in einen bestehenden Raum eingebaut oder als frei stehende Anlage ausgeführt wird.

Unter Verwendung entsprechender Wärmedämmstoffe ist für die Saunadecke ein Wärmedurchgangs-Koeffizient (k-Wert) $\leqq 0{,}20\ W/m^2K$ anzustreben.

Innenverschalung

Die Innenverschalung der Decke ist aus harzfreiem Holz herzustellen, da Harzfluss, hervorgerufen durch die hohen Temperaturen, die Sauna unbrauchbar macht (Verbrennungen bei den Badenden durch herabfallende Harztropfen).

Für die Deckenschalung sind geeignet: Birke, Erle, Pappel, nordische Fichte und Hemlock.

Deckenausbildung einer Saunakabine in Blockbauweise als freistehende Kabine in einem Raum (Bild 9.29):

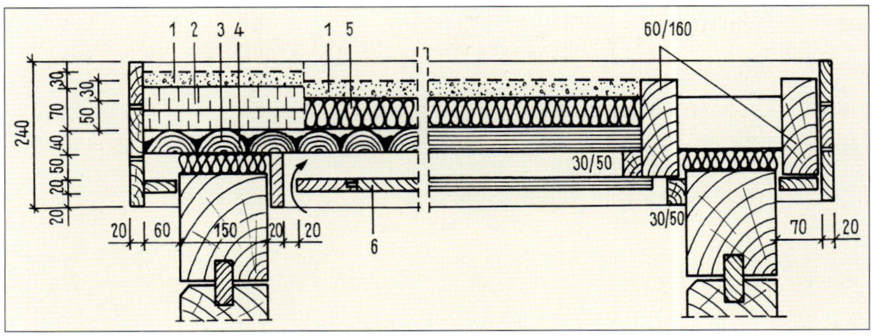

Bild 9.29 *Deckenausbildung bei Blockbauweise*
1 Kies
2 Wärmedämmplatten
3 Stakung
4 Lehmverstrich
5 Wärmedämmmatten
6 Schalung mit Nut und Feder

Zwischen den Deckenbalken wird eine Stakung oder ein Fehlboden eingelegt, der mit Lehm verstrichen wird und auf dem die Wärmedämmschichten aufgelegt werden. Diese werden mit einer Kiesschicht von 30 bis 60 mm bedeckt, dadurch erhalten die Dämmschichten eine feste Auflage.

Die innere Verschalung wird auf eine Lattung verdeckt genagelt. Durch die Lattung ergibt sich der erforderliche Abstand für die Luftzirkulation.

keine Verwendung von Hartfaser- oder Sperrholzplatten

Die Verwendung von Hartfaser- oder Sperrholzplatten im Deckenbereich führt bei den hier auftretenden Temperaturen zur Auflösung und Zerstörung der Platten und zur Geruchsbelästigung und eventueller Gasbildung durch die enthaltenen Bindemittel.

keine Dampfsperre in der Decke

Bei Anordnung einer Dampfsperre im Deckenbereich kommt es zur Tropfenbildung, da die Dampfdiffusion unterbunden wird. Das Bild 9.30 zeigt diesen fehlerhaften Aufbau. Die Deckenausbildung muss eine gute Wasserdampfdiffusion garantieren (Bild 9.31).

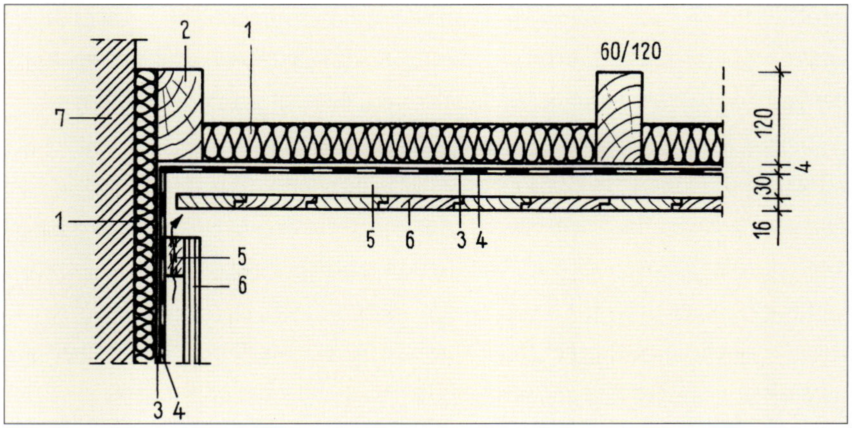

Bild 9.30 *FALSCH!*
Deckenausbildung bei eingebauter Kabine
1 Dämmstoff
2 Kantholz
3 Hartfaserplatte
4 Dampfsperre
5 Lattung
6 Innenverschalung
7 Mauerwerk

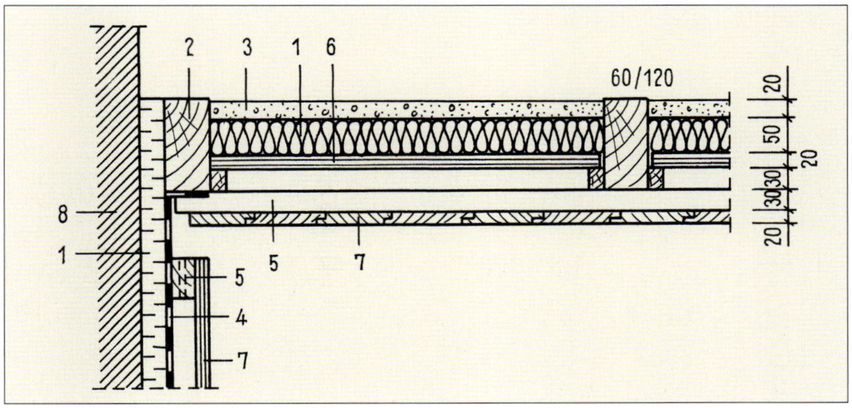

Bild 9.31 *Deckenausbildung bei eingebauter Kabine*
1 Dämmstoff
2 Kantholz
3 Kies
4 Dampfsperre
5 Lattung
6 Fehlboden
7 Innenschalung
8 Mauerwerk

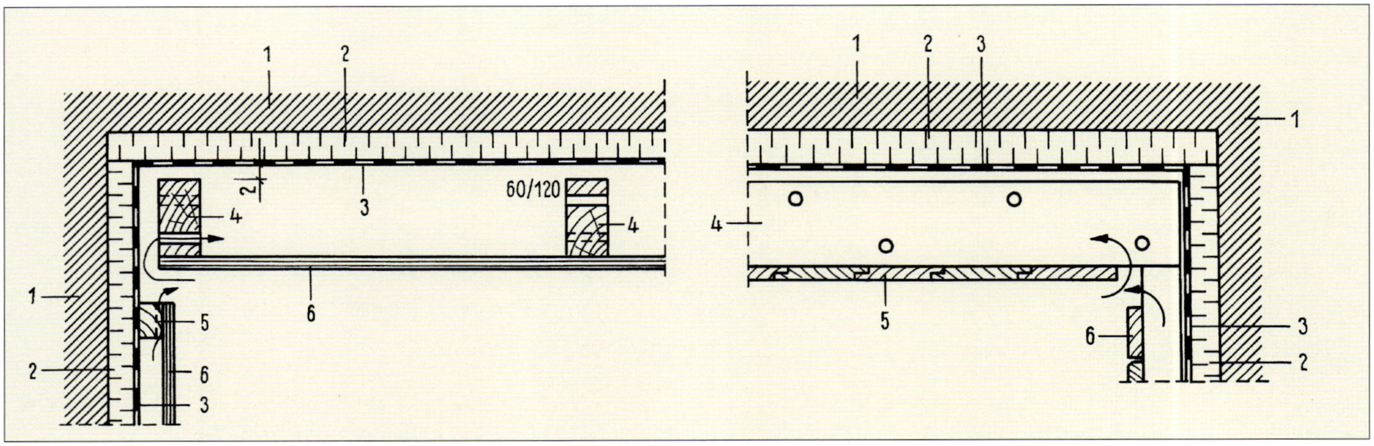

__Bild 9.32/33__ Deckenausbildung eingebauter Kabinen bei geringer Raumhöhe – Wärme- und Feuchtigkeitsschutz der unmittelbar angrenzenden Gebäudeteile

1 Mauerwerk Massivdecke
2 Wärmedämmung
3 Dampfsperre
4 Kantholz
5 Lattung
6 Innenschalung

Das Bild 9.32 zeigt die Ausbildung einer Decke bei geringer Raumhöhe. Die Wärmedämmschicht wird direkt an der vorhandenen Raumdecke angebracht (Bild 9.33) . Bei dieser Ausführung ist eine Dampfsperre erforderlich. Die tragende Konstruktion für die Kabinendecke wird unter der Wärmedämmschicht und der Dampfsperre angebracht. Der so entstandene große Luftraum zwischen der Schalung und der gesperrten Wärmedämmschicht unter der Decke ist gut zu durchlüften.

Die Bilder 9.34 bis 9.38 zeigen Deckenausbildungen für die unterschiedlichsten Ausführungen von Saunakabinen von der Fertigkabine für Familiensaunen bis zu frei stehenden Anlagen mit Pult- oder Satteldachausführung.

gut durchlüfteter Zwischenraum

Generell ist bei den letztgenannten Beispielen darauf zu achten, dass mit einem gut durchlüfteten Zwischenraum zwischen Dachhaut und Wärmedämmung gearbeitet wird. Am Übergang Wand/Decke darf keine Kältebrücke entstehen.

__Bild 9.34__ FALSCH !
Deckenausbildung für Fertigteilkabinen – keine Durchlüftung zwischen Dampfsperre und innerer Schalung

1 Verbretterung
2 Rahmenkonstruktion
3 Dampfsperre
4 Wärmedämmung

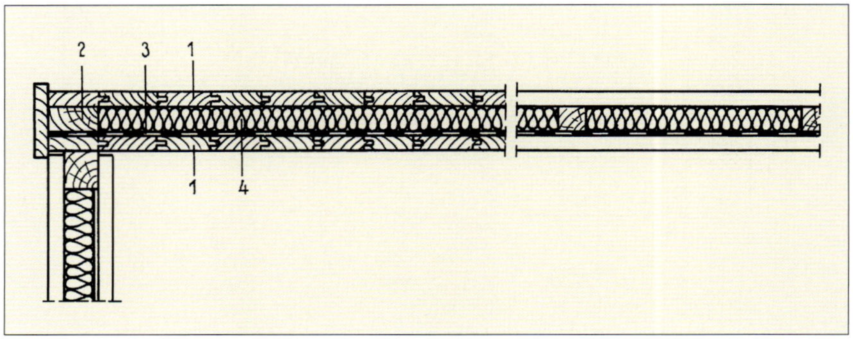

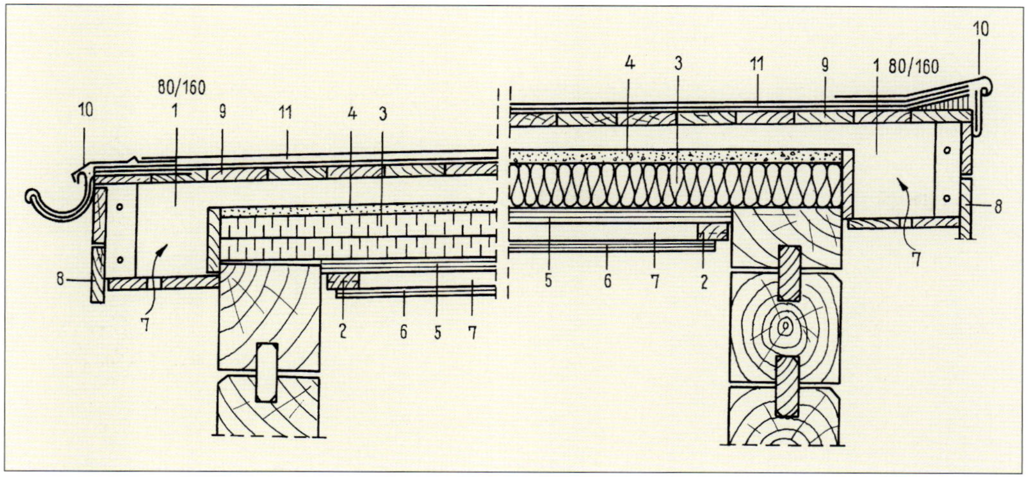

Bild 9.35 *Deckenausbildung bei frei stehender Sauna – Blockbau mit Pultdach*

1 Holzbalken
2 Lattung
3 Wärmedämmung
4 Kies
5 Schalung
6 Deckenschalung
7 Luftlöcher
8 Kastengesimse
9 Deckenschalung
10 Zink- o. Kupfer-Abdeckung
11 Dachhaut

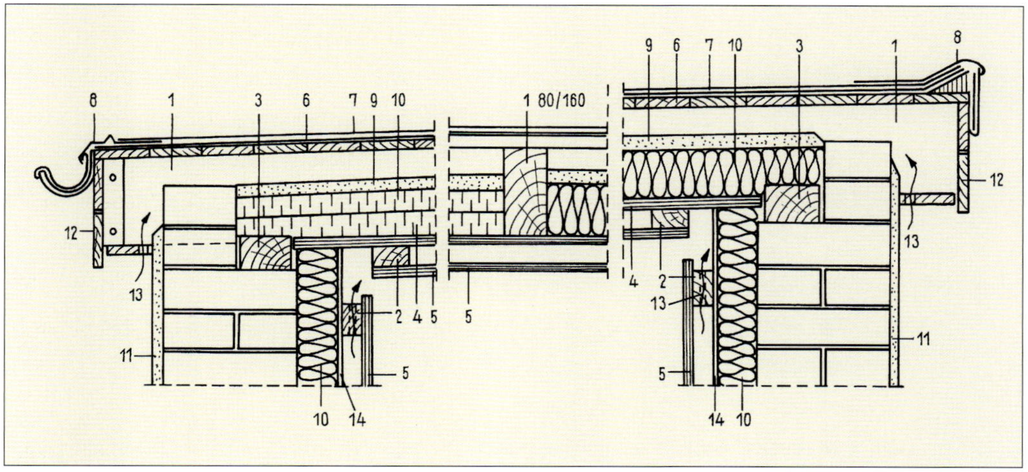

Bild 9.36 *Deckenausbildung bei frei stehender Sauna – Massivbau mit Pultdach*

1 Holzbalken
2 Lattung
3 Fußpfette
4 Schalung
5 nnenschalung
6 Dachschalung
7 Dachhaut
8 Zink- oder Kupferabdeckung
9 Kies
10 Wärmedämmung
11 Außenputz
12 Kastengesims
13 Lüftungslöcher
14 Dampfsperre

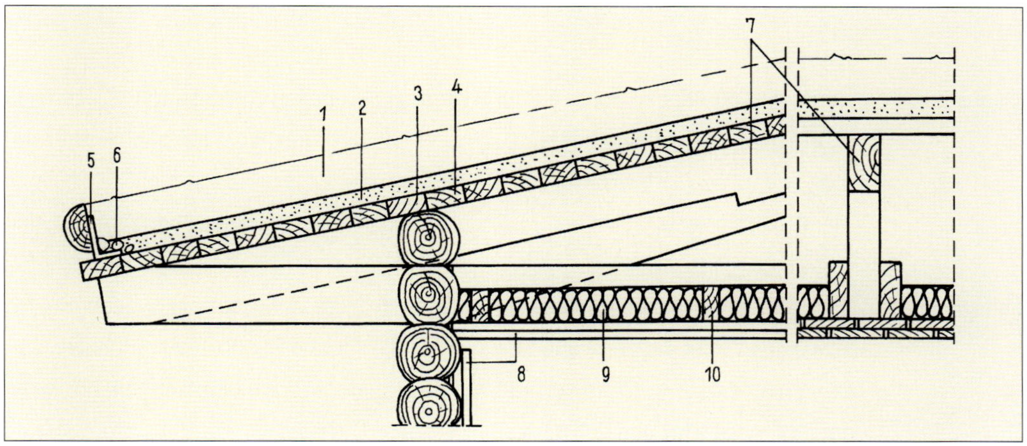

Bild 9.37 *Dachausbildung bei frei stehender Sauna – Blockbau mit Satteldach, Grasdeckung*

1 Torf
2 Sand
3 Dachhaut (oder angebotenes Systemdach)
4 Dachschalung
5 Winkeleisen
6 Steine
7 Dachbinder
8 Innenschalung
9 Wärmedämmung
10 Deckenbalken

Bild 9.38 *Deckenausbildung bei frei stehender Sauna – Massivbau mit Satteldach*

1 Deckenbalken
2 Sparren
3 Fußpfette
4 Wärmedämmung
5 Schalung
6 Lattung
7 Dampfsperre
8 Putz
9 Dachhaut
10 Kies

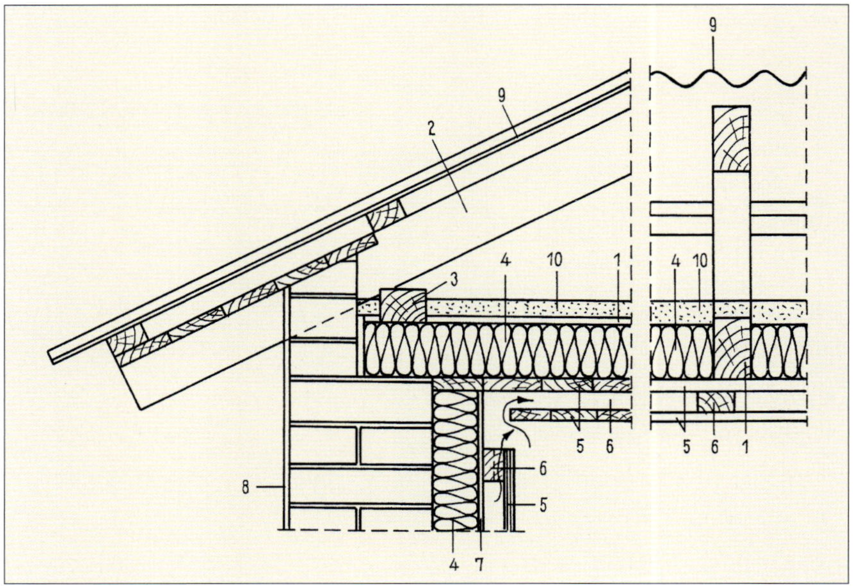

9.3 Fußböden

Fußböden haben die Aufgabe, eine gegen Abnutzung widerstandsfähige Gehschicht auf Decken, Unterböden usw. zu bilden. Weitere Aufgaben:

Aufgaben

- Schalldämmung
- Wärmedämmung und Fußwärme
- gute Begehbarkeit
- geringe Schmutzhaftung
- gute Reinigungsmöglichkeiten

9.3.1 Fußboden der Saunakabine

ursprünglich aus Lehm

Der Fußboden der finnischen Sauna wurde ursprünglich aus gestampfter lehmhaltiger Erde oder Lehm hergestellt. Dieser Fußboden kann heute nur noch für frei stehende Familien- oder Gartensaunen angewendet werden. Er ist nicht nur billig in der Ausführung, sondern auch wärmetechnisch günstig – aber eben nur für Familiensauna geeignet.

heute: trittfest und pflegeleicht

Für die Saunaanlagen unserer Zeit werden größere Anforderungen, auch aus hygienischer Sicht, an den Fußboden gestellt. Die hohen Benutzungsfrequenzen verlangen eine harten, trittfesten Fußboden mit guter Wärmedämmung, gleitsicherer und pflegeleichter und gut zu desinfizierender Oberfläche.

Die Oberfläche des Fußbodens kann je nach Saunaart aus:

- Holz
- Beton
- Ziegelsteinen oder
- Kunststeinplatten

bestehen.

Gefälle zur Tür

Der Fußboden erhält ein 1 bis 2 %iges Gefälle zur Tür. Die Fußbodenentwässerung wird vor bzw. neben die Eingangstür (außerhalb des Saunaraumes) angeordnet. Im Schwellenbereich ist eine entsprechende Aussparung vorzusehen, damit Reinigungswasser aus der Saunakabine abgeleitet werden kann. Eine Fußbodenentwässerung im Saunaraum würde bei den hohen Temperaturen austrocknen, es käme zu Geruchsbelästigungen.

Tabelle 9.1 *Fußbodenbeläge*

Fußbodenart	Abriebfestigkeit	Eindrücksicher	Fußwärme	Trittschalldämmung	Brennbarkeit	Schmutzhaftung	Bemerkung	Anwendung im Saunabau
Bodenbeläge aus natürlichen Steinen								
Platten	gut	sehr gut	kalt	keine	nicht	mäßig	für dekorative Fußböden	–
Pflaster	sehr gut	sehr gut	kalt	keine	nicht	erheblich	für dekorative Fußböden	–
Betonplatten, Estrich								
Beton und Werkstein	ausreichend	gut	kalt	keine	nicht	erheblich		–
Zemntestrich	ausreichend	gut	kalt	keine	nicht	mäßig	Dehnungsfugen anordnen	Saunakabine
Hartbeton	gut	gut	kalt	keine	nicht	mäßig	Dehnungsfugen anordnen	–
Mosaik-Terrazzo-Platten	gut	gut	kalt	keine	nicht	mäßig		Nassraum
Terrazzo	gut	gut	kalt	keine	nicht	mäßig	Dehnungsfuge	Nassraum
Steinholzplatten	gut	ausreichend	mäßig	gering	nicht	mäßig	Dehnungsfuge	trockene Räume
Gebrannte Steine und Erden								
Bodenfliesen Steinzeug	sehr gut	sehr gut	kalt	keine	nicht	gering	wasserundurchlässig	Nassraum Saunakabine
Klinkerplatten	sehr gut	sehr gut	kalt	keine	nicht	mäßig	wasserundurchlässig	–
Kleinmosaik	gut	gut	kalt	keine	nicht	erheblich	trittsicher	Nassraum
Kunststoffe								
Linoleum	gut	ausreichend	mäßig	gering	schwer	gering		trockene Räume
Kautschuk Bahnenbelag	gut	ausreichend	mäßig	mäßig	schwelig	gering	in Bahnen verschweißt	trockene Räume
Spachtelboden	gut	ausreichend	kalt	gering	nicht	gering		trockene Räume
Holz								
Dielenboden	gut	ausreichend	warm	gering	brennbar	mäßig		trockene Räume
Parkett	gut	gut	warm	gut	schwer	mäßig	für dekorative Fußböden	–

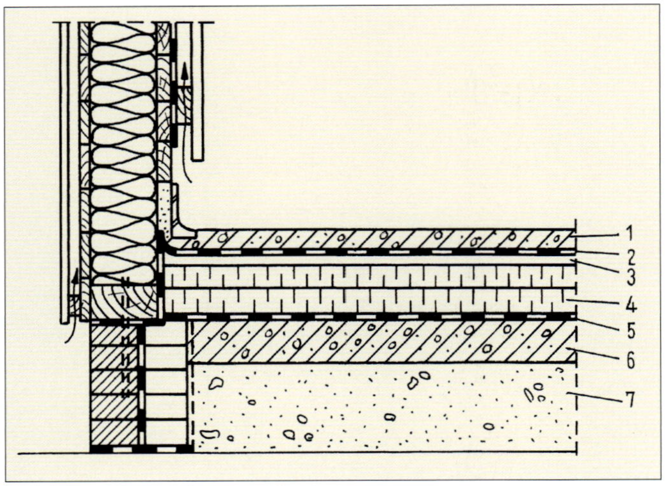

Bild 9.39 Bodenausbildung bei frei stehendem Saunahaus – Fachwerkbauweise mit Wetterschale
1 Zementestrich, 2 Dichtung geklebt, 3 Ausgleichsschicht, Mörtel oder Sand, 4 Wärmedämmung, 5 Dichtung, 6 Unterbeton, 7 Auffüllung

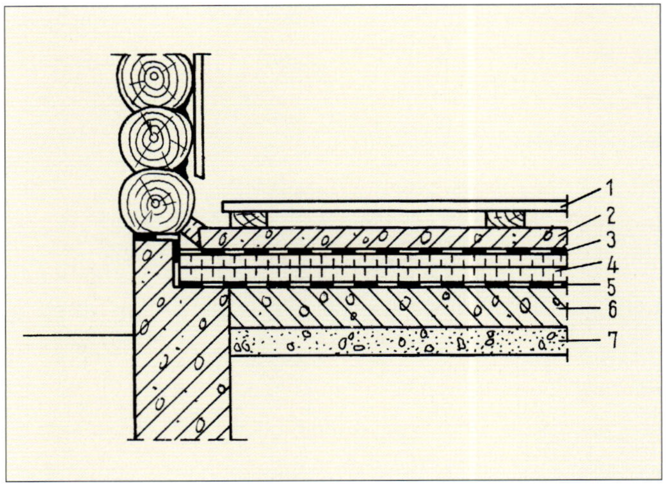

Bild 9.41 Fußbodenausbildung bei frei stehendem Saunahaus – Blockbauweise
1 Holzrost, 2 Zementestrich, 3 Dichtung geklebt, 4 Wärmedämmung, 5 Dichtung geklebt, 6 Unterbeton, 7 Kies- oder Schotteraufschüttung

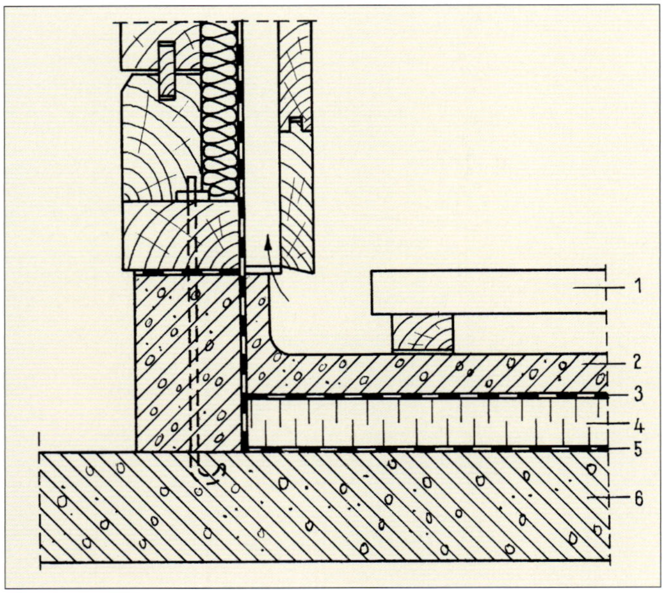

Bild 9.40 Fußbodenausbildung bei frei stehender Kabine in einem Raum – Blockbauweise
1 Lattenrost, 2 Zementestrich, 3 Dichtung geklebt, 4 Wärmedämmung, 5 Dichtung, 6 Deckenkonstruktion

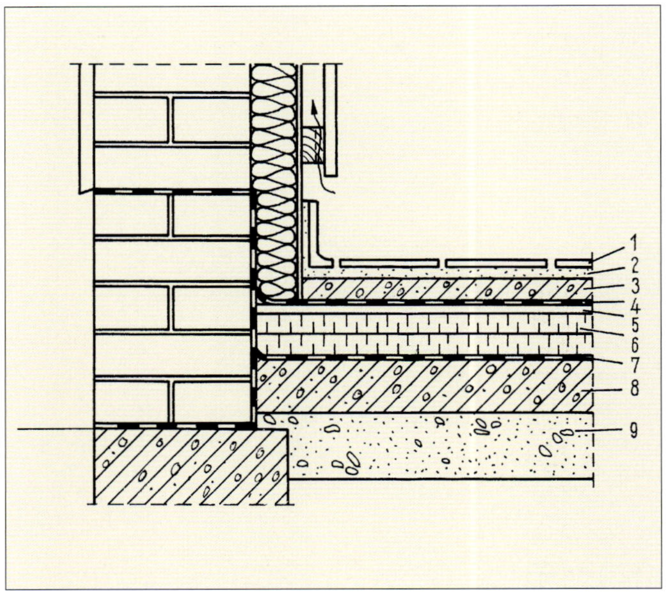

Bild 9.42 Fußbodenausbildung bei frei stehendem Saunahaus – Massivgebäude
1 Fußbodenfliesen, 2 Mörtelbett Zementmörtel, 3 Zementestrich, 4 Dichtung geklebt, 5 Ausgleichsfuge, 6 Wärmedämmung, 7 Dichtung geklebt, 8 Unterbeton, 9 Aufschüttung

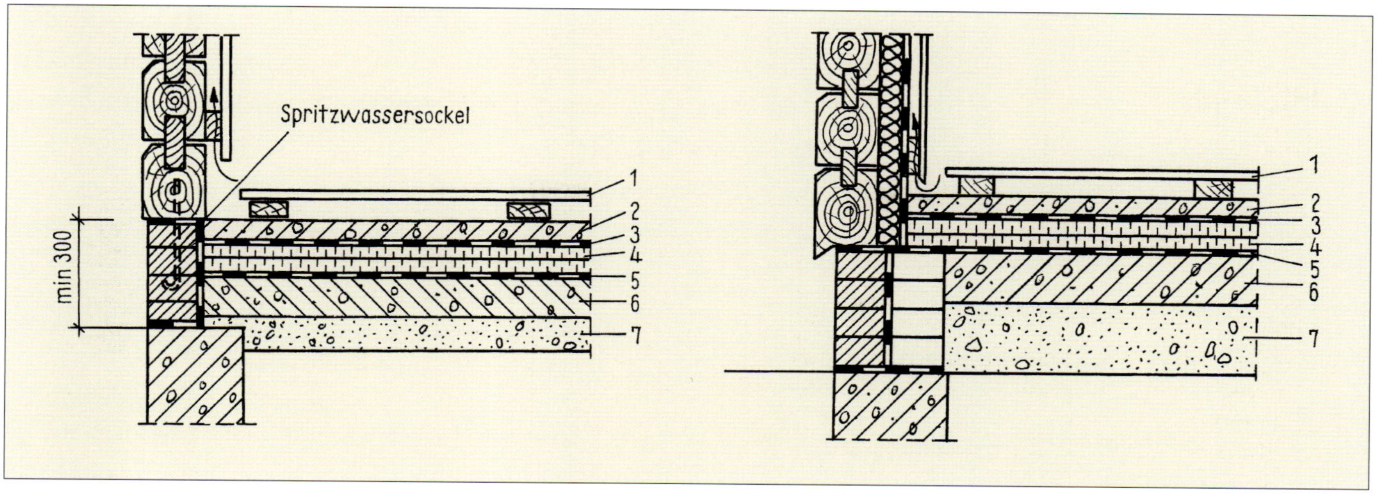

Bild 9.43/44 *Fußbodenausbildung bei frei stehendem Saunahaus – Blockbauweise*
1 Holzrost
2 Zementestrich
3 Dichtung geklebt
4 Wärmedämmung
5 Dichtung
6 Unterbeton
7 Aufschüttung

Als **Lauffläche** dient im Saunaraum ein Holzrost, der in seinem Aufbau und in seiner Größe so auszulegen ist, dass er leicht zur Reinigung der Kabine entfernt werden kann. Dieser Fußrost ist durch eine Scheuerdesinfektion mindestens zweimal in der Woche (abhängig von der Badefrequenz) unter Verwendung von Desinfektionsmitteln zu behandeln und zu reinigen. Bei Anlagen mit hoher Badefrequenz sollte täglich eine zusätzliche Sprühdesinfektion der Laufflächen nach den gültigen Desinfektionsbestimmungen durchgeführt werden. Bei Verwendung von Kunststoff-Baderosten ist die Sprühdesinfektion wie bei Holzrosten durchzuführen, da

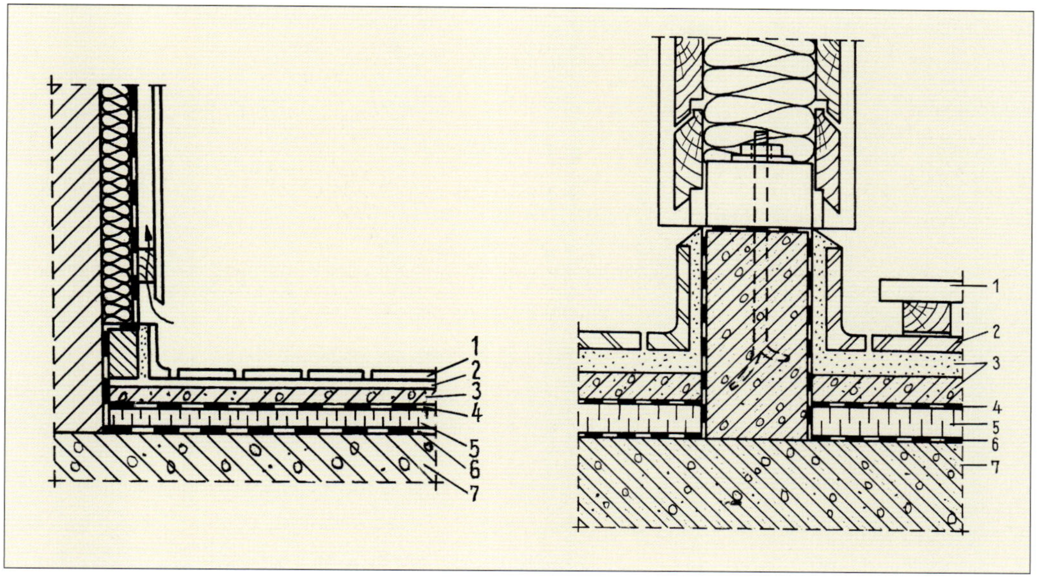

Bild 9.45/46 *Fußbodenausbildung bei frei stehender Kabine im geschlossenen Raum – mehrschaliger Wandaufbau in Tafelbauweise*
1 Lattenrost
2 Fußbodenplatten
3 Mörtelbett
4 Dichtung
5 Wärmedämmung
6 Dichtung
7 Unterbeton

sich hier leicht Stämme von Pilzen und Bakterien ansiedeln. Eine Scheuerdesinfektion ist für Kunststoffoberflächen ungeeignet. Die mechanische Bearbeitung zerstört die Oberfläche und bietet dadurch in verstärktem Maße Voraussetzungen für bakterielle Verschmutzung.

Wärmedämmschichten

Im Fußbodenaufbau sind die Wärmedämmschichten zwischen zwei Dichtungen einzulagern. Die Dichtung ist dabei als geschlossene Fläche zu kleben (Bilder 9.39 bis 9.46).

9.3.2 Fußboden der Nassräume

trittsicher und gut zu reinigen

Zu den Nassräumen im Saunabau zählen der Abkühl-, der Reinigungsraum und die WC-Anlagen. In diesen Räumen werden vor allem Fliesen und gesinterte Fußbodenplatten mit geriffelter oder genoppter Oberfläche verwendet. Diese Platten sind trittsicher und lassen sich darüber hinaus gut reinigen.

Unfallverhütungsvorschriften

Die Arbeitsstättenverordnung und die Unfallverhütungsvorschriften verlangen, dass Fußböden eben, rutschhemmend und leicht zu reinigen sind (Bodenfliesen R 11 – R12).

Material

Kleinmosaik bietet durch seine Fugenstruktur ebenfalls einen guten und trittsicheren Fußboden.

Terrazzo und Betonfußboden als Flächenbelag ist nicht ratsam. Durch die Setzungen innerhalb des Gebäudes, besonders bei Geschossbauten, reißen die Flächen und geben dem Wasser Möglichkeiten des Eindringens in das Bauwerk. Außerdem sind die Flächen durch ihre glatte Oberfläche nicht trittsicher.

Gefälle zum Fußbodeneinlauf

Der Ausbildung der Dichtungen ist beim Fußbodenaufbau besondere Beachtung zu schenken. Der Fußboden erhält ein Gefälle zum Fußbodeneinlauf von 0,3 bis 1%.

9.3.3 Fußboden der trockenen Räume

Zu den trockenen Räumen im Saunabau zählen der Ruheraum, der Umkleideraum, der Massageraum, der Warteraum und alle Personalräume.

geeignete Materialien wählen

Als Fußbodenoberflächen sind alle Materialien geeignet, die sich leicht pflegen lassen und trittsicher sind. Sie dürfen nicht versiegelt oder »hochglanz«-gepflegt werden – Rutschgefahr !

Ebenso eigenen sich Holzfußböden – vom Parkett bis zur Landhausdielung. Sie erfordern jedoch einen erhöhten Pflegeaufwand und sind kostenaufwändiger. Diese Fußböden dürfen ebenfalls nicht »hochglanz«-gepflegt werden.

Grundprinzipien beim Saunabau

Grundprinzipien beim Saunabau sind:

- Einfache materialgerechte Konstruktion und Ausführung
- Alle verwendeten Holzarten werden unbehandelt (ohne Holzschutz- und Farb- bzw. Lackbehandlung) jedoch gehobelt und geschliffen eingebaut.
- Im Ausbau der Saunakabine wird kein Metall sichtbar oder für den Badenden zugänglich verarbeitet (hohe Aufheizung – Verbrennungsgefahr).
- Steine finden außer im unverkleideten Schornstein bei Saunen mit Feuerungsöfen und auf dem Saunaofen selbst keine Verwendung (zu starkes Aufheizen, hohe Abstrahlung, dadurch Störung des Saunaklimas).
- Alle Holzverbindungen sind so herzustellen, dass sie den großen Wärmebelastungen (Schwinden durch Austrocknen) standhalten.

10.1 Holzverkleidung im Saunaraum

Innenverschalung aus trockenen und harzfreien Hölzern

Die Innenverschalung der Raumbegrenzungen im Saunaraum wird aus trockenen und harzfreien Hölzern hergestellt. **Kiefer, Birke, Erle, Pappel, nordische Fichte und Hemlock** eignen sich hierfür am besten.

Bild 10.1 *Blockbohlensauna – Ausführung als Innen- oder Gartensauna*
58 mm starke Bohlen aus nordischer Fichte mit Schwalbenschwanzführung; Doppelnut- und -federverbindungen
Liegen aus Abachi- oder Pappelholz, schiebbar angeordnet
thermisches Abluft-Wandelement
Edelstahl-Saunaofen mit Steuergerät Typ GS; auch mit holzbeheiztem Saunaofen lieferbar
Werkfoto: Geiger, Kirchenheim/Teck

Bild 10.2 *Vollholzsaunakabine*
Werkfoto: FINNJARK GmbH & Co KG, Hamburg

Die Schalung wird im Abstand von 40 bis 60 mm vor der Wärmedämmschicht und der Sperre angebracht. Dabei wird die Schalung auf eine Lattung als Unterkonstruktion horizontal oder vertikal verdeckt genagelt. Die Unterkonstruktion ist mit Kerben zu versehen, damit die Luft hinter der Schalung und somit vor der Dampfsperre ungehindert zirkulieren kann. – **Abstand zwischen Dampfsperre und Schalung ca. 40 mm**.

ungeeignetes Material

Alle Leimholzverbindungen, Holzfaserplatten und Holzspanplatten sowie alle Sperrholz- und Leichtbauplatten sind für die Innenverkleidung der Sauna ungeeignet.

Holzverbindungen

Die Holzverbindungen sind je nach Beanspruchung verschieden auszubilden. Dabei wird zwischen mittelbaren und unmittelbaren Verbänden unterschieden.

mittelbare Verbände

Mittelbare Verbände werden unter Verwendung von Leim, Nägeln, Dübeln, Bolzen oder deren Kombinationen hergestellt. Dabei müssen Leimverbindungen im Kabinenbau entfallen.

unmittelbare Verbände

Unmittelbare Verbände entstehen durch Zuschnitt der Hölzer ohne zusätzliche Bindemittel (z. B. Zinken). Im allgemeinen werden Verbände durch das Zusammenwirken mittelbarer und unmittelbarer Verbände erreicht. Dabei ist darauf zu achten, ob die Verbindungen lösbar oder unlösbar sein müssen. Je nach Zweck, Lage und Anordnung der Verbindung gibt es Breitenverbände, Längsverbände, Winkelverbände und Querschnittverbände.

Die Innenschalung der Saunakabine wird in Breitenverbänden ausgeführt. z. B.:

- waagerechte Schalung
- senkrechte Schalung mit waagerechter Fuge – Querverbretterung
- senkrechte Schalung mit senkrechter Fuge – Stabverbretterung.

Bei Breitenverbänden ist besonders auf die Eigenschaften des Holzes zu achten:

- Volumenveränderungen (durch Quellen und Schwinden)
- Gestaltänderungen (durch Werfen und Windschiefwerden)
- Aufreißen.

Zusammenlegen der Bretter nach dem Grundsatz: **Splint bei Splint und Kern bei Kern** (Bild 10.5.a), da Bretter beim Trocknen unebene Oberflächen ergeben, Kern herausschneiden (in der Abbildung gestrichelt). Kern an Splint ist nicht zu empfehlen (Bild 10.5.c), da wellige Flächen zu erwarten sind. Stirnbretter haben das Bestreben, sich auf der Kernseite rund zu ziehen (Bild 10.5.d und 10.5.e). Besser ist Kern an Kern und Splint an Splint mit abwechselnder Rechts- und Linksseite (Bild 10.5.f). Durch Trocknen wird die Fläche leicht wellig, die Fugen markieren sich nicht.

Bild 10.3 *Wände aus 58 mm starken Fichtenbohlen*
Werkfoto: Geiger, Kirchenheim/Teck

Bild 10.4 *Platzsparende Eckpfostenverbindung mit Schwalbenschwanzführung*
Werkfoto: Geiger, Kirchenheim/Teck

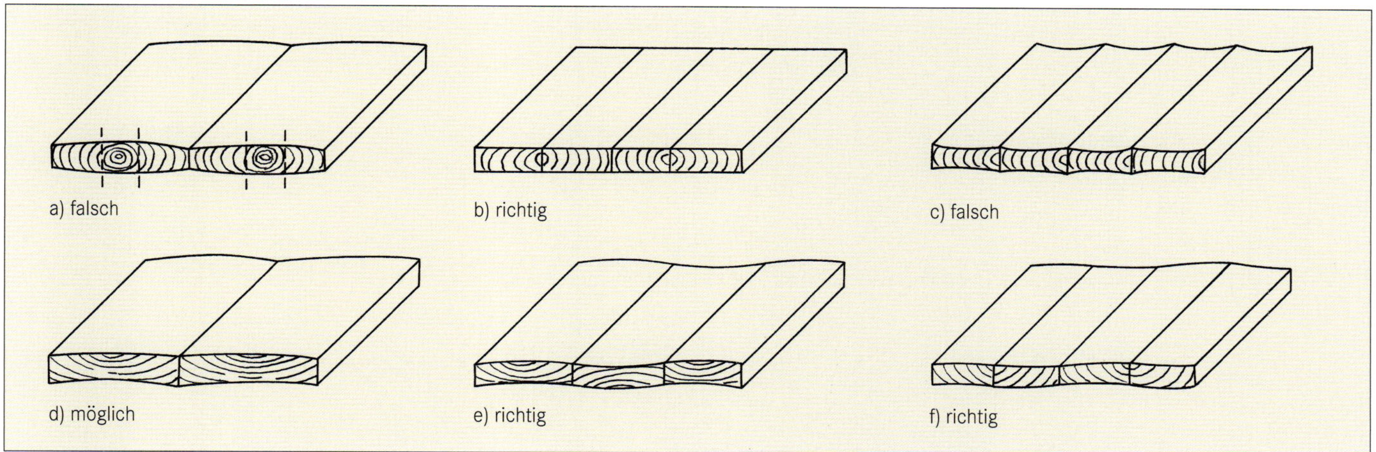

Bild 10.5 *Holzverbindungen – Breitenverbände: a bis c) Verleimung von Kernbrettern, d bis f) Verleimung von Seitenbrettern*

Bild 10.6 *Gebräuchliche Ausbauhölzer für Saunakabinen*
Werkfoto: Tylö, Klaus Schlenker GmbH, Stuhr b. Bremen

Abachi — *Amerikanische Erle* — *Espe*

Zeder — *Hemlocktanne* — *Nordische Fichte*

waagerechte Schalung

Für die waagerechte Schalung findet allgemein der stumpfe Stoß (Bild 10.7.a), bei höherer Anforderung an die Dichtigkeit der einfache gespundete Stoß (Bild 10.7.b) Anwendung. Der einfache gespundete Stoß wird auch als Stoß mit Nut und Feder bezeichnet, wobei Nut und Feder wechselseitig an den Längsseiten der Bretter angearbeitet werden. Dabei sollte der Kern (rechte Seite) nach außen verlegt werden. Möglichst schmale Bretter verwenden. Stehende Jahresringe bieten den besten Schutz gegen Verziehen und Splittern.

Deckenschalung

Für die Deckenschalung kann mit dem doppelt gespundeten Stoß (Bild 10.7.c) eine dichte Platte hergestellt werden. Überplattet gespundeter Stoß (Bild 10.7.d) und einfach gefalzter Stoß (Bild 10.7.e) eignen sich für verdeckte Nagelung besonders gut. Beim gefederten Stoß werden die Bretter nur genutet und die Feder als Lang-

Bild 10.7 *Holzverbindungen – Stöße*
a stumpfer Stoß
b ... d gespundete Stöße
e gefälzter Stoß
f ... h gefederte Stöße

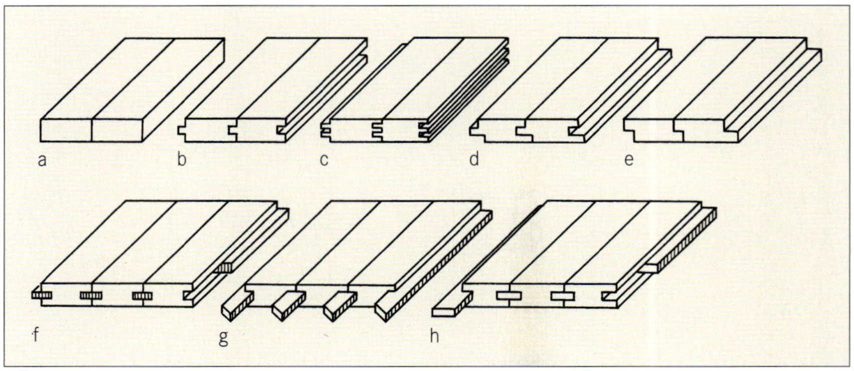

holzfeder (Bild 10.7.f), schräge Feder (Faserverlauf unter 45° – Bild 10.7.g) oder Hirnholzfeder (rechtwinklig zum Faserverlauf – Bild 10.7.h) eingesetzt.

Senkrechte Schalung mit waagerechter Fuge – Querverbretterung: Bei dieser Holzverkleidung ist auf ungehinderten Abfluss des Wassers zu achten.
Genagelte Stülpschalung (Bild 10.8.a) als einfachste Ausführung. Gespundete Schalung zeigen die Bilder 10.8.b bis 10.8.f. Dabei enthalten die Bilder 10.8.c und 10.8.e die Ausbildung mit richtiger Tropfkante zur Wasserableitung, wohingegen die Bilder 10.8.b, 10.8.c und 10.8.f eine falsche Kantenausbildung zeigen. Das Wasser kann in die Fuge eindringen und zu Fäulnis führen.
Senkrechte Schalung mit senkrechter Fuge – Stabverbretterung: diese Art kann ausgeführt werden durch überschobene Füllung (Bild 10.10.a), gespundete oder gefederte Bretter (Bild 10.10.b bis 10.10.e) oder durch rechtwinklige Überfalzung mit Fase und Dehnungsfuge (Bild 10.10.f). Weitere Ausbildungen, wie rechtwinklige Überfalzung mit Fase, offene Falzung, Stülpschalung sowie stumpfe Fugung mit Deckleiste zeigen die Bilder 10.10.g bis 10.10.l.

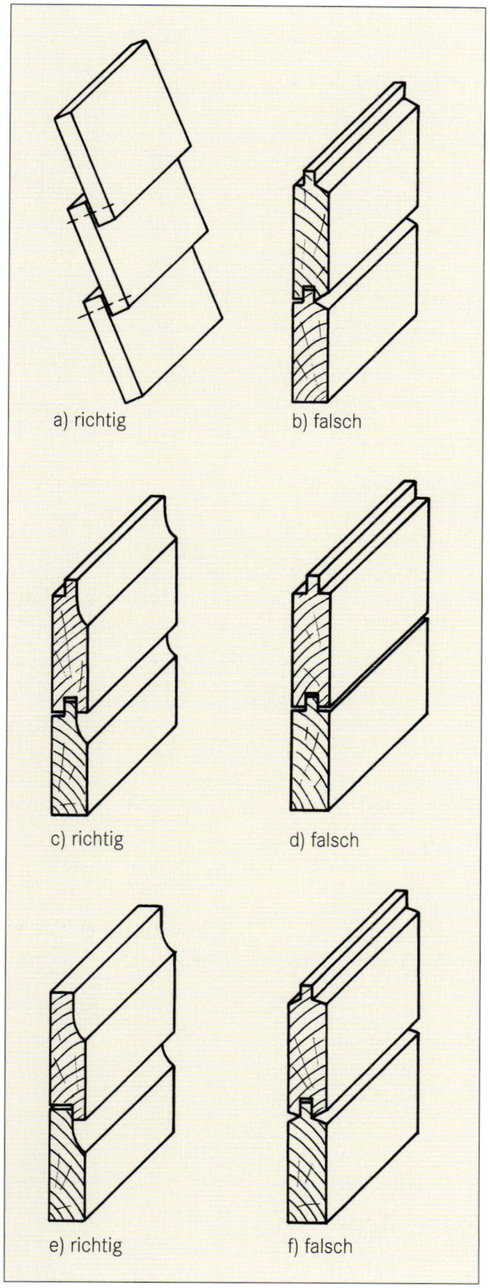

Bild 10.8 *Stöße von Breitenverbänden für senkrechte Schalung mit waagerechten Fugen*

Bild 10.9 *Handelsübliche Kabine mittlerer Größe*
Werkfoto: FINNJARK GmbH & Co.KG, Hamburg

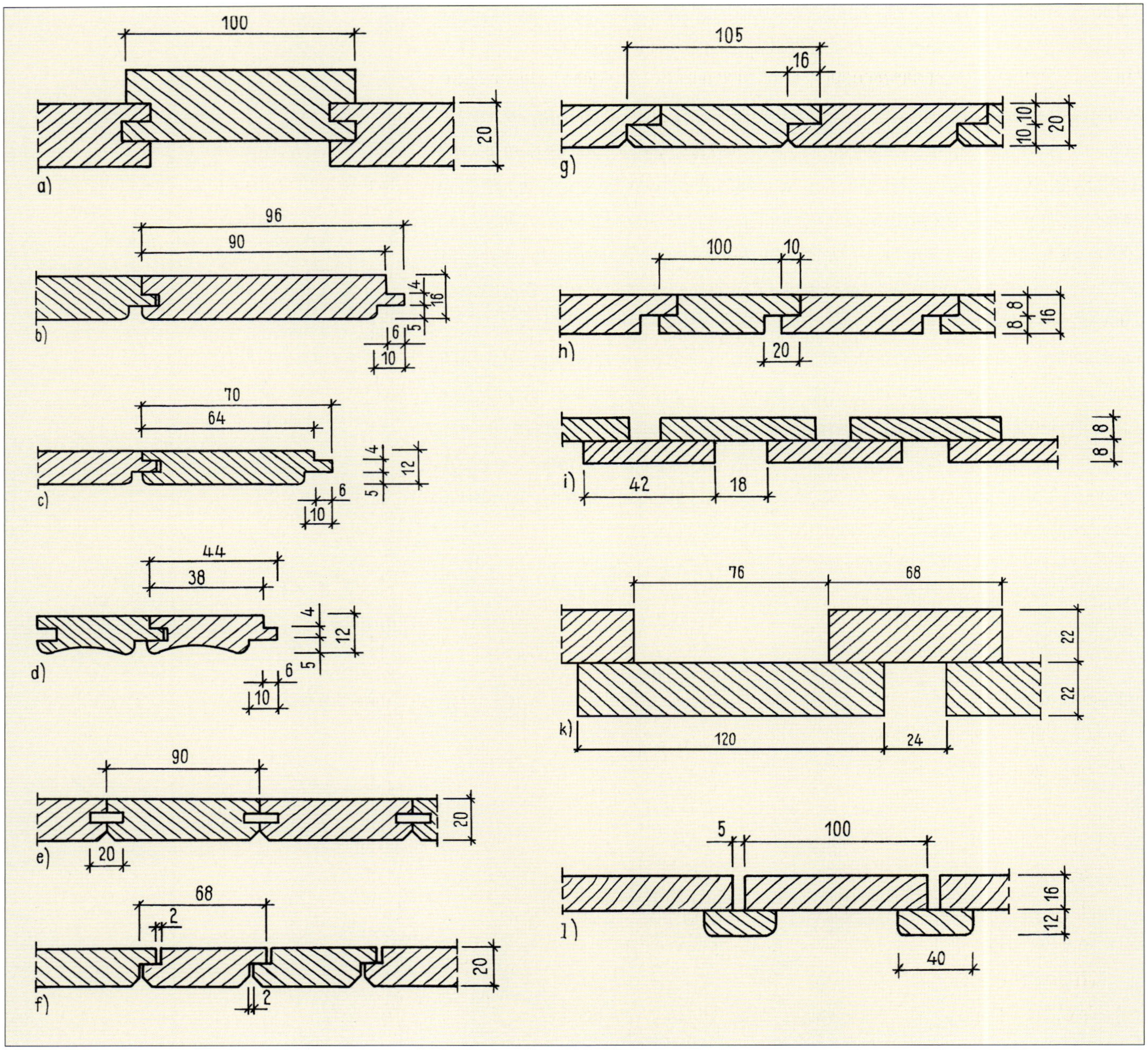

Bild 10.10 *Breitenverbände für senkrechte Schalung mit senkrechten Fugen – Stabverbretterung*

a *überschobene Füllung*
b … d *gespundeter Stoß*
e *gefederter Stoß*
f … h *gefälzter Stoß*
i … k *Stülpschalung*
l *stumpfe Fugung mit Deckleiste*

10.2 Saunabänke

Auf der Saunabank findet das eigentliche Schwitzen im Sitzen oder im Liegen statt. In der alten finnischen Sauna ist in Höhe der Dampfluke des Saunaofens ein Zwischenboden angeordnet, der über eine Treppe oder Leiter zu erreichen ist. Die Anordnung der Bänke in der Kabine kann ganz nach den Wünschen des Bauherrn gestaltet werden. Sie müssen dem Baderitual gerecht werden und durch ihre treppenförmige Anordnung in unterschiedlichen Höhen den Badenden die Wahl der Temperatur ermöglichen und sowohl das Sitzen als auch das Liegen ermöglichen (Tabelle 10.1).

Anordnung der Bänke

Tabelle 10.1 *Bankhöhen abhängig von der Kabinenhöhe*

Lichte Kabinenhöhe in mm	Bankhöhen über OKF obere Bank in mm	mittlere Bank in mm	untere Bank in mm
2.100	1.000	700	350 + 50
2.200	1.100	700	550 + 50
2.300	1.200	800	350 + 50
2.400	1.250	850	400 + 50
Temperatur in Sitzhöhe in °C	90 bis 100	60 bis 70	45 bis 50

2 oder 3 Stufen

In kleinen Familiensaunen von 1.900 bis 2.000 mm Raumhöhe der Kabine kommt man mit zwei Stufen bei der Temperaturwahl aus.
In Großanlagen hat sich die 3-Stufenanlage bewährt.

Konstruktionsregeln für Saunabänke:

- **obere Bank** Die obere Bank muss mindestens 1.000 mm von der Decke entfernt sein, damit die Badegäste aufrecht sitzen können.
- **Entfernung von der Decke** Die Entfernung zur Decke sollte 1.100 mm nicht überschreiten, um die heiße Luft an der Decke nutzbar zu machen (Bilder 10.11 bis 10.16, S. 150 bis 155).
- **obere Stufe** Die obere Stufe ist die eigentliche Schwitzstufe. Sie ist so breit anzulegen, wie es der Saunaraum in seiner Gesamtkonzeption gestattet, damit sich der Badende zurücklegen, entspannen und unter Benutzung der Kopfstütze legen kann (Bild 10.19, Seite 154).
- **Geländer als Fußstütze** Das Geländer der zweiten Stufe dient als Fußstütze.
- Die Breite der mittleren Sitzstufe zwischen 550 und 650 mm muss eine zum Liegen genügende Breite bieten.

Bankbreite

- Breite der unteren Bank als Tritt- und Sitzstufe 350 bis 450 mm
- Ein Höhenunterschied der einzelnen Bänke von 350 bis 450 mm ermöglicht ein bequemes Sitzen

Lattenbauweise

- Die Sitzbänke werden in Lattenbauweise aus weichem Holz hergestellt, das nicht zuviel Wärme aufnimmt, nicht splittert, harzfrei ist und keine Äste aufweist (Äste werden heiß).
- Die gehobelten und abgefasten Latten der Saunabank werden im Abstand von 13 bis 20 mm von unten aufgeschraubt oder aufgenagelt (Bilder 10.20, Seite 154). Werden die Latten von oben befestigt, ist unbedingt zu beachten, dass die Nägel oder Schrauben tief in das Holz versenkt werden.
- Nagel- oder Schraubstellen müssen mindestens 150 mm vom Lattenende entfernt liegen, damit ein Aufreißen des Holzes bedingt durch den starken Temperaturunterschied und Temperaturwechsel, vermieden wird. Die Latten dürfen im Sitzbereich nicht gestoßen werden.

zur Reinigung abnehmbar

- Die Sitz- und Liegebänke sind konstruktiv so auszuführen, dass sie zur Reinigung der Saunakabine ohne Montagehilfen abnehmbar sind.

Die **Tragkonstruktionen** werden in Holz oder Metall ausgeführt (Bild 10.11). Metalle sind mit dunkler Schutzfarbe zu streichen (gegen Strahlungswärme und Oxida-

Bild 10.11 *Sitzstufen mit Winkeleisen als Tragkonstruktion*

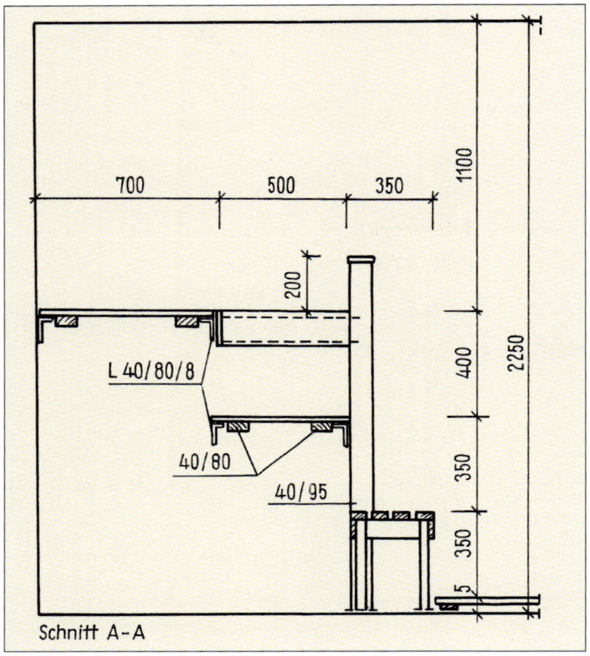

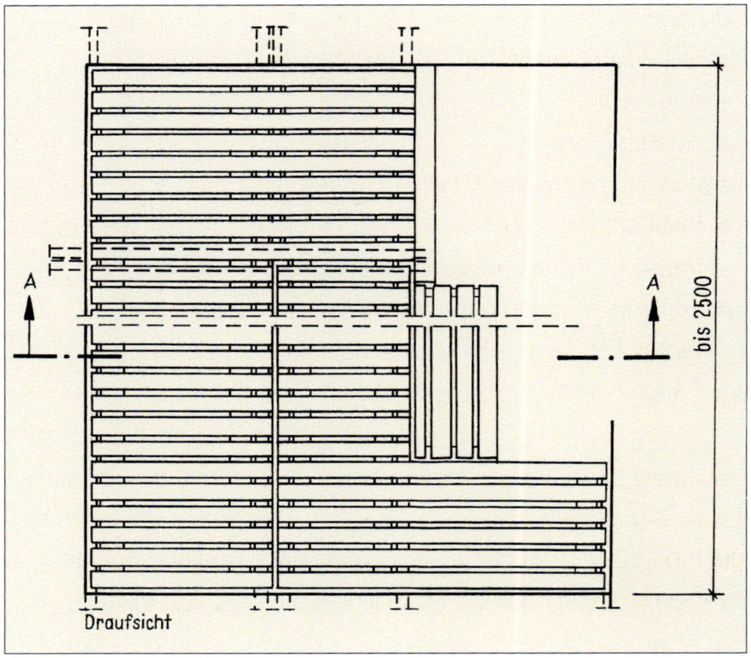

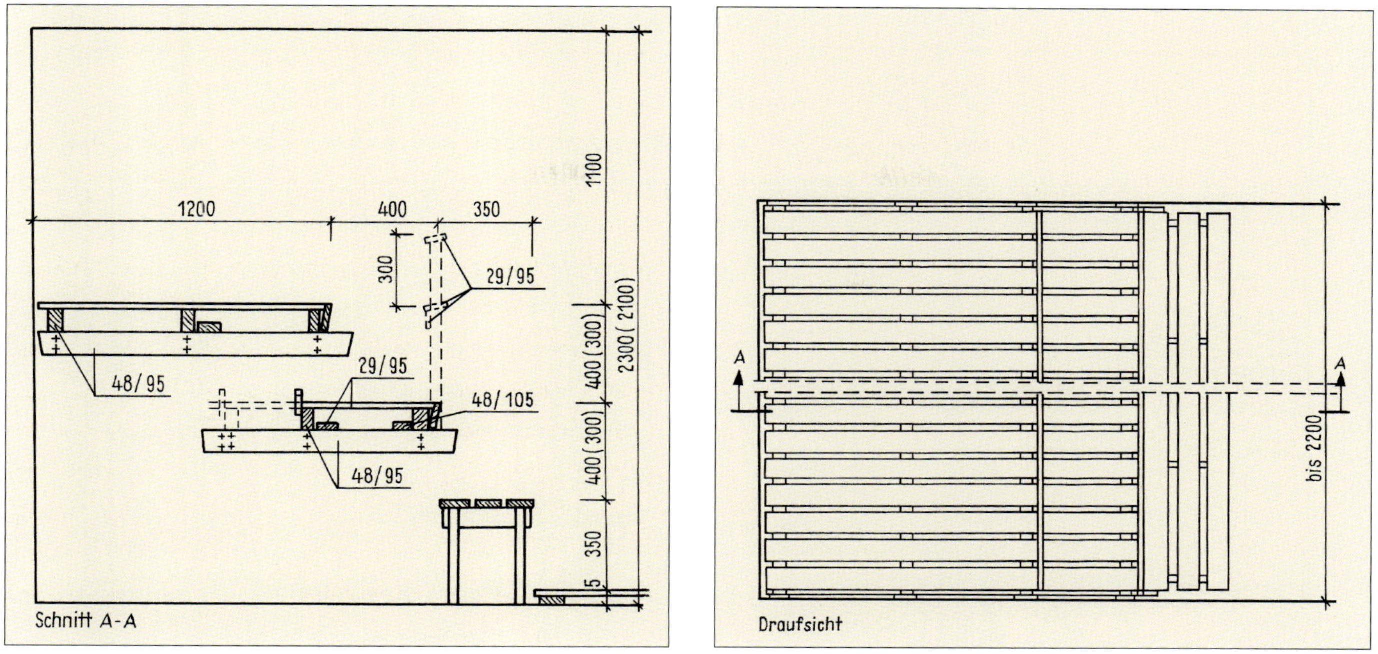

Bild 10.12 *Sitzstufen mit Holztragkonstruktion, auf den Seitenwänden aufliegend*

tion). Dabei muss die Tragkonstruktion so eingebaut sein, dass sie durch die Badenden nicht berührt werden kann (Bilder 10.11 und 10.13).
Bis zu Kabinengrößen von 2.200 mm Breite können die Tragkonstruktionen an der Kabinenwand befestigt werden. Die Sitzroste werden lose aufgelegt und durch Belaghölzer gegen Verschieben geschützt.

Für die Sitzstufen eignen sich folgende Hölzer besonders gut: nordische Fichte, Hemlock, Birke, Erle, Pappel und Espe.

Holztragwerke für Sitzstufen größerer Saunakabinen

Für größere Saunakabinen, bei denen die Sitzstufen länger als 2.200 mm werden, verwendet man Holztragwerke für die Sitzstufen. Damit wird die Durchbiegung verhindert, ohne in der Konstruktion zu aufwändig zu werden (Bilder 10.14 bis 10.16). Die abnehmbare Rückenlehne zwischen unterer und mittlerer Bank sowie der mittleren zur oberen Bank zeigt Bild 10.17.

Laufrost

Der Lattenrost als Laufrost auf dem Fußboden wird ähnlich ausgeführt wie die Sitzstufen. Der Rahmen wird durch einen Dreiecksverband gegen Verschieben gesichert. Die einzelnen Latten werden gehobelt und abgefast. Die Schrauben oder Nägel sind tief zu versenken oder die Latten werden von der Unterseite angeschraubt bzw. angenagelt. Auf der Unterseite des Rahmens können, um ein Verrutschen zu

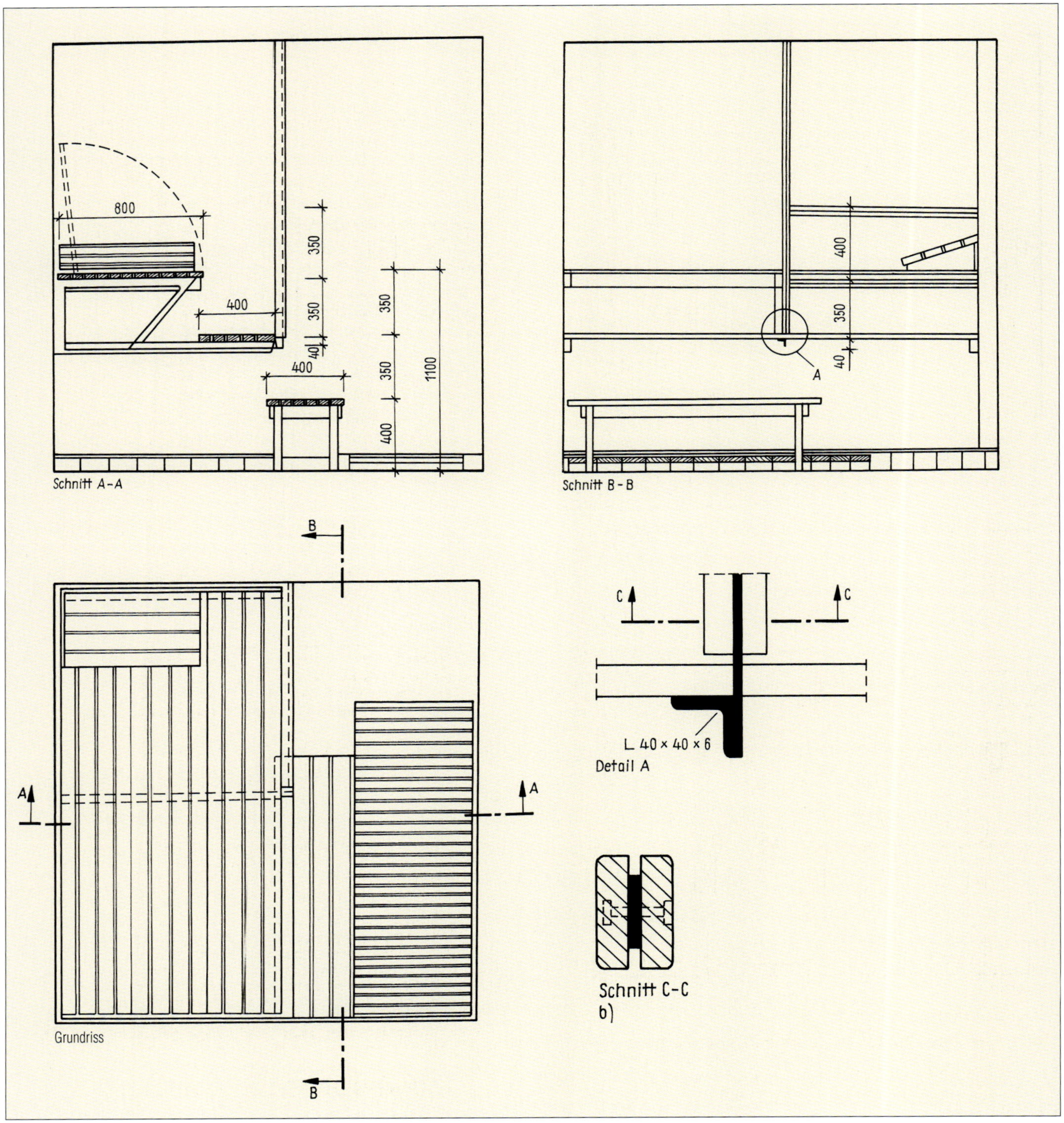

Bild 10.13 *Sitzstufen mit gemischter Holz-Stahl-Konstruktion; Detail a und b: Aufhängung der Sitzstufen*

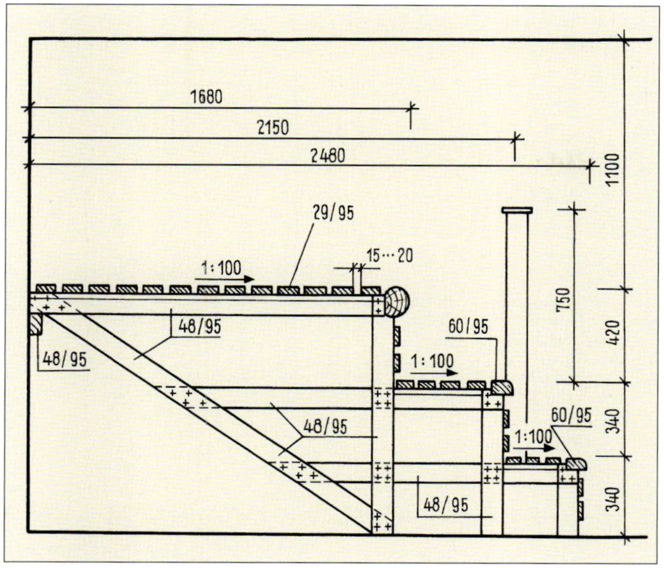

Bild 10.14 *Sitzstufen mit selbständiger Tragkonstruktion*

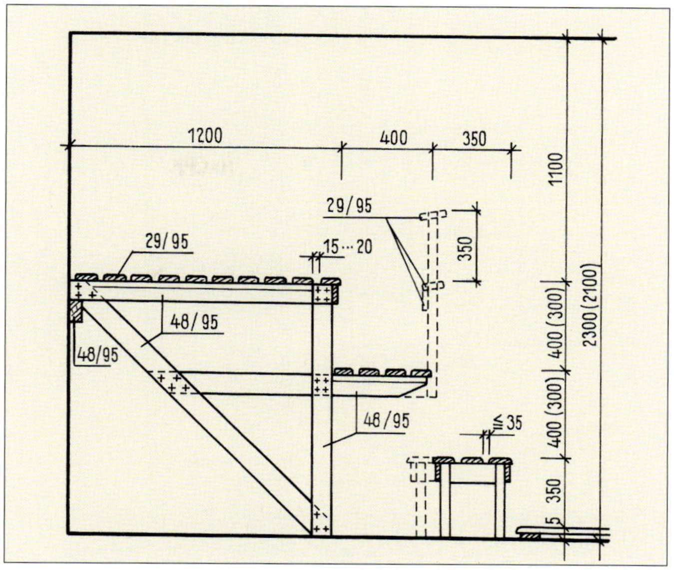

Bild 10.15 *Sitzstufen mit selbständiger Tragkonstruktion*

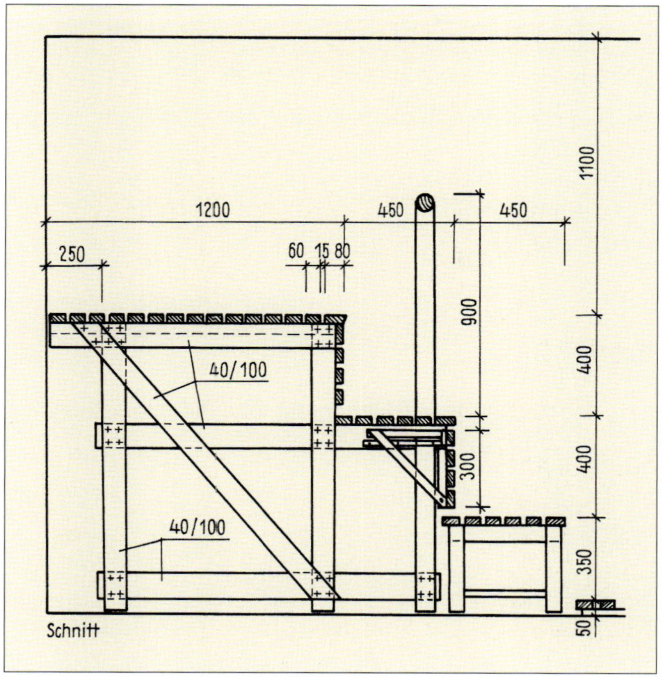

Bild 10.16 *Sitzstufen mit selbständiger Tragkonstruktion*

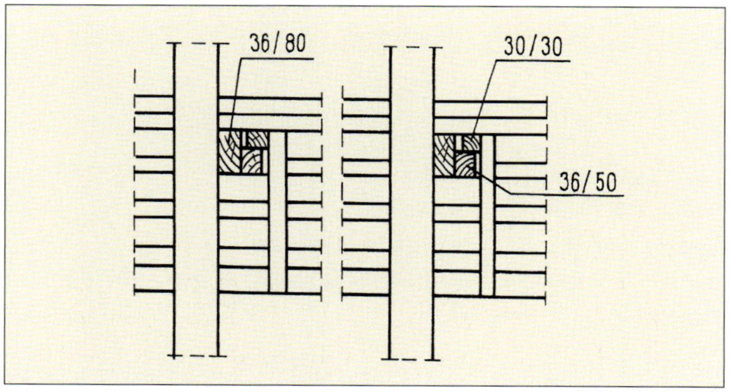

Bild 10.17 *Abnehmbare Rückenlehne*

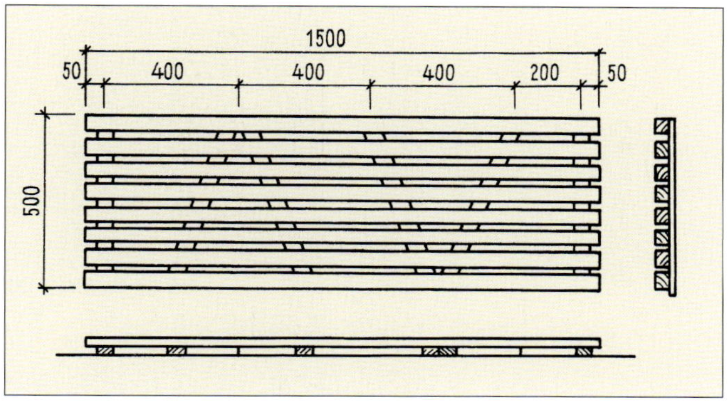

Bild 10.18 *Laufrost für den Saunafußboden*

Bild 10.19 Kopfstütze

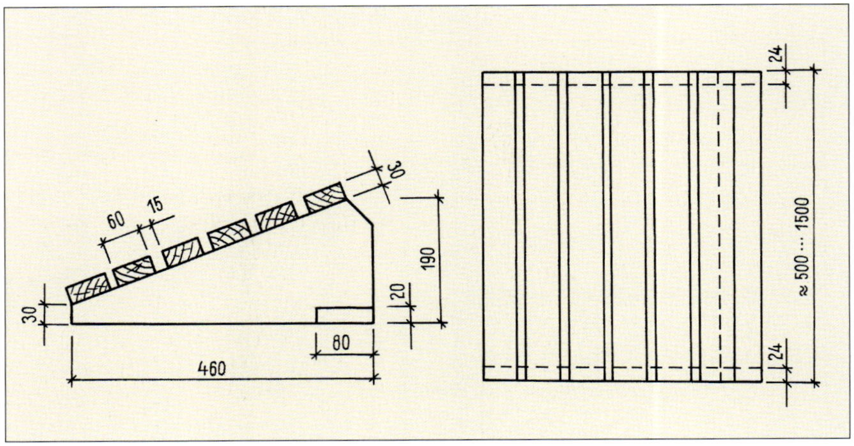

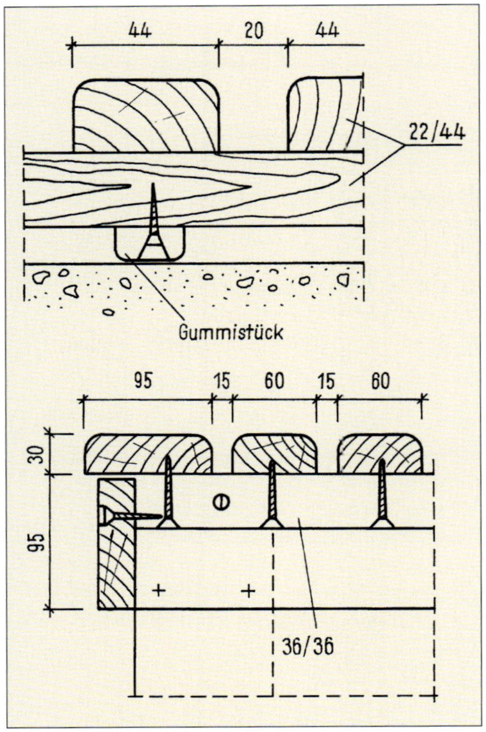

Bild 10.20 Leistenbefestigung an Sitzstufen und Laufrost (bei stärkerer Unterkonstruktion Nebenleiste 36/36 angeschraubt zur Befestigung der Sitzlatten)

verhindern, Gummiknöpfe angeschraubt werden (Bild 10.20). Die Roste sollten nicht größer als in Bild 10.18 gezeigt hergestellt werden, damit sie ohne Schwierigkeiten zur Reinigung herausgenommen werden können.

In öffentlich genutzten Anlagen haben sich **spezielle Kunststoffmatten**, die sich gut desinfizieren lassen bewährt. In diesen Anlagen könnte auf eine Laufmatte ganz verzichtet werden, da die Badenden nicht barfuss gehen, sondern Badepantoffel tragen müssen.
Die Bilder 10.19 und 10.20 zeigen Konstruktionsbeispiele für die **Einbaudetails** an Sitzstufen, Laufrost und Kopfstütze.

10.3 Saunatüren

Tür muss aus Sicherheitsgründen nach außen aufschlagen

Die Sauna erhält aus wärmetechnischen Gründen nur eine Tür, die aus Sicherheitsgründen nach außen aufschlagen muss und sowohl von innen als auch von außen leicht zu öffnen geht. Die Saunatür wird aus dem gleichem Holz gefertigt wie die Innenwandverkleidung, dabei sind die Ausführungen

Ausführungen

- ohne Rahmen
- mit Blendrahmen
- mit Zarge

die gebräuchlichsten. Die Türöffnung sollte dabei möglichst klein bemessen werden.
Durchgangsgröße: 560 bis 700 mm Breite, 1.800 bis 1.850 mm Höhe.
Um die Wärmeverluste so gering wie möglich zu halten, empfiehlt es sich, eine

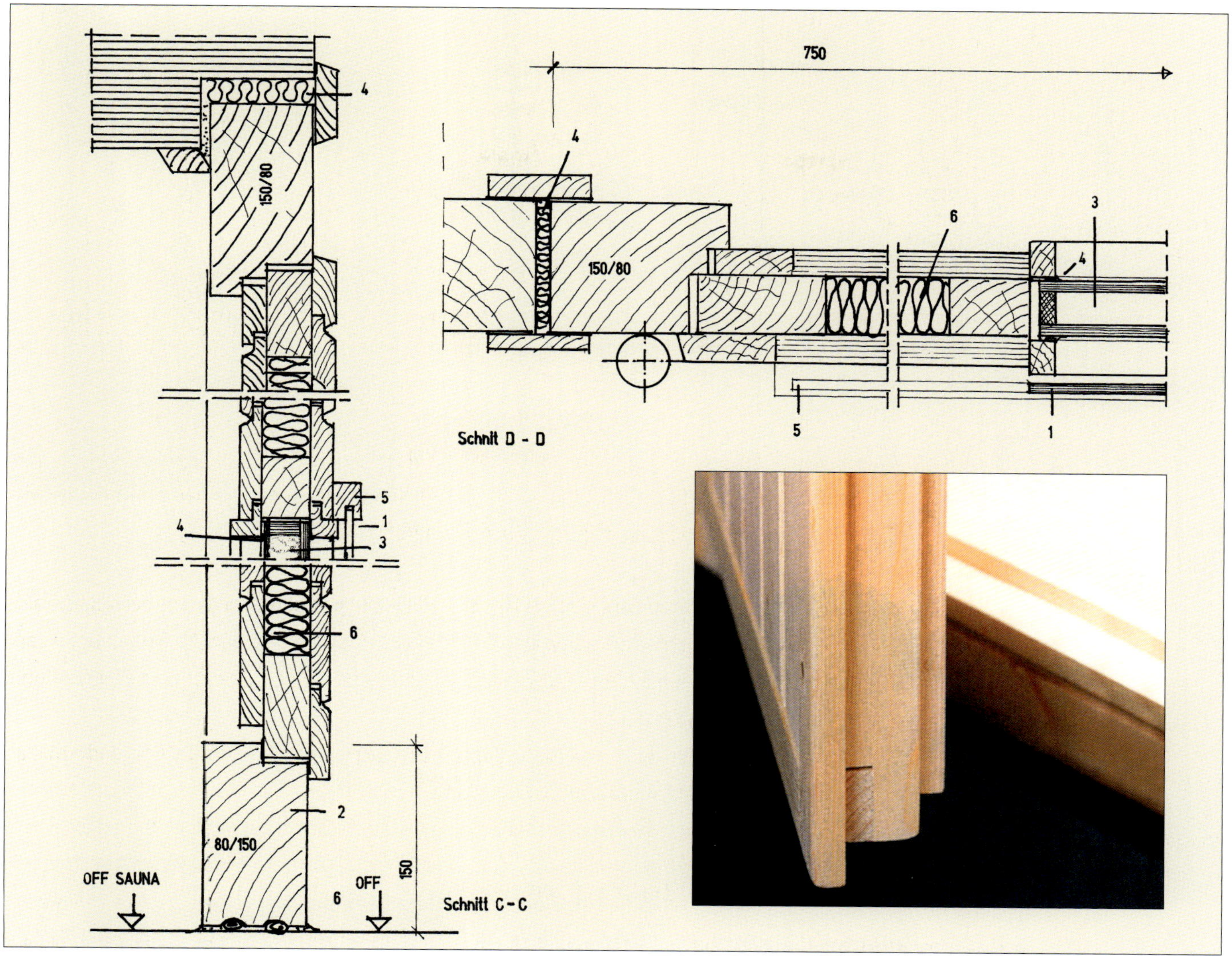

Bild 10.21 Blendrahmentür mit Wärmedämmung
a) Schnitt C – C
b) Schnitt D – D
1 Fensterschieber
2 Holzschwelle
3 Isoglas
4 Dichtung
5 Nutleiste 30/20,
6 Wärmedämmung
c) fachgerecht isolierte Tür mit Doppelfalz und Schwelle
Werkfoto: weka Holzbau GmbH, Neubrandenburg

Schwelle von 150 bis 200 mm Höhe anzuordnen. Diese Ausbildung hat sich in den finnischen Saunen bewährt, da die Schwelle eine **»Stolperschwelle« für die Luft** ist und verhindert, dass beim Öffnen der Tür die einströmende Kaltluft abgelenkt wird. Die aufgedoppelte Tür mit innenliegender Wärmedämmung hat sich als sehr günstig erwiesen.

Die Bilder 10.21.a bis 10.21.c zeigen ein **Beispiel** einer Blendrahmentür mit Wärmedämmung.

Beim Türeinbau ist darauf zu achten, dass Undichtigkeiten in der Konstruktion vermieden werden, damit nicht kalte Neben- und Zugluft das Saunaklima stören.

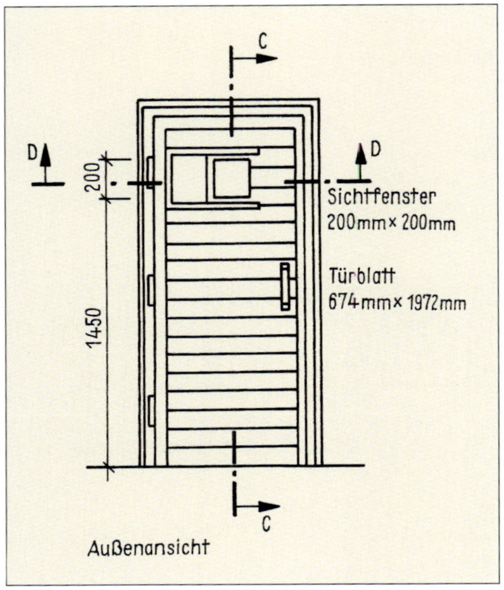

Bild 10.22 *Saunatür – Außenansicht mit Sichtfenster*

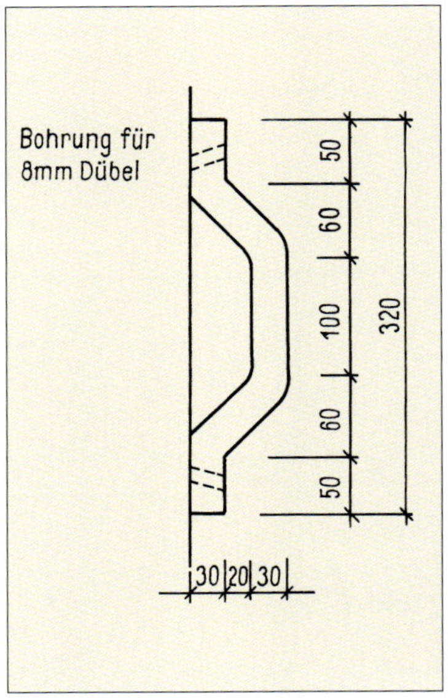

Bild 10.23 *Türgriff für Saunatür*

Bild 10.24 *Türgriff aus einem Aststück, Foto: Höckert*

Türbeschläge

Die Türbeschläge bestehen aus handelsüblichen Bändern, einem Schnappschloss oder Magnetverschluss und Türgriffen aus Holz (ein gebogenes Aststück, welches mit beiden Enden an die Tür geschraubt wird, oder Türgriffe wie auf den Bildern 10.23, 10.24 und 12.14 dargestellt) – keine Drückergarnituren – und Einsteckschlösser wie in Wohnungstüren.

Abbildung 12.13 (Seite 195) zeigt einen hydraulischen Türverschluss, der an der Oberseite der Tür befestigt wird und wohl die beste Schließfunktion bietet. Ein in Finnland über Jahrzehnte erprobter Verschlussmechanismus auch bei Krankenhaustüren (Angebot: Tylö, Klaus Schlenker GmbH).

Sichtfenster

Für jede größere Sauna ist in der Tür ein Sichtfenster, 200 x 200 mm, in einer mittleren Höhe von 1.450 mm über OK Fußboden zur Überwachung der Badenden erforderlich. Das Fenster kann von außen durch einen Holzschieber verschlossen werden (Bild 10.22).

Modeerscheinung

Eine unschöne Modeerscheinung ist die Ganzglastür oder die Tür mit großer Scheibe in der Saunakabine. Die Kabine, in der der Badende – gelöst von allen Lasten und entspannt – das Saunabad genießen will, wird damit zum »Schaukasten« und der Badende in all seinem Tun ist so den Beobachtungen der anderen Badegäste ausgesetzt und muss sich »zur Schau« stellen. Deshalb ist das kleine Beobachtungsfenster für die Aufsichtsperson ausreichend, aber auch erforderlich. Eine große Glasscheibe heizt sich stärker auf als das Holz der Kabine und somit ist wieder eine Strahlungsfläche mehr in der Kabine vorhanden, die durch ungewünschte Strahlung das Saunaklima beeinträchtigt.

10.4 Saunafenster

Es ist nicht unbedingt erforderlich, die Saunakabine durch Tageslicht auszuleuchten oder die Sicht nach außen zu ermöglichen, es sei denn, die frei stehende Anlage liegt landschaftlich so gut, dass der Blick über die Landschaft einen beruhigenden, entspannenden und damit therapeutischen Effekt hat.

wärmetechnische Schwachstelle

Das Fenster stellt eine Schwachstelle in der gesamten wärmetechnischen Gestaltung der Saunakabine dar und bringt wie die Glastür eine ungewünschte Strahlungsfläche in die Kabine.

Im Vergleich zu den wärmetechnischen Sonderausführungen der Saunawand ist das Fenster bis zu 12 mal so wärmedurchlässig.

beim Fenstereinbau beachten

Wird vom Nutzer dennoch ein Fenster gewünscht, ist beim Einbau folgendes zu beachten:

- Die Oberkante des Fensters liegt in Höhe der oberen Sitzbank oder nur wenig darüber.
- Die Fensteröffnung ist so klein wie gestalterisch möglich zu halten (Wärmeverluste).
- Das Fenster sollte bündig mit der Innenverschalung eingebaut werden. Statt des Fensterbrettes wird eine Deckleiste angebracht.
- Nur Holzfenster verwenden. Auf keinen Fall Metall-, Kunststoff-, Alu- oder Holz-Alu-Fenster einsetzen!
- Die Fenster werden im Saunaraum durch einen Fensterladen geschlossen (konstruktiver Aufbau wie die Saunatür).
- Besondere Beachtung erfordert die Wärmedämmung der Fensterleibung (Schwitzwasserbildung).

Fenstertunnel/Fensterladen

Beim Einbau einer Sauna in ein Massivgebäude kann das Doppelfenster des Massivgebäudes über einen Holztunnel mit der Saunakabine verbunden werden. In der Saunakabine wird der Fenstertunnel durch einen Fensterladen (Bild 10.25) verschlossen, der aus einem beidseitig aufgedoppelten Rahmen mit Wärmedämmschicht besteht.

Bild 10.25 *Lüftungsfenster mit Verbindungstunnel zur Saunakabine*

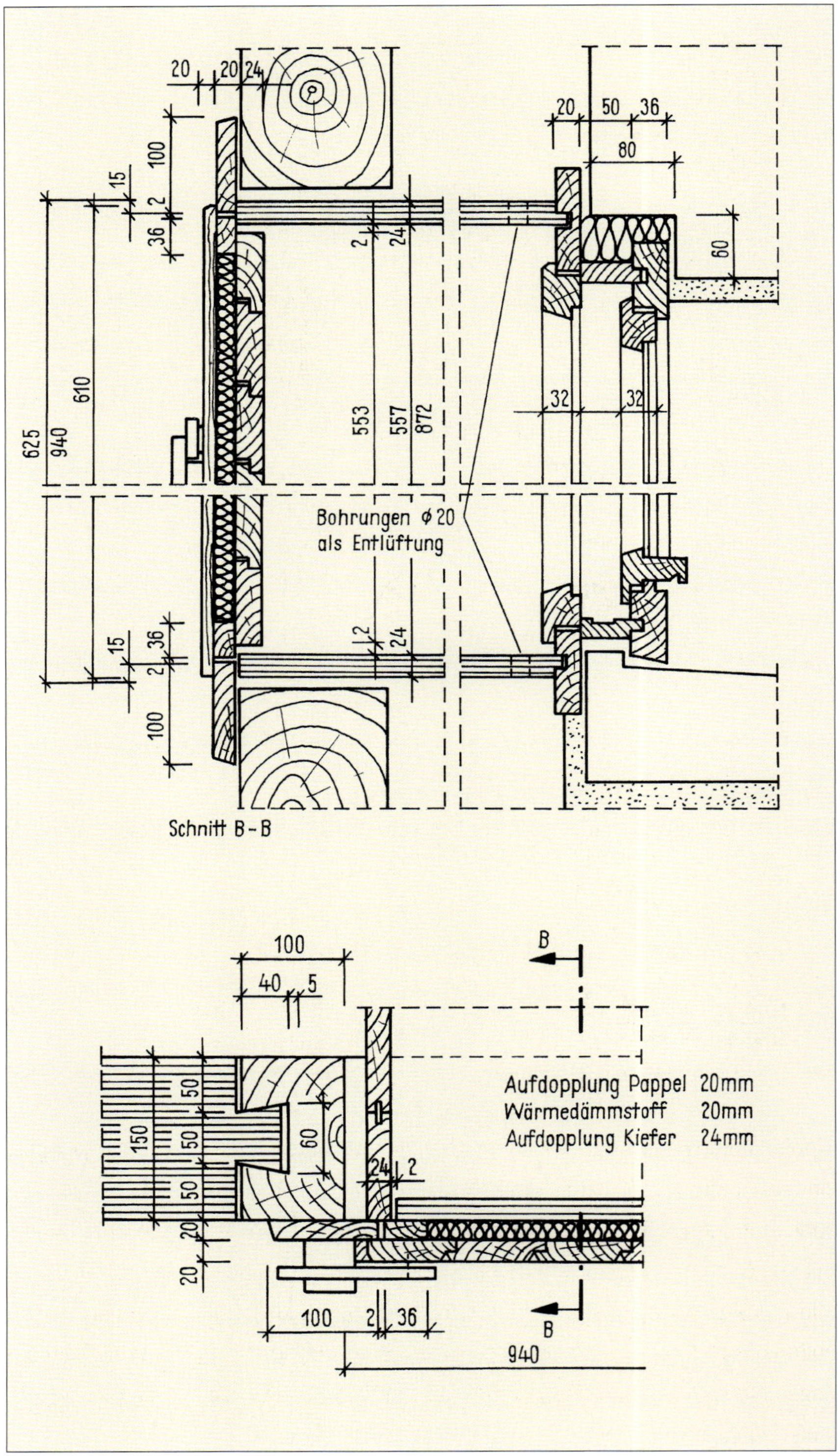

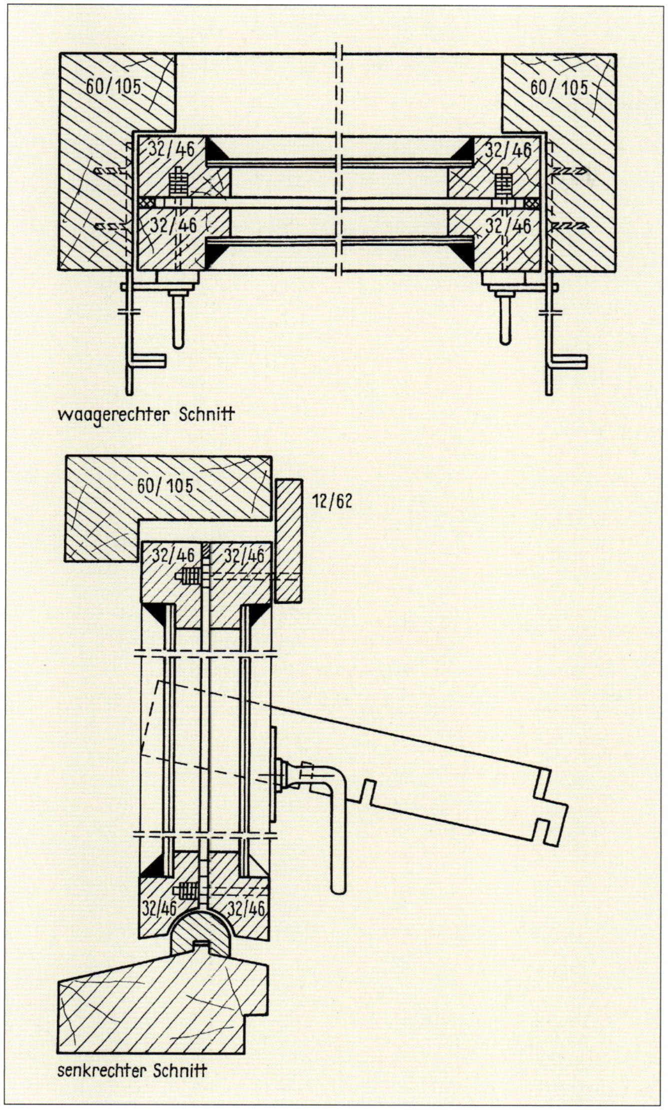

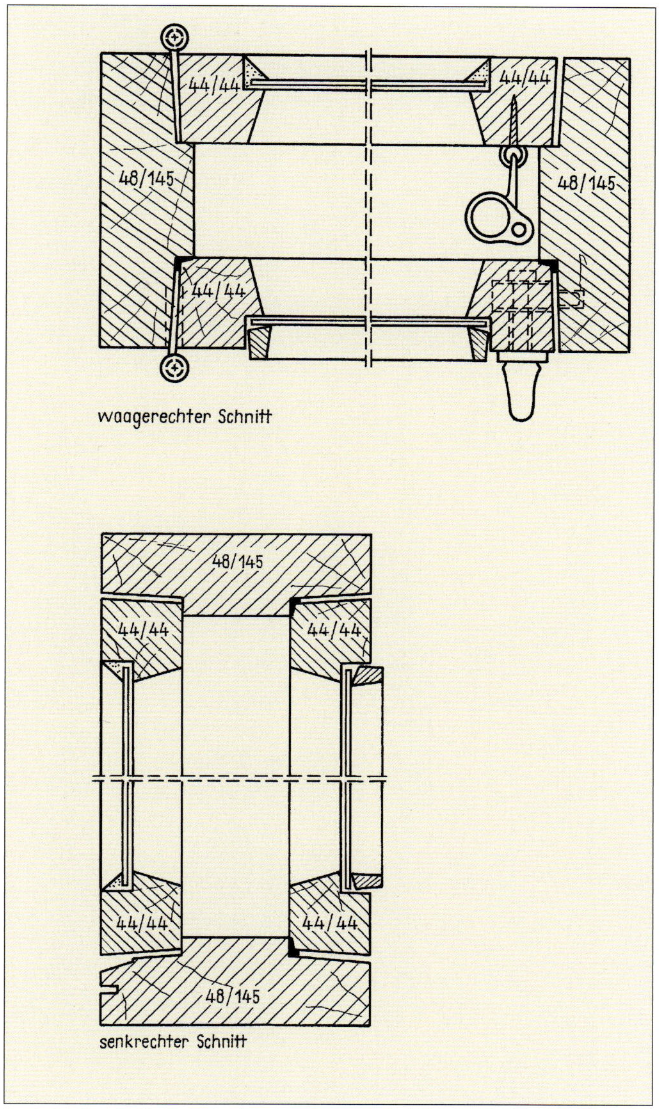

Bild 10.26 *Kippfenster als Verbundfenster mit Rundholz, drehbar gelagert*

Bild 10.27 *Doppelfenster mit nach außen und innen zu öffnenden Flügeln*

Kippfenster, die statt der Kippbänder auf einem halbrunden Holz drehbar gelagert sind, zeigt Bild 10.26. Der Doppelrahmen wird mit Gummi oder Baumwollstrick abgedichtet und verschraubt. Von außen werden auf jede Rahmenseite zwei Löcher mit von 5 mm ∅ gebohrt, um den Raum zwischen den Scheiben zu belüften.
Bild 10.27 zeigt ein Fenster, bei dem sich ein Flügel nach innen und ein Flügel nach außen öffnen lässt. Der innere Flügel ist mit Baumwollstrick (bzw. Gummidichtung) abgedichtet. Der äußere Flügel erhält zur Belüftung des Zwischenraumes eine umlaufende Fuge von 2 mm.

10.5 Lüftungsöffnungen im Saunaraum

Die **Be- und Entlüftung der Saunakabine** während des Badebetriebes ist sehr wesentlich für ein gesundes Saunaklima. Türen und Fenster sollten während des Badebetriebes nicht geöffnet werden, um einen größeren Wärmeverlust zu vermeiden. Die Luftzufuhr bzw. der Luftaustausch, der sich während des Betretens der Sauna ergibt, genügt nicht für den Badebetrieb.

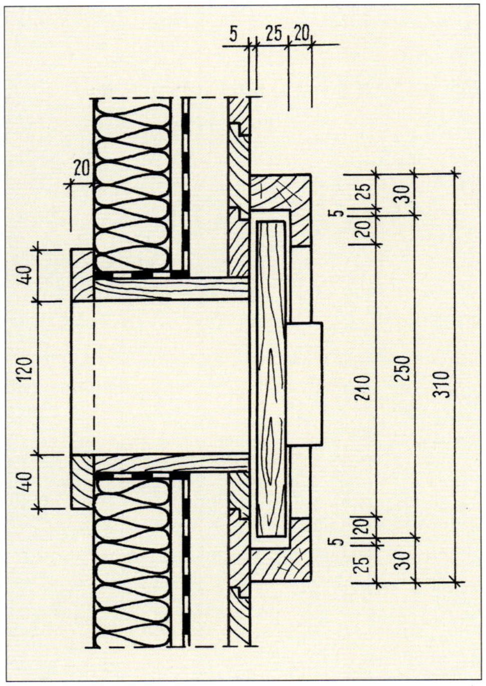

Bild 10.28 Luftklappe mit Schieber für die Saunakabine als Zu- und Abluftöffnung

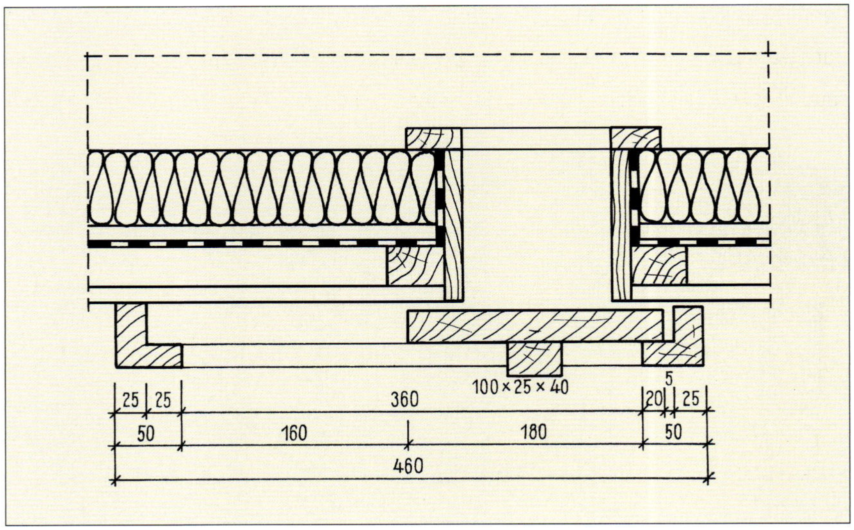

Die Be- und Entlüftung wird durch **Lüftungsöffnungen** erreicht, die manuell entsprechend der Benutzerzahl durch Schieber reguliert werden können.
Der Temperaturunterschied innerhalb und außerhalb der Saunakabine ermöglicht einen **Luftaustausch aufgrund der Schwerkraft**. Eine mechanische Be- und Entlüftung ist für die Sauna ungeeignet.

Tabelle 10.2 Lüftungsöffnungen in Beziehung zur Grundrissfläche

Größe der Saunakabine in m^2	Zuluftöffnung in cm^2	Abluftöffnung in cm^2
5,00	100	70
10,00	150	105
15,00	200	140
20,00	250	175

Für die Lüftung gelten folgende Grundregeln:

- Frischluftzufuhr unmittelbar am Ofen, besser darunter (Bild10.54, Seite 173)
- Die Entlüftung auf der gegenüberliegenden Seite der Ofenwand, etwa 800 mm unterhalb der Decke, jedoch mindestens 500 mm über OK Fußboden. Je tiefer die Entlüftungsöffnung liegt, um so geringer ist der Wärmeverlust.
- Die Abluftöffnung sollte das 0,7-fache der Zuluftfläche besitzen (Tabelle 10.2)
- Vermeidung von Zugluft, zulässige Luftgeschwindigkeit von $\leqq$ 0,2 m/s.
- Die Verschlussklappe der Zuluftöffnung ist außerhalb und die der Abluftöff-

nung innerhalb der Saunakabine vorzusehen (Bild 10.28). Der Rahmen des Schiebers wird auf die Holzverschalung mit versenkten Schrauben aufgeschraubt.

10.6 Wasserbecken

Zum Zwecke der Abkühlung während des Saunabades werden Wasserbecken in allen Arten und Formen, die in einer Größe und Wassertiefe ein Eintauchen des Badenden ermöglichen, genutzt. Es eigenen sich Teiche und Wasserbecken im Freien, Badewannen jeder Art, Holzzuber, große Fässer, Wasserbecken aus Beton als Tauchbecken sowie Bewegungs- und Schwimmbecken.

Eintauchen des Badenden ermöglichen

Bild 10.29 *Holztauchbecken mit Einstiegsleiter – nur für Familiensaunen zu verwenden – Werkfoto: Röger GmbH, Schwäbisch Hall*

Bild 10.30 *Fußwärmebecken im Abkühlraum frei angeordnet – Natur-Therme Templin, Foto: Höckert*

10.6.1 Teiche

Teiche werden so genutzt, wie sie die Natur anbietet. Um einen besseren Zugang zur entsprechenden Wassertiefe (1.200 mm) zu erhalten, empfiehlt es sich, einen Steg mit Steigleiter zum bequemen Ein- und Aussteigen zu bauen. Uferbepflanzung und Schilfgürtel bieten einen natürlichen Sichtschutz.

Steg mit Steigleiter

10.6.2 Wasserbecken im Freien

Künstlich angelegte Wasserbecken müssen eine **Eintauchtiefe von 1.100 bis 1.200 mm** garantieren, wenn sie in Verbindung mit der Sauna als Tauchbecken genutzt werden sollen.

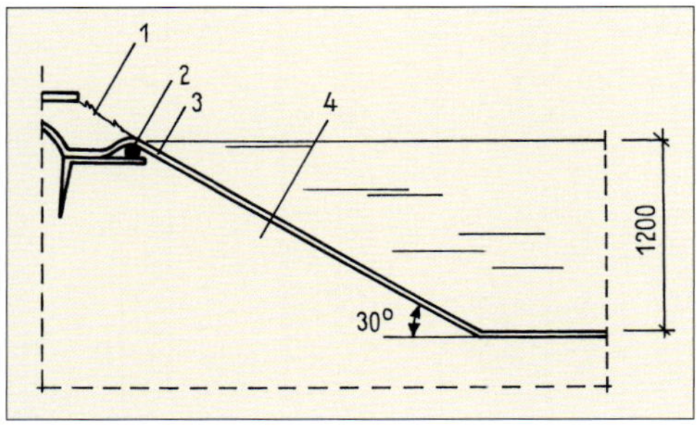

Bild 10.31 *Freilandbecken in einfachster Ausführung*
1 Rasenplatten
2 Rundholz
3 Lagen geklebter Teerpappe bzw. Teichfolie
4 anstehendes Erdreich

Die einfachste Lösung stellt das Freilandbecken mit Lehmdichtung (Bild 10.31) dar. Der Lehmgrund wird nach kräftigem Walken und Kneten schichtenweise aufgeworfen und geglättet. Die Natursteine werden in den Lehm eingebettet. Bei diesem Becken ist eine ständige Wasserfüllung erforderlich, da sonst der Lehm durch Austrocknen rissig und undicht wird.

Ein **einfaches Freilandbecken** kann durch im Handel erhältliche Teichfolie als Dichtung hergestellt werden (Bild 10.32). Hierbei sind die Bauanleitung für die Gar-

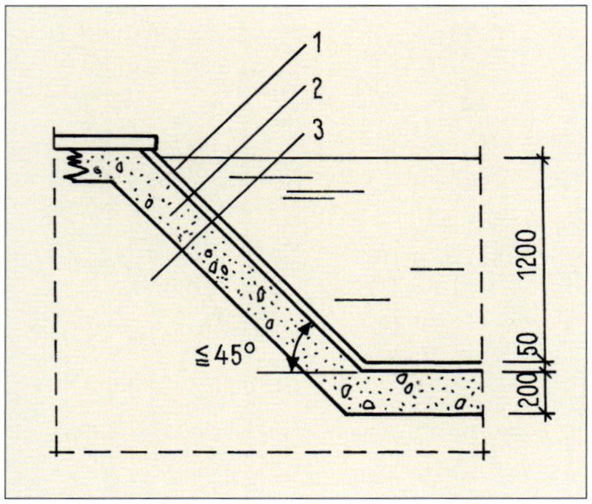

Bild 10.32 *Freilandbecken in einfacher Ausführung*
1 Steinplatten
2 Ton oder Lehm
3 anstehendes Erdreich

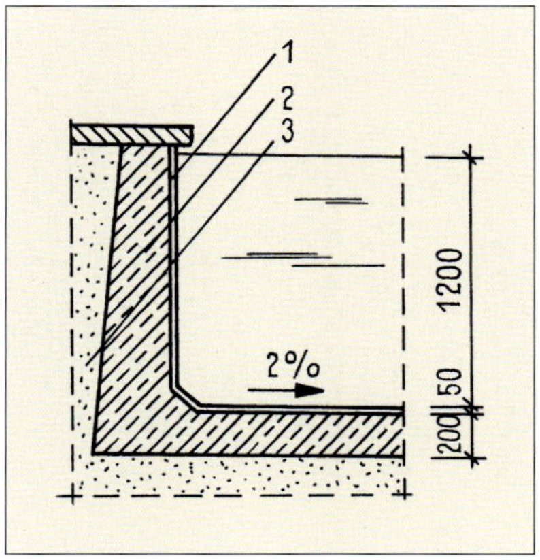

Bild 10.33 *Freilandbecken in Betonausführung*
1 Platten
2 Betonwand WU-Beton
3 Erdreich

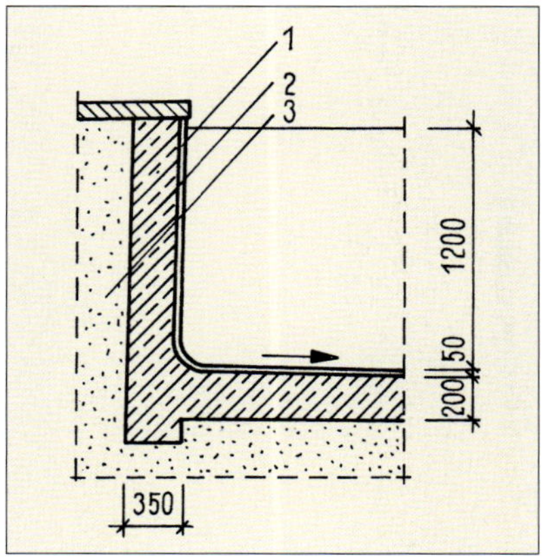

Bild 10.34 *Freilandbecken in Stahlbetonausführung*
1 Estrich oder Platten
2 Stahlbetonwand WU-Beton
3 Erdreich

tenteiche, die vom Folienhersteller gegeben werden zu beachten. Als Einstieg, da die Teichränder schräg sind, eignet sich eine schräge Leitertreppe.

massive Freilandbecken

Einen größeren Aufwand in der Herstellung und Pflege benötigen die massiven Freilandbecken aus Beton mit Plattenbelag (Bild 10.33). Der Beton ist gut zu verdichten und mit Dichtungszusatz zu versehen (WU-Beton). Diese Becken sind vor Frost zu schützen (entleeren und abdecken).

Pool

Durch den Handel werden eine Vielzahl von Schwimmbecken (Pool), die sich als Tauchbecken gut eignen, angeboten. Hier ist vom aufgestellten bis zum in das Erdreich eingebauten Becken über den Handel alles erhältlich und dabei der eigenen Phantasie keine Einschränkung geboten .

10.6.3 Holzzuber und Fässer

nur für Familiensaunen

Diese großen Holzgefäße haben eine Tauchtiefe, die ein Eintauchen gut ermöglicht. Durch ihre Holzwände sind sie kontaktfreundlich. Für Kleinsaunaanlagen bieten sie eine gute Ergänzung im Abkühlbereich.
Zuber sind lediglich für Familiensaunen statthaft; in öffentlich betriebenen Anlagen aber unzulässig.
Abbildung 10.35 zeigt eine Acryl-Wanne mit Holzverkleidung als Tauchbecken.

Bild 10.35 *Tauchbecken für Familiensauna, Acryl-Wanne mit äußerer Holzverkleidung*
Länge 1.520 mm
Breite 1.010 mm
Höhe 890 mm
Inhalt 350 Liter
Werkfoto: weka Holzbau GmbH, Neubrandenburg

10.6.4 Tauchbecken

Stahlbetonbecken mit Dichtungszusatz (WU-Beton)

In größeren Anlagen (von Gemeinschaftssaunen an aufwärts) werden häufig Tauchbecken aus Beton eingebaut. Sie erfordern größere Investitionen und umfangreiche konstruktive Aufwendungen. Diese Becken werden als Stahlbetonbecken mit Dichtungszusatz (WU-Beton), elastischen Dichtungsschichten und Fliesen bzw. Plattenverkleidung hergestellt.

Die Becken können verschieden zum Fußboden angeordnet sein:

- vollständig versenkte Becken (Bild 10.36)
- versenkte Becken mit Überstand (Bild 10.37)
- halbversenkte Becken (Bild 10.39)
- aufsitzende Becken (Bild 10.40, Größenordnungen siehe Abschnitt 5.2)

Universell nutzbar ist das halbversenkte Becken mit einer Beckenrandhöhe von 800 mm über OK Fußboden.

Die Becken werden mit einer Tiefe von 1.420 mm angelegt, so dass eine Wassertiefe von 1.200 mm erreicht werden kann.

Haltestangen, 1.100 mm über dem Beckenboden, bieten den Badenden sicheren Halt. Tauchbecken werden, um Platz im Abkühlraum zu sparen, in einer Ecke eingebaut. Die Armaturen werden an der nächstliegenden Wand oder auf dem Beckenrand angeordnet. Der Überlauf und der Leerlauf können durch ein Standrohr gekoppelt werden (Bild 10.38). Das Überlaufrohr wird zum Entleeren des Beckens herausgezogen, damit wird das Ablaufventil freigegeben.

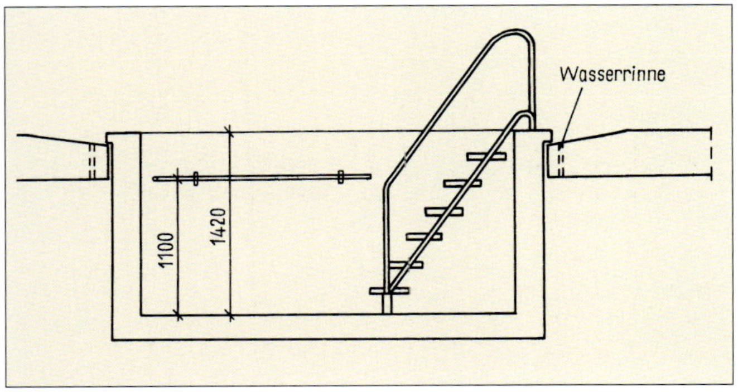

Bild 10.36 *Betonbecken, im Fußboden versenkt*
BEACHTE: lichte Höhe zwischen Beckenrand und Decke von mindestens 1.800 mm einhalten!

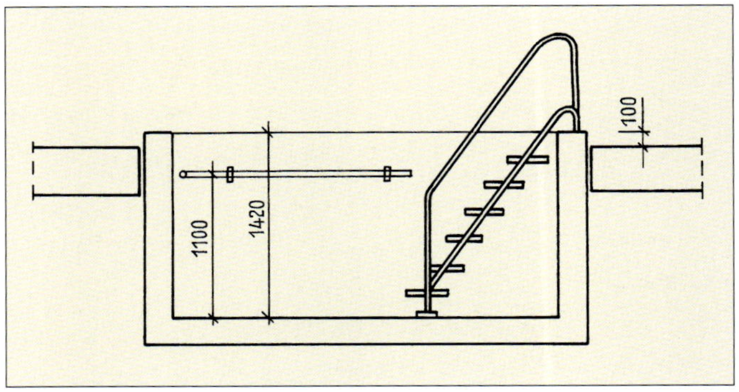

Bild 10.37 *Betonbecken, im Fußboden versenkt, mit Überstand*
BEACHTE: lichte Höhe zwischen Beckenrand und Decke von mindestens 1.800 mm einhalten!

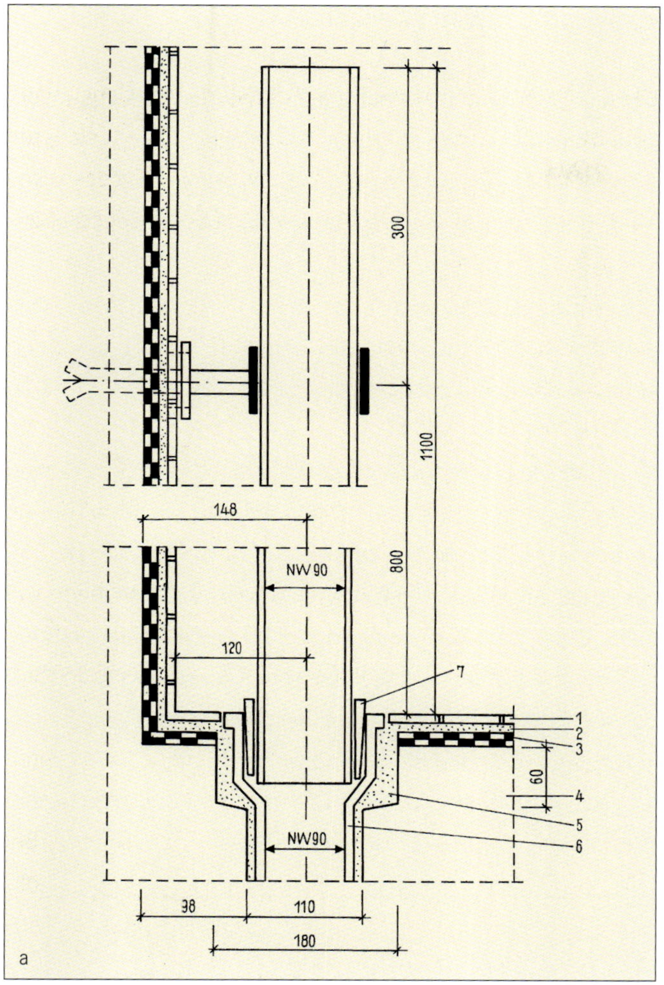

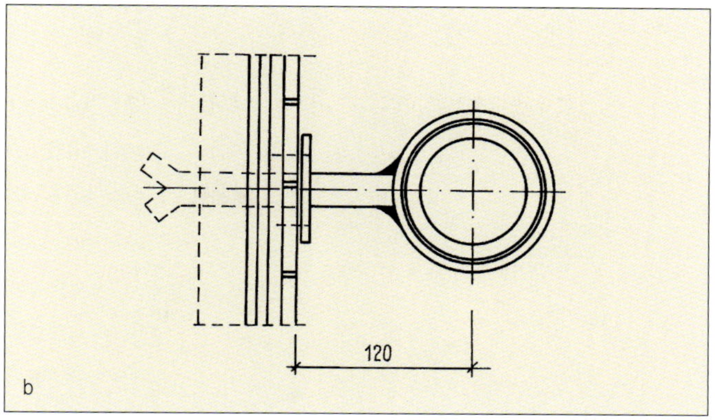

Bild 10.38 *Einfache Ausbildung des Überlaufrohres mit dem Entleerungsventil (Steckverbindung)*

a *Längsschnitt*

b *Draufsicht*

1 Fliesen

2 Mörtelbett bzw. wasserdichte Klebung

3 Dichtung

4 WU-Beton

5 Verguss

6 Rohr

7 konischer Gummi- oder Kunststoffring

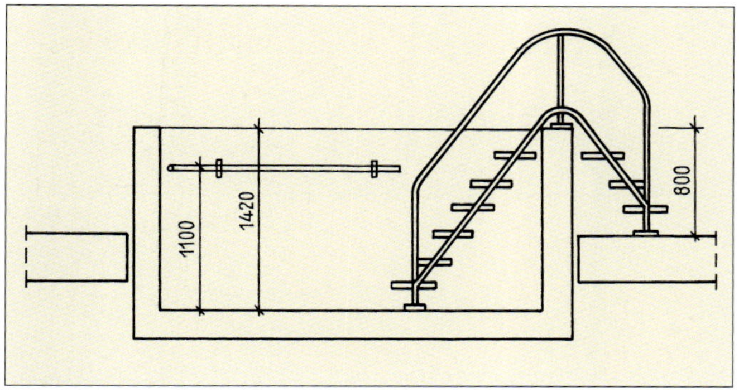

Bild 10.39 *Betonbecken, halb im Fußboden versenkt*
BEACHTE: lichte Höhe zwischen Beckenrand und Decke von mindestens 1.800 mm einhalten!

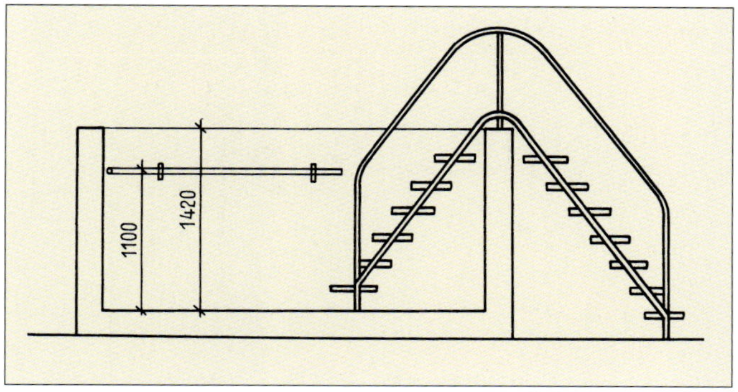

Bild 10.40 *Betonbecken, auf dem Fußboden aufsitzend*
BEACHTE: lichte Höhe zwischen Beckenrand und Decke von mindestens 1.800 mm einhalten!

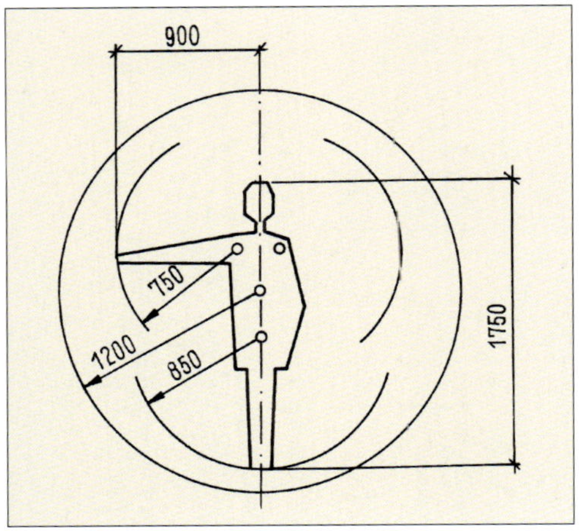

Bild 10.41 *Bewegungskreis*

10.6.5 Bewegungs- und Schwimmbecken

Um Bewegungen im Wasser ausführen zu können, benötigt man **großflächige Wasserbecken**. Die erforderliche Größe ergibt sich aus der Fläche, die ein sich bewegender Mensch benötigt. Der Bewegungskreis (Bild 10.41) mit einem Durchmesser von 2.400 mm wird zur Bemessung der nutzbaren Wasserfläche angesetzt.

So ergibt sich, dass ein Wasserbecken mit den Maßen 6 auf 10 m von 8 Personen genutzt werden kann (Bild 10.42). Die Tabelle am Bild 10.42 gibt für die unterschiedlichen **Beckengrößen** die **Nutzungskapazität** an.

Konstruktion

Die Becken werden in Stahlbeton unter Trennung vom übrigen Baukörper hergestellt. Dabei ist die Gründung je nach Baugrundverhältnissen zu berechnen, um ein ungleiches Setzen und damit ein Reißen des Beckenkörpers auszuschließen. Diese Becken werden wie große Schwimmbecken in Fußbodengleiche ausgeführt. Der Beckenrand ist so auszubilden, dass Formstücke der Überlaufrinne und deren Anschlussstücke für die Abläufe eingebaut werden können. Dehnungsfugen sind zwischen dem Anschluss der Beckenkonstruktion und der Geschossdecke unerlässlich. Hier sollten die Angebote von Spezialfirmen Anwendung finden.

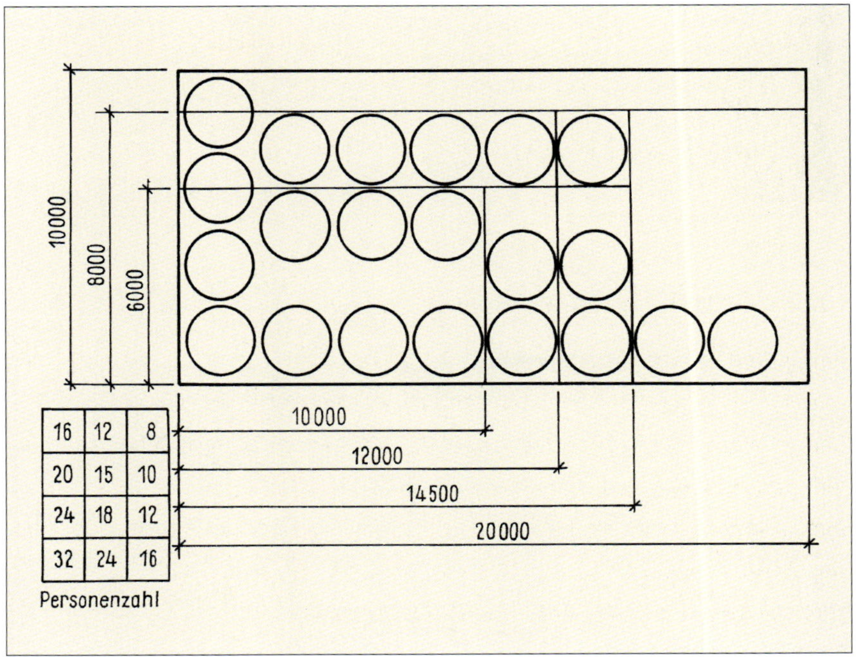

Bild 10.42 *Beckengrößen mit eingeschriebenem Bewegungskreis zur Bestimmung der Personenzahl*

Bild 10.43 *Abkühlbecken mit Übergang zum Außenbereich, Natur-Therme Templin, Foto: Höckert*

10.6.6 Becken der neuen Generation

Von vielen Fachbetrieben werden die unterschiedlichsten Tauchbecken und Schwimmbecken – Pools – in den unterschiedlichsten Größen, Formen und Ausführungsarten komplett mit allen dazu gehörigen Wassertechniken und dem erforderlichen Zubehör angeboten.

Angebotspalette

Vom Folienbecken mit Stahl-Rahmen als Baukastensystem zum Selbstaufbau über Montagebecken bis zum Monobecken reicht die Angebotspalette der Firmen. Durch diese Firmen kann auch das für selbst gebaute Tauchbecken erforderliche Zubehör erworben werden.

10.6.7 Stufenanordnung für Tauchbecken

Treppenanlagen

Der Zugang zu Tauch- und Bewegungsbecken muss bequem und platzsparend sein. Treppenanlagen, wie sie in allgemeinen Schwimmbädern Anwendung finden (Bild 10.44), eignen sich nicht für den Saunabetrieb. Bei diesen Treppenanlagen muss sich der Badende hochziehen. Diese Bewegung kann älteren und schwächeren Badenden sowie Körperbehinderten nicht zugemutet und von ihnen oft auch nicht mehr bewältigt werden.

Ebenso sind die massiven Ausführungen (Bilder 10.45 und 10.46) ungünstig, da sie zuviel von dem angebotenen Beckeninhalt (Wasservolumen) in Anspruch nehmen. Eine **leichte Treppenanlage aus CrNi-Stahl**, verchromt oder Alu entspricht den

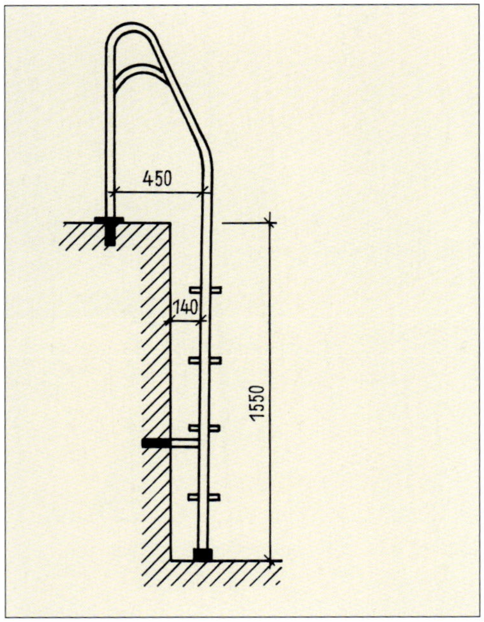

Bild 10.44 *Senkrechte Leiter, für Tauchbecken in Saunaanlagen nicht geeignet*

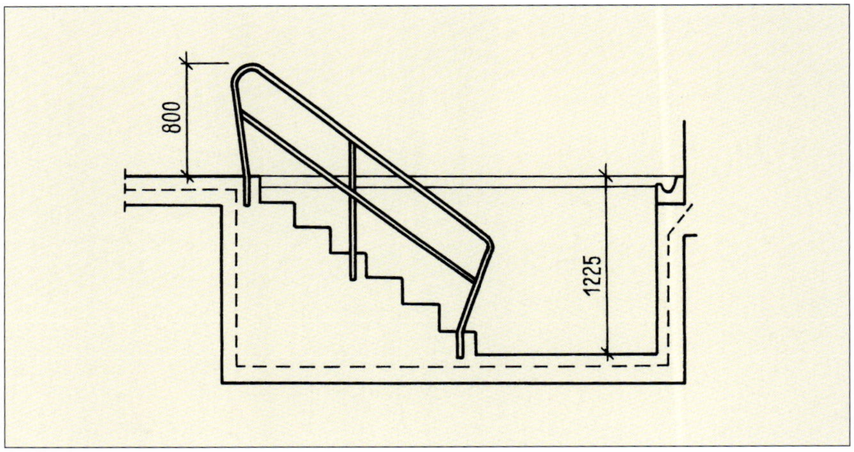

Bild 10.45 *Treppe mit Massivstufen, für Tauchbecken ungeeignet, zu hohe Wasserverdrängung*

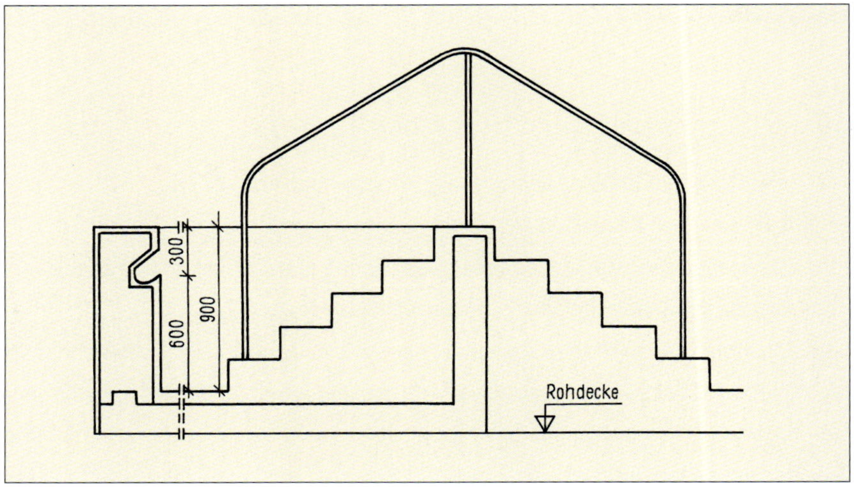

Bild 10.46 *Treppe mit Massivstufen, für ein aufsitzendes Becken – ungünstige Ausführung*

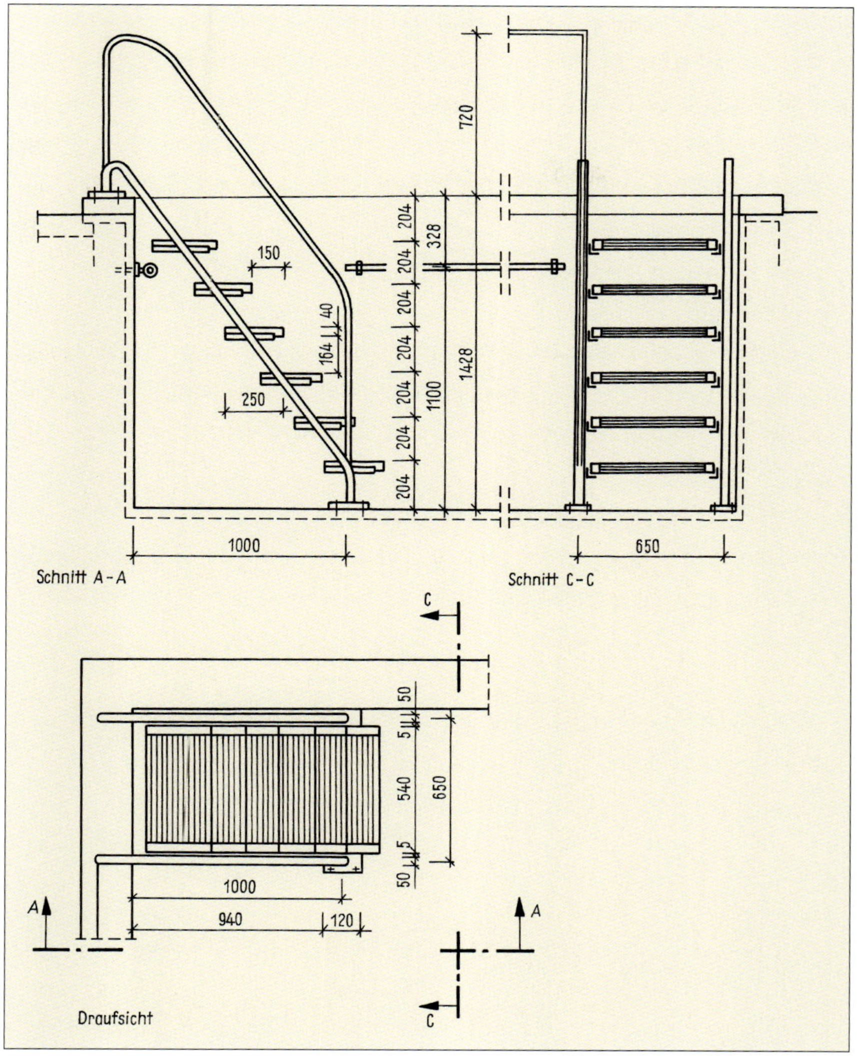

Bild 10.47 *Leichte Treppenausbildung, CrNi-Winkelstahl und Holzstufen*

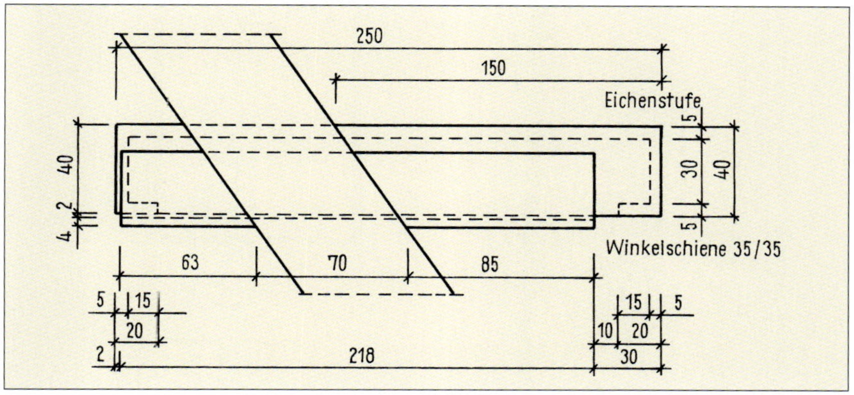

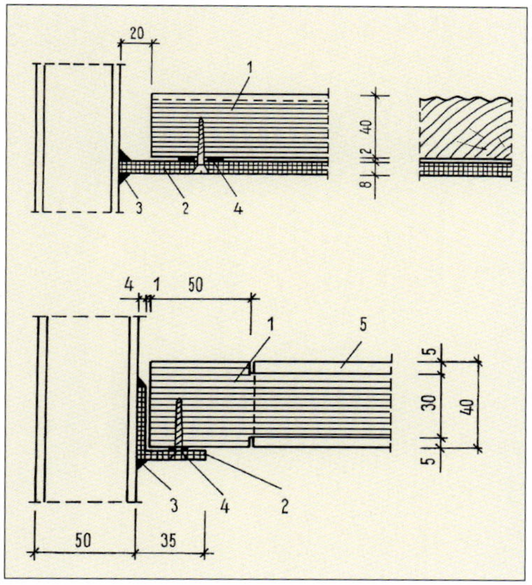

Bild 10.48 *Montage der Holztrittstufe mit dem CrNi-Rohr*

1 Trittstufe Eichenbohle

2 CrNi-Flachstahl

3 Schweißnaht

4 Unterlegscheibe, Hartgummi

Bild 10.49 *Befestigung der Holztrittstufe am CrNi-Rohr*

1 Trittstufe Eichenbohle

2 Winkeleisen 35/35

3 Schweißnaht

4 Unterlegscheibe, Hartgummi

5 Gummibelag

gestellten Anforderungen am ehesten (Bild 10.47). Diese Anlage ist bequem begehbar und hat keine große Wasserverdrängung, ist leicht montierbar und verlangt geringe Wartung. Zur Aufnahme der Trittstufen (Eichenbohlen) werden Winkel- bzw. Flacheisen (CrNi-Stahl) an die Tragrohre geschweißt. Die Trittstufen sind geriffelt gearbeitet oder mit geriffeltem Gummi belegt (Bilder 10.48 und 10.49).

10.7 Duschen

Reinigungsdusche

Abkühldusche

Im Saunabau finden Duschen in zwei Ausführungen Verwendung: Als Reinigungsduschen mit Kalt- und Warmwasseranschluss im Reinigungsraum und als Abkühlduschen mit Kalt- und Warmwasseranschluss im Abkühlraum und im Freien.

weiche Dusche

Je nach Art der Wasserabgabe aus dem Auslasskopf werden weiche Duschen, wie Regenbrause, Staubbrause, Perlbrause und harte Duschen, wie Spritzstrahlbrause und Stachelbrause unterschieden. Die harten Duschen finden im Saunabau keine Anwendung.

Die Brauseköpfe wirken aufgrund dieser verschiedenen Wasseraustrittformen mehr oder weniger (durch Druck, verbunden mit wechselnder Kalt- und Warmwasserabgabe) beim Brausen hautreizend und massierend.

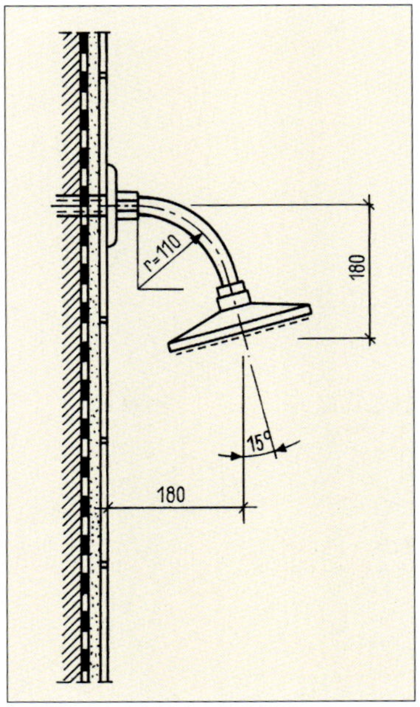

Bild 10.50 *Brausekopfanordnung im richtigem Neigungswinkel*

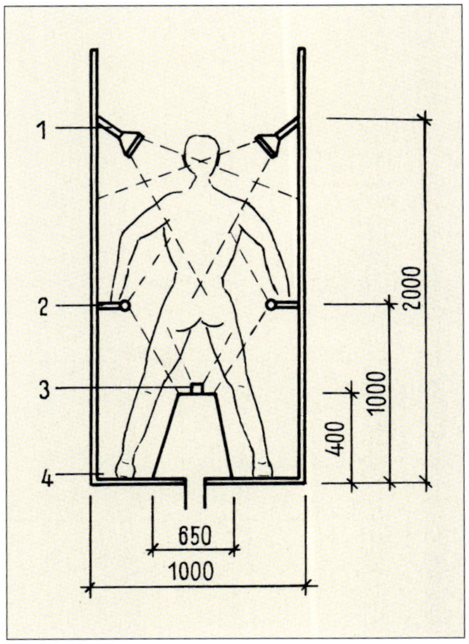

Bild 10.51 *Amerikanische Duschgasse*
1 Kopfbrause
2 Hüftbrause
3 Unterbrause
4 Fußbecken

Im Duschbereich werden die Wände mindestens bis zu einer Höhe von 2.397 mm über OK Fußboden besser noch bis zur Decke gefliest.
Reinigungsduschen sollten in Einzelkabinen eingeteilt werden, da hier eine Reinigung mit warmem Wasser und Seife erfolgt und eine Belästigung des Nachbarn ausgeschaltet werden muss. Abkühlduschen können frei vor der Wand bzw. der Kabine angeordnet werden.
Die Kombination von 5 Einzelduschen ermöglicht eine Ganzkörperdusche (amerikanische Duschgasse, Bild 10.51).

Eine gute Lösung stellt die in Bild 10.53 abgebildete in der Natur-Therme Templin eingebaute Schwall-Abkühlung dar. Der Schwenkeimer füllt sich nach Entleerung selbsttätig.

Bild 10.52 *Einzelduschen im Abkühlbereich, durch diese Anordnung keine gegenseitige Belästigung der Badenden, Natur-Therme Templin*

Bild 10.53 *Schwenkeimer als Schwalldusche im Abkühlbereich, der Eimer füllt sich selbsttätig Natur-Therme Templin, Foto: Höckert*

10.8 Ofenaufstellung

Aufstellungsort

Der Saunaofen steht vor der Wand, besser noch in einer Ecke der Saunakabine. Die Bilder 10.54 bis 10.57 zeigen verschiedene Möglichkeiten der Ausbildung der an den Ofen angrenzenden Wände.

Da der elektrische Saunaofen nicht nach den Seiten, sondern nur in Richtung der Decke strahlt, ist es nicht erforderlich, die angrenzenden Wände besonders gegen Strahlungswärme zu schützen.

Blechschürze an der Decke

Über dem Ofen wird im Deckenbereich eine Blechschürze angebracht. Dieses Blech unterstützt die Luftzirkulation der Warmluft, die aus dem Ofen zur Decke steigt und schützt die Decke über dem Ofen vor direkter Wärmeeinstrahlung.

Der Ofen kann auf einen Sockel gestellt werden, der Lufteintritt erfolgt von unten. Der Ofen wird mit einem Schutzgitter umgeben (Bilder 10.54 und 10.56).

Eine Verkleidung der Wand mit Hartbrandziegeln im Ofenbereich (Bilder 10.55 und 10.57) ist nicht vorteilhaft, da Steine sich hier aufheizen, Strahlungswärme abgeben und somit das Klima stören.

Ansonsten sind die Einbauvorschriften der Anbieter von Saunaöfen zu beachten.

Bild 10.54 Ofenschutzgitter – Saunazuluft unter dem Ofen
1 Ofenschutzgitter, 2 Blechschürze, 4 Zuluft

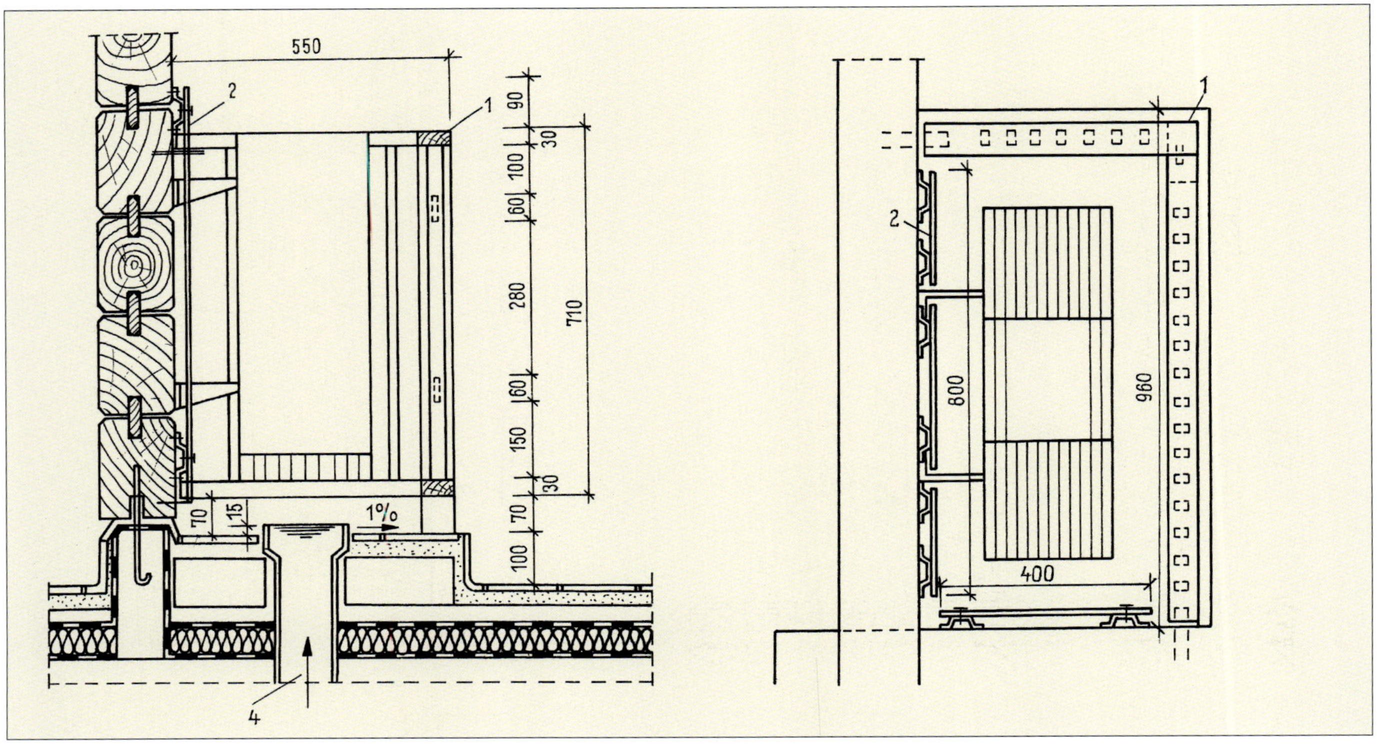

Bild 10.55 *Gemauerte Ofenecke für einen Feuerungsofen – Feuerungsöffnung außerhalb der Kabine – zu großer Steinanteil, dadurch zu hohe Wärmestrahlung in der Kabine*

Bild 10.56 *Ofenschutzgitter – Saunazuluft hinter dem Ofen*
1 Ofenschutzgitter, 2 Blechschürze 5 Zuluftschieber nach Bild 10.28

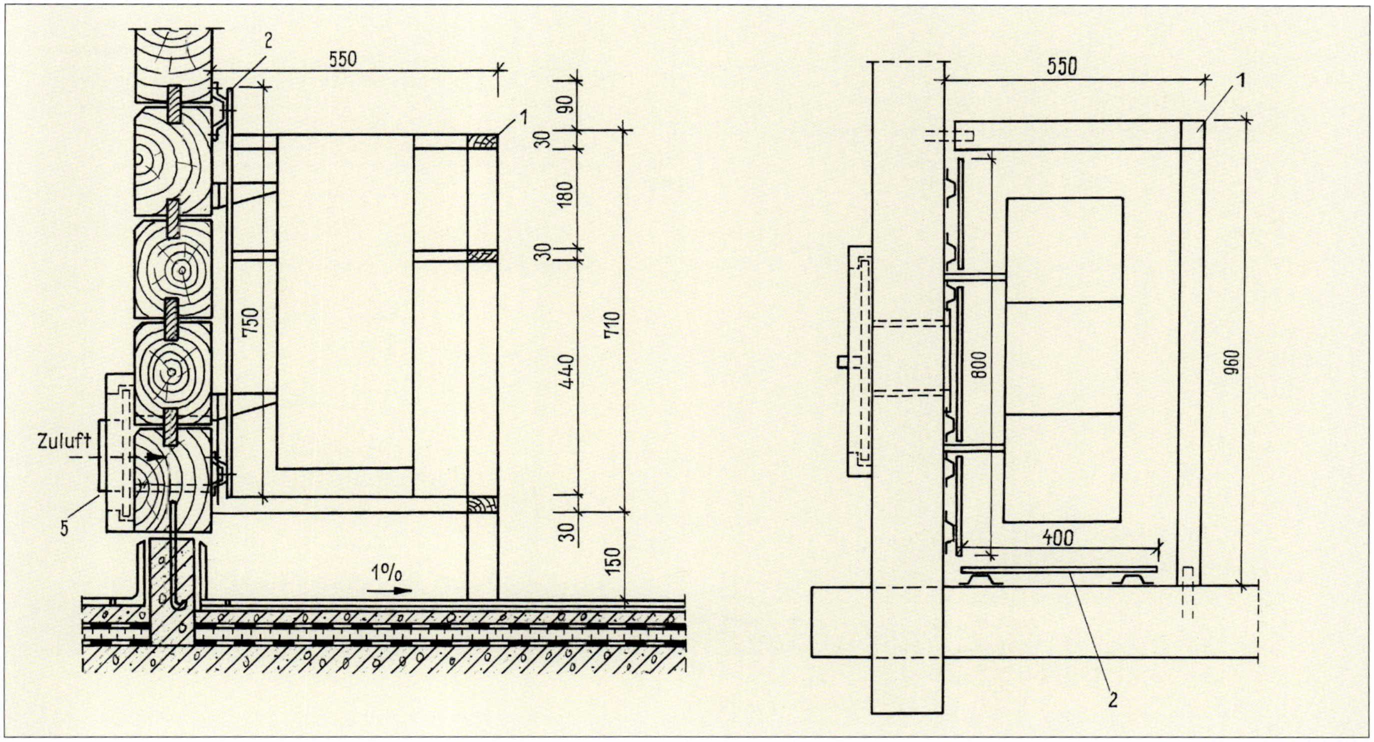

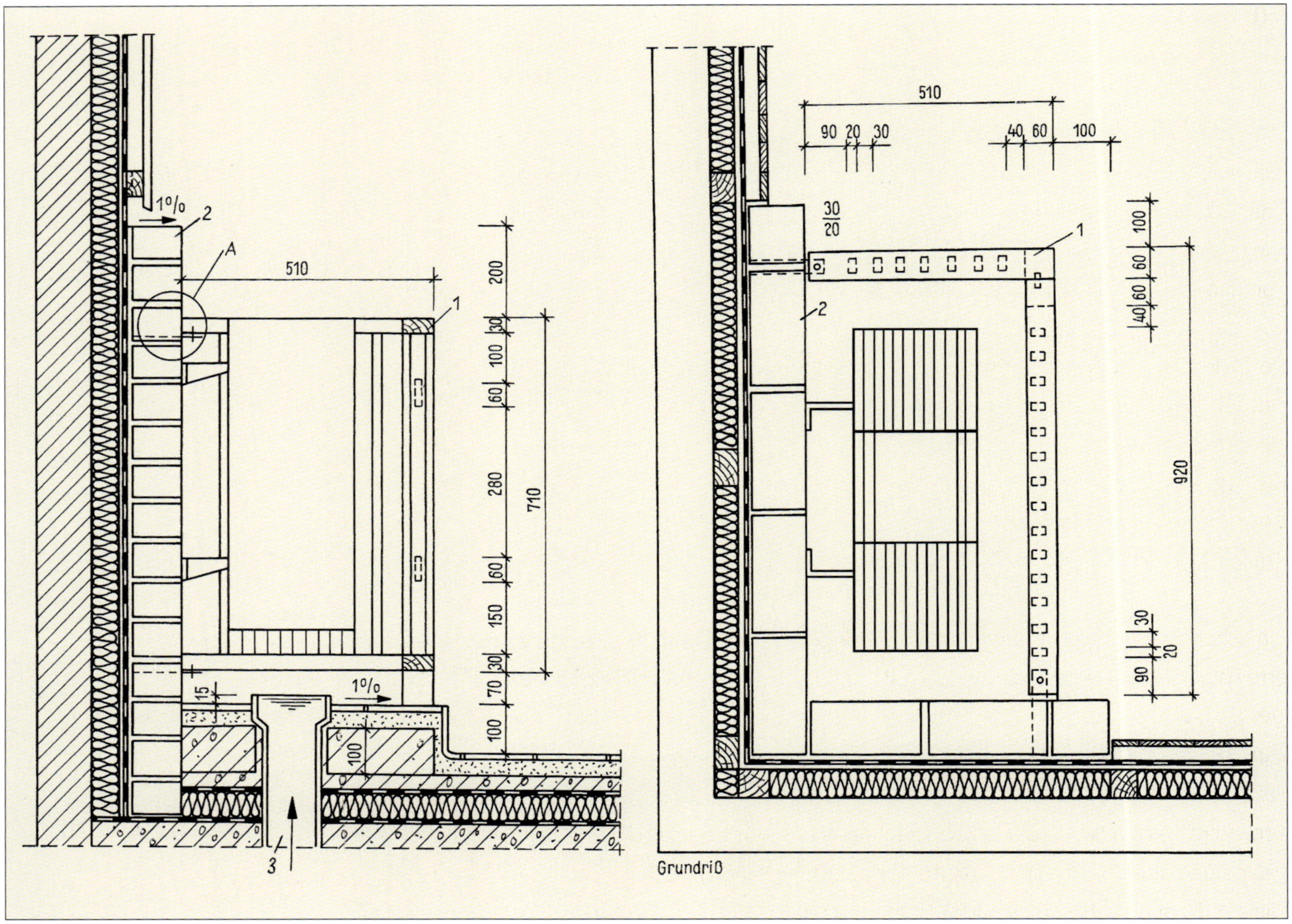

Bild 10.57 Ofenschutzgitter und Ziegelverkleidung der Wände im Ofenbereich – ungünstige Wirkung auf das Saunaklima

1 Ofenschutzgitter

2 Hartbrandziegel

3 Zuluft Steinzeugrohr

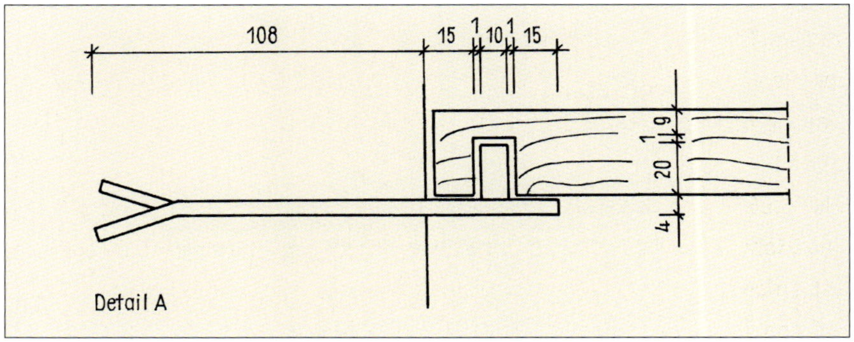

Bild 10.58 Befestigung des Ofenschutzgitters

10.9 Ausbaudetails – realisierte Einrichtungen und Angebote von Herstellern

Im Ausbau der Saunaanlagen gibt es eine breite Palette von Details, deren Gestaltung nicht vorgeschrieben werden kann, sondern der Phantasie und der Fertigkeit des einzelnen Bauherrn überlassen ist. Jeder Saunabauer, der sich bereits Erfahrungen im Saunabaden erworben hat, wird diese Details seinen Bedürfnissen entsprechend gestalten oder vom Handel erwerben.

So finden wir in der Praxis die unterschiedlichsten Ausführungen für die gleichen Details. Sie alle müssen jedoch die Bedingungen

- funktionsgerecht
- materialgerecht und
- saunaadäquat

erfüllen.

Ein sehr gutes Saunaklima wird durch die im Handel angebotenen Feuerungsöfen erreicht. Dabei sollte der erforderliche Feuerschutz in Ofennähe nicht übertrieben werden, sondern lediglich die Anforderungen erfüllt werden, die vom Ofenlieferant laut Zulassung für den Ofen gefordert werden. Ungünstig wirkt die im Bild 10.55 gezeigte gemauerte Ofenecke. Sie erfordert relativ viel Platz, wird oft mit einem angenehmen Kaminplatz verglichen, bringt jedoch zuviel Steinmaterial in die Saunakabine und stört so, durch die Abstrahlung der Steinwände bedingt, das Saunaklima – diese Ausführung kann ich nicht empfehlen.

Abstrahlung vermeiden

Ohne Tauchbecken ist eine Saunaanlage nie so ganz vollständig. Die Aufwändungen hierfür sind jedoch sehr groß und innerhalb der räumlichen Gegebenheiten oft nicht realisierbar. Ersatzlösungen für kleine Saunaanlagen können durch Badewannen, Fässer und Holzbottiche gebracht werden. Alle Holzgefäße haben gegenüber den Metallgefäßen den Vorteil, dass sie »kontaktwärmer« sind und die Berührung mit ihnen nicht als unangenehm empfunden wird.

Tauchbecken oder Holzbottich

Bild 10.59 zeigt ein ovales Tauchbecken aus Holz (Zuber) von 1.100 x 750 mm und einer Höhe von 1.000 mm mit Außenleiter und einer Sitzstufe innen sowie einer Ablaufvorrichtung. Der Zulauf des kalten Frischwassers erfolgt über ein 1/2" Auslaufventil mit Schlauchanschluss. Als Fußwärmbecken wird in Bild 12.8, Seite 193,

Fußwärmbecken

Bild 10.59 *Holzzuber als Tauchbecken mit Außenleiter und Trittstufe innen in einer Familiensauna*

Bild 10.60 *Dachschrägenanpassung einer Saunakabine – gute Anpassung an bauliche Gegebenheiten*
Werkfoto: Geiger, Kirchenheim/Teck

Bild 10.61 *Saunakabine mit Stabverbretterung – Ofenschutz in Kombination mit Fußstütze*

Bild 10.62 *Kabine mit einem in die Sitzbreiten eingebauten Ofen – untere Sitzbank verkürzt – Ofenschutz und Fußstütze in einem Stück*

Bild 10.63 *Sitzbänke aus breiten Weichholzbrettern in einfacher Sitzkonstruktion mit freier Untersicht*

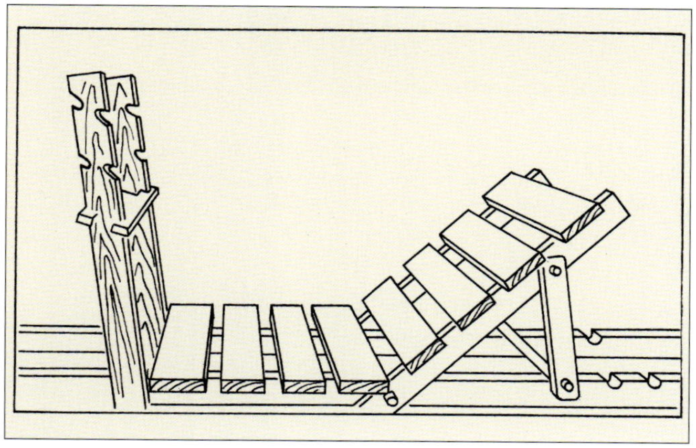

Bild 10.64 *Verstellbare Fuß- und Rückenstütze*

Bild 10.65 *Klappmechanismus an der Saunabank Werkfoto: Finnleo Sauna GmbH Knüllwald – Remsfeld*

Bild 10.66 *Saunatüren*

a Saunatür mit Isolierglasfenster, Sicherheitstürverschluss und Holz-Türgriffen

b Saunatür mit großem Isolierglasfenster, Exzenter-Türverschluss

c Saunatür mit rundem Fenster, Sicherheitstürverschluss und Holz-Türgriffplatte

Werkfoto: Röger GmbH, Schwäbisch Hall

Bild 10.67 *Saunaliegen*

a Standard-Liege

b Blockliege

c Körperform-Liege

d Standard-Liege mit Zwischen-Verblendung

e Pflegeleichte, verschiebbare Liege mit Arretierung

Werkfoto: Röger GmbH, Schwäbisch Hall

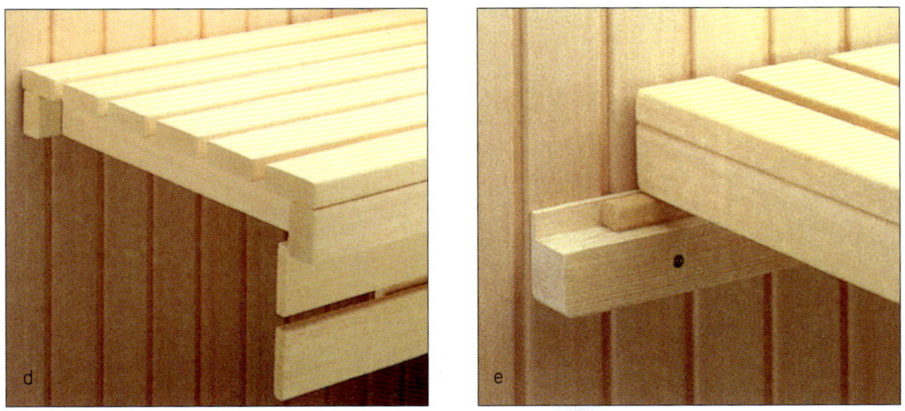

ein kleines Holzbecken verwendet. Diese Becken sind im Handel erhältlich, dürfen jedoch nur in privaten bzw. Familiensaunen verwendet werden. Sie sind in öffentlichen und gewerblich betriebenen Anlagen unzulässig.

Auch schräge Wände und Decken können in der Saunakabine verkraftet werden. Im Bild 10.60 wird dazu eine Lösung vorgestellt, in der ein Bodenraum mit seinen Dachschrägen zu einer sehr guten Familiensauna ausgebaut wurde.

Für die Gestaltung der Sitzbänke finden sich ebenfalls die unterschiedlichsten Beispiele in den ausgeführten Anlagen. Von der Lattenverkleidung der Sitzstufen in der gebräuchlichen Art (Bild 10.61) bis hin zu Sitzflächen aus breiten Brettern (Bild 10.63) sind alle Konstruktionsarten zu finden. Dabei ist bei der Sitzbank aus breiten Brettern Vorsicht geboten, denn nur einwandfreies, astloses, absolut harzfreies, weiches Holz kann hierfür verwendet werden. Dass sich diese breiten Bretter wer-

Bild 10.68 *Fenster zum Öffnen in Tür oder Wand*
Werkfoto: Röger GmbH, Schwäbisch Hall

Bild 10.69 *Große Saunakabine in Polarfichte mit liegefreundlichen, schiebbaren Bänken.*
Wenige Abstützungen erleichtern die Reinigung
Werkfoto: FINNJARK GmbH & Co.KG, Hamburg

fen, ist nicht zu verhindern. Aus diesem Grunde stellt diese Lösung eine für uns ungebräuchliche Konstruktion dar.

sinnvolle Lösungen für Fußstützen

Die Bilder 10.61 und 10.62 zeigen, wie die Fußstützen gleichzeitig als Schutzgeländer für die oberen Sitzstufen vor dem Ofen eingesetzt werden.
Bild 10.64 zeigt eine verstellbare Kopf- und eine ebenfalls verstellbare Fußstütze. Auch hier sind Schlitz, Zapfen und Holzdübel die geeigneten Verbindungselemente. Metallbolzen und Scharniere gehören nicht in den Saunaraum!

Saunakabine mit Vollglastür?

Eine unschöne Modeerscheinung ist die Vollglastür in der Saunakabine, da sie für das Saunaklima unerwünschte Strahlungseffekte mit sich bringt. Dieses Thema wurde bereits in Kapitel 10.4, speziell auf Seite 156 ausführlich besprochen. Es bleibt natürlich dem Bauherren überlassen, wie er sich entscheidet.

Auf jeden Fall gilt auch für öffentliche Saunen: Den Kontrollanforderungen der Aufsichtsperson wird man besser durch ein Sichtfenster gerecht und die negativen Begleiterscheinungen einer Vollglasfläche sind nicht gegeben.

Das Aufgießen von Wasser auf die Steine des Ofens ist eine so rein **alt-finnische Sitte**, dass es für diesen Vorgang zwar das beschreibende Wort »**Löyly**« gibt, aber in keiner anderen Sprache eine Übersetzung dafür.
Einer kurzen Definition der finnischen Sauna folgend – »... ein 80–100 °C heißer Raum, in dem die Luft hauptsächlich durch Steine erhitzt wird, und in dem die Luftfeuchtigkeit momentan erhöht werden kann, indem man Wasser auf die Steine schüttet ...« – ist der ursprüngliche Saunaofen ausschließlich aus Steinen gesetzt. Erst die industrielle Fertigung ersetzte diese Ofenform durch Öfen mit Blechmantel, die sehr stark strahlen und mit einer Handvoll Steine ausgestattet sind, die nicht mehr der Raumheizung sondern nur noch dem Aufguss dienen. Ist dies ein Zugeständnis an die industrielle Fertigung oder ein Missverständnis der Hersteller, da man die finnische Art des Saunabadens nicht wirklich kennt? Bedauerlich ist jedenfalls, dass sich mit diesen »modernen« Heizgeräten die weichen klimatischen Bedingungen der finnischen Sauna überhaupt nicht schaffen lassen.

der ursprüngliche Saunaofen

Das wichtigste Element der Sauna ist und bleibt dennoch der Saunaofen. Von seiner Konstruktion und der Art des Einbaus werden im Wesentlichen das Saunaklima und die Saunaart bestimmt.

Ofenbau nach zwei Prinzipien:

Ein Saunaofen kann nach **zwei verschiedenen Prinzipien** gebaut werden:

Dauerheizprinzip

1. nach dem **Dauerheizprinzip** – Ofen für fortlaufende oder ununterbrochene Beheizung (Öfen ohne Wärmespeicher)

Speicherprinzip

2. nach dem **Speicherprinzip** – Ofen für zeitweilige, unterbrochene Heizung (Öfen mit Wärmespeicher) z. B. Öfen, die mit ihren Steinen den Raum heizen.

Gleich, welche Heizart angewendet wird – der Ofen steht am günstigsten an einer Wandseite bzw. in einer Ecke der Saunakabine. Er muss gegen Berührung durch die Badenden mit Holzgittern abgegrenzt werden. Im Ofenbereich sind auf keinen Fall Materialien wie z. B. Steine, Metall oder Keramik als Strahlenschutz zu verwenden, diese Materialien heizen sich zu stark auf, bilden somit eine Belastung für die Badenden, und es wird eine für die Sauna die ungewünschte störende und unangenehme Wärmestrahlung erzeugt.

11.1 Öfen für fortlaufende oder unterbrochene Beheizung

Wärme stetig und direkt

Zu dieser Gruppe gehören alle Öfen, die ihre Wärme stetig und direkt an die Luft der Saunakabine abgeben. Der Ofen ist von kleinerer Bauart, und die Steinlage ist ebenfalls kleiner als bei Öfen mit unterbrochener Heizung. Die Steine haben nicht die Aufgabe der Wärmespeicherung, sondern sie dienen allein dem Wasseraufguss. Diese Öfen können mit beliebiger Art von Energie betrieben werden. Der bei weitem bekannteste Ofen aus dieser Gruppe ist der Elektroofen.

11.1.1 Elektro-Öfen

handelsüblich komplett ausgerüstet

Handelsüblich angeboten erhält man alle erforderlichen Größen, komplett ausgerüstet mit Steuer- und Schaltelementen, auch in sehr geringen Baugrößen. Die erforderlichen Leistungen – angegeben in kW/h – richten sich nach der Kabinengröße. Die Bilder 11.1 bis 11.5 zeigen eine kleine Auswahl von Firmenangeboten.

Bild 11.1 *EOS Saunaheizgerät, 6,0 bis 9,0 kW, in Stand- oder Wandvariante*
Werkfoto: EOS GmbH

Bild 11.2 *EOS Standofen, 9,0 bis 18,0 kW, mit Sichtfenster auf die glühenden Heizstäbe in der Heizphase*
Werkfoto: EOS GmbH

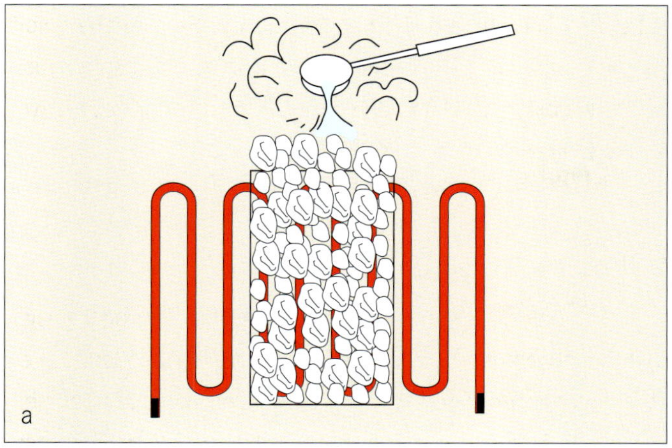

Bild 11.3a und b *Tylö-Saunaofen, unterschiedliche Baureihen: 2,2 – 20 kW als Stand- und Wandgerät komplett mit Steuergerät. Die Oberflächentemperatur an Front- und Seitenflächen übersteigt nicht 40°C. Ein Ofenschutzgitter ist nicht erforderlich.*
Links oben: Schema für den Aufguss
Werkfoto: Tylö, Klaus Schlenker GmbH, Stuhr b. Bremen

Bild 11.4 *Saunaofen »Euro« von weka, 3,3 bis 9,0 kW Leistung als Wandgerät mit dem entsprechenden Steuergerät*
Werkfoto: Bilder 11.4 und 11.5 weka Holzbau GmbH, Neubrandenburg

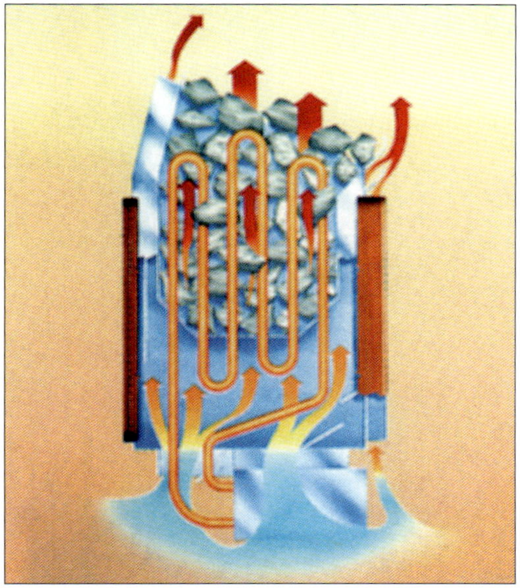

Bild 11.5 *Direktkontakt der Heizstäbe zu den Steinen, verlustlose Wärmeübertragung. Durch Zwischenstäbe optimaler Luftauftrieb und geringe Wärmestrahlung am Außenmantel*

11.1.2 Saunaofen mit Feuerungsraum

Abgasrohr

Feuerungsöfen werden vorwiegend mit Holz beheizt und sind mit einem Abgasrohr an einen Schornstein anzuschließen. Dabei ist dieses Rohr so kurz wie möglich zu halten, um die bereits als unerwünscht geschilderte Wärmestrahlung zu verhindern. Die Steine, die für den Aufguss benötigt werden, liegen vom Feuerungsraum getrennt. Die Steinmenge ist erheblich größer als bei Elektroöfen. Über die Steine erfolgt die Raumheizung. Der Ofenmantel ist bei einigen Anbietern nicht wärmegedämmt und gibt daher die Wärme direkt an den Raum ab. Der Ofen erzeugt Strahlungswärme, dadurch bedingt eine rasche Luftumwälzung und somit eine Minderung des guten Saunaklimas.

Steinmenge

Bild 11.6 *Ausgemauerter Saunaofen mit wärmeisolierter Blechverkleidung für fortlaufende Beheizung, durch die große Steinmenge auch als Speicherofen nutzbar*

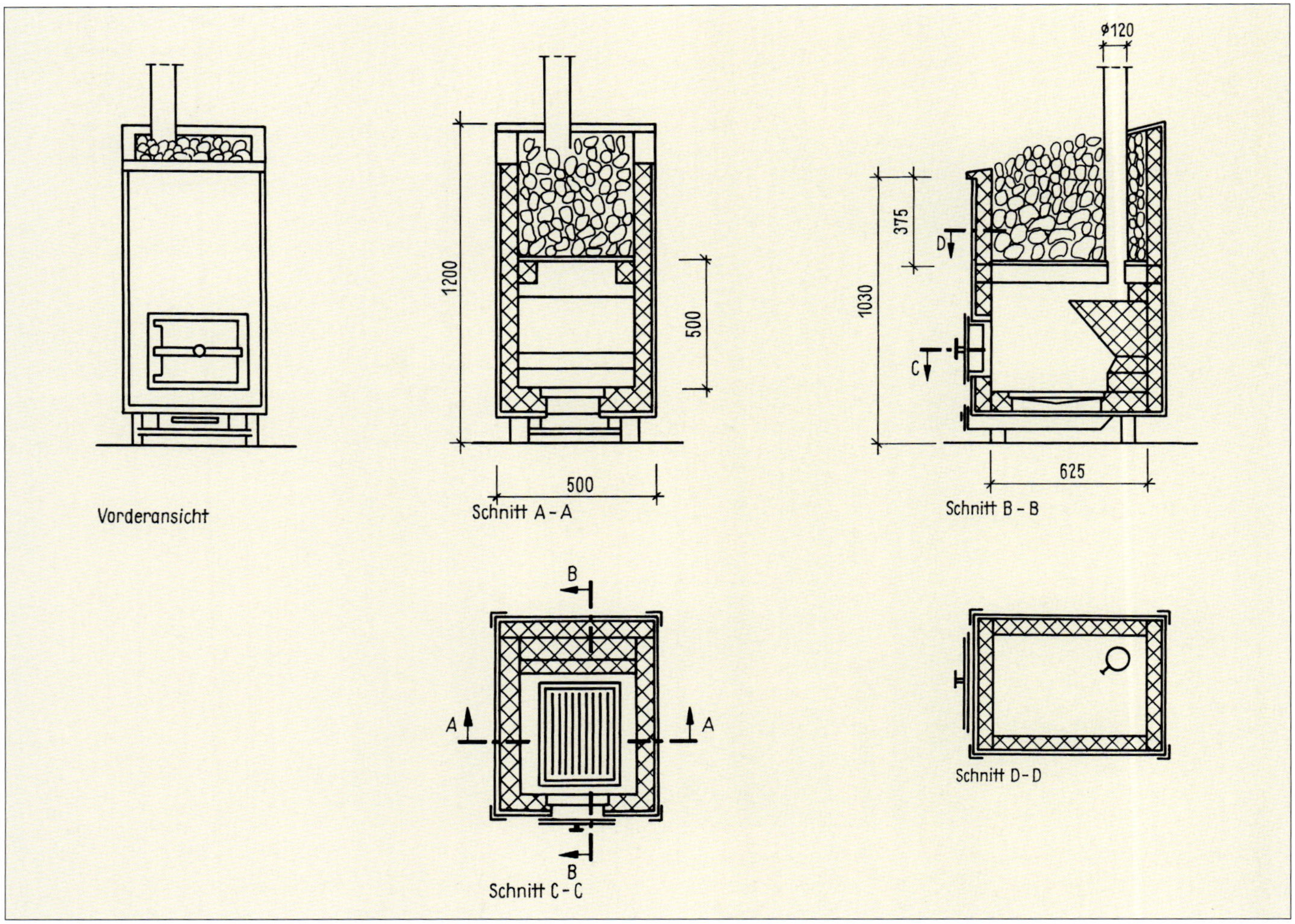

Eine Variante dieser Ofenart zeigt die Abbildung 11.6. Der Ofen ist mit starker Ausmauerung ausgerüstet. Die Steinlage ist so groß, wie bei Öfen für zeitweilig unterbrochene Heizung. Sie ist jedoch vom Feuerungsraum abgetrennt und wird nicht durchfeuert. Der Ofen ist somit für fortlaufende, ununterbrochene Beheizung ausgelegt. Über das Rauchrohr ist der Feuerraum direkt an den Schornstein angeschlossen. Der Ofen besitzt eine hohe Wärmespeicherkapazität und er ist sauberer, bedarf jedoch einer längeren Aufheizzeit vor Badebeginn, da Ofen und Steine erst auf Temperatur gebracht werden müssen, um ihre Wärme wiederum an den Raum abgeben zu können.

hohe Wärmespeicherkapazität

Die Öfen auf den Abbildungen 11.7 bis 11.10 zeigen gute Beispiele aus dem Handelsangebot.

Bild 11.7 *MIRVA – Saunaofen für Holzfeuerung, kontinuierlicher Betrieb, für Kabinen von 7 bis 15 m²*
Werkfoto: weka Holzbau GmbH, Neubrandenburg

Bild 11.8 *KOTA – Saunaofen für Holzfeuerung kontinuierlicher Betrieb mit größerer Steinmenge bis 65 kg für unterschiedliche Saunagrößen*
Werkfoto: H. H. Steinfeld, Witzhausen 11, Dohrenbach

Bild 11.9 *LAPPI – Saunaofen, Befeuerung außerhalb der Kabine möglich Werkfoto: H. H. Steinfeld, Witzhausen 11, Dohrenbach*

Bild 11.10 *LAPPI – Saunaofen für Holzfeuerung, kontinuierlicher Betrieb, Steinmenge ca. 40 kg für unterschiedliche Saunagrößen Werkfoto: H. H. Steinfeld, Witzhausen 11, Dohrenbach*

Der auf dieser Seite abgebildete Ofen kann auch **von außerhalb der Saunakabine beheizt werden**. Der Feuerungsschacht muss dann verlängert und durch die Wand geführt werden. Bei diesem Ofen kann auch Kohle bzw. Koks als Brennmaterial verwendet werden, da der Brennerraum abgeschlossen ist, und er keine Verbindung mit der Sauna besitzt. Die Variante der Beheizung des Ofens über einen Nebenraum ist im Handel nicht erhältlich, es ist eine Variante für den Heimwerker – dabei sind die Brandschutzbestimmungen zu beachten, und es ist die **Zustimmung des zuständigen Schornsteinfegermeisters** erforderlich. Das gilt übrigens generell für das Aufstellen von Feuerungsöfen.

11.2 Öfen für zeitweilig unterbrochene Heizung

Zu dieser Gruppe gehören alle Öfen bei denen die Steine durch **Holzfeuer** vor dem Saunabad bis zur Rotglut erhitzt werden. Die Steine liegen im geschlossenen Oberteil des Ofens auf einem Rost über der Feuerstelle. Der Rauch zieht durch die Steine hindurch in den Schornstein ab. Die Menge der Steine ist größer als bei den Öfen für fortlaufende Heizung, da hier die Steine die Wärmespeicherung übernehmen. Vor dem Badebeginn lässt man das Feuer ausgehen und schließt die Klappe zum Schornstein, damit kein Wärmeverlust entsteht. Die Dampfklappe im Oberteil des Ofens wird geöffnet. Die Steine können so die gespeicherte Wärme langsam an die Saunaraumluft abgeben. Dabei entsteht eine **langsame Luftumwälzung, die sich wohltuend auf das Saunaklima auswirkt**.

angepasste Luftumwälzung

Die **Aufstellung** dieser Öfen kann auf verschiedene Weise erfolgen:

- Der Ofen steht im Saunaraum an einer Wand mit Schornsteinanschluss.
  - Er wird vom Saunaraum aus befeuert.
  - Er wird über eine Verbindungsöffnung vom Nachbarraum aus befeuert.
- Der Ofen steht in der Mitte des Saunaraumes, das Rauchrohr wird durch die Decke geführt.

Hierbei sind die geltenden brandschutztechnischen Bestimmungen zu beachten. Die **bautechnische Abnahme erfolgt durch einen Schornsteinfegermeister**.
Die Aufstellung ist nur bei großen Saunakabinen möglich und gut.
Die Abbildungen 11.11 bis 11.13 zeigen als Beispiel einen sehr guten finnischen Ofen der Firma AITOKIJAS.

Abnahme durch Schornsteinfeger

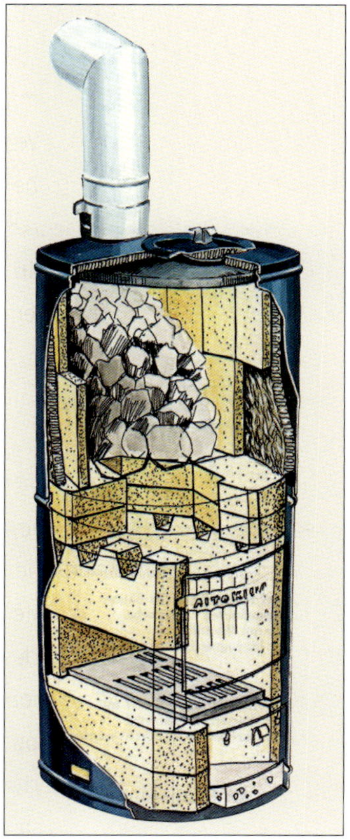

Bild 11.11 *Ofenquerschnitt des AITOKIUAS-Saunaofens für Holzfeuerung und unterbrochene Heizung mit großem Steinspeicher, wärmeisoliertem Außenmantel, Rauchrohrschieber und »Löyly«-Klappe. Die hitzebeständigen und hitzebewahrenden Peridotitsteine liegen im Ofen auf feuerfestem Schamott. Der Außenmantel ist mit Steinwolle und Schamottsteinen isoliert.*

Bild 11.12 *Rauchrohrschieber des AITOKIUAS-Saunaofens aus Gusseisen, wird beim Aufheizen herausgeschwenkt, der Rauchabzug ist geöffnet, bei Badebetrieb ist Rauchrohr geschlossen – kein Wärmeverlust.*

Bild 11.13 *»Löyly«-Klappe des AITOKIUAS-Saunaofens wird beim Baden geöffnet, heizt den Raum und gibt die Steine für den Aufguss frei. Bei diesem Ofen heizen nur die Steine den Raum.*
Werkfoto: Bild 11.12 und 11.13 H. H. Steinfeld, Witzhausen 11, Dohrenbach

Bild 11.14 *Schachtofen für Holzfeuerung für zeitweilig unterbrochene Heizung mit sehr großem Steinlager, langer Aufheizzeit und sehr langem Wärmespeichervermögen. Dieser Ofen ist auch für Rauchsaunabetrieb geeignet*

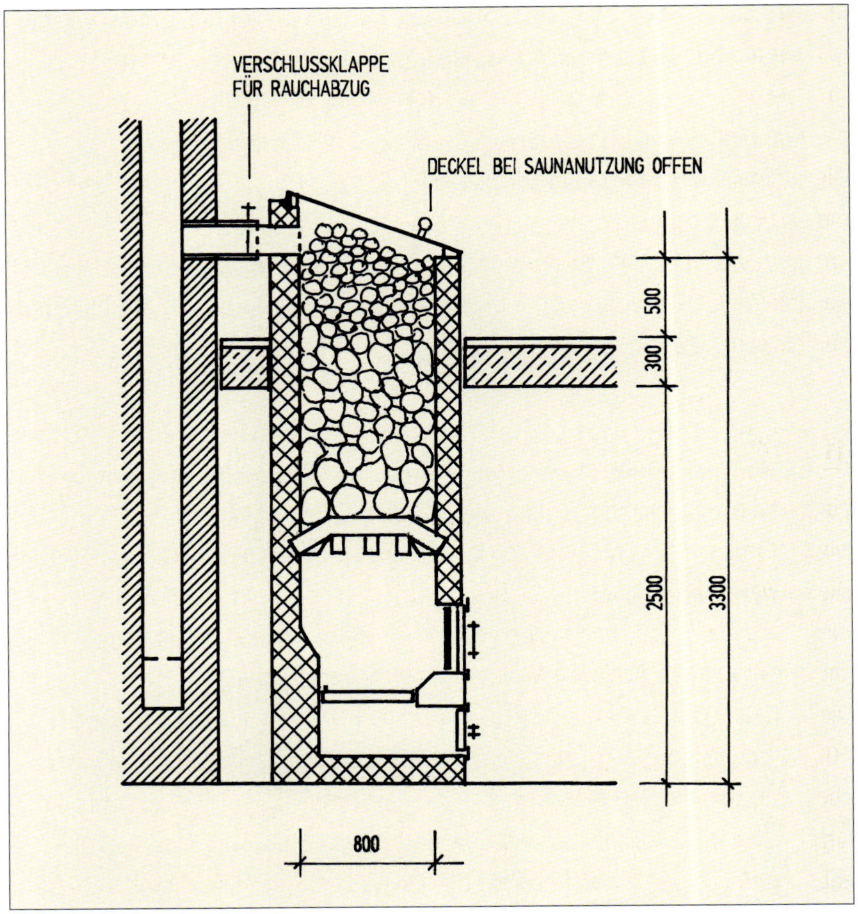

Eine Sonderform für große Sanakabinen ist der **Schachtofen** (Bild 11.14).

Sonderform Schachtofen

Ein gemauerter, mit Schamottesteinen ausgemauerter Schacht von 2 bis 3 m Länge und als Rundofen von ca. 80 cm Innendurchmesser oder Viereckschacht mit 70 bis 80 cm Seitenlänge wird im Raum unter der Sauna aufgemauert, durch die Decke geführt und ragt ca. 30 bis 50 cm in die Saunakabine. Der Schacht erhält in dieser Höhe den Schornsteinanschluss mit Rauchklappe und die Schachtabdeckung mit Öffnungsklappe.

Aufheizen bei Saunabetrieb

Der Feuerungsraum des Ofens wird im Raum unter der Sauna ausgebildet. Der Ofen wird vollständig mit Steinen gefüllt und mit Holz gefeuert. Beim Aufheizen wird der Schacht abgedeckt und die Rauchklappe am Schornstein geöffnet. Nach dem Aufheizen des Ofens und bei Saunabetrieb wird die Ofenabdeckung aufgeklappt oder ganz abgenommen. Der Ofen funktioniert dann

a) wie jeder andere Ofen für zeitweilig unterbrochene Heizung, wenn das Feuer vor der Saunanutzung gelöscht ist, oder
b) wie ein Ofen für eine Rauchsauna, wenn weiter gefeuert wird.

Dieser Ofen besitzt eine lange Aufheizzeit, bedingt durch die große Speichersteinmenge. Er hält dementsprechend auch die Wärme lange vor – ist also für den Dauerbetrieb geeignet. Mit diesem Ofen wird durch die große Steinmenge, die den Raum heizt und die langsame Luftzirkulation im Raum, das den alt-finnischen Saunen typische Saunaklima erreicht.

lange Aufheizzeit

langsame Luftzirkulation

11.3 Ofensteine

Eigentlicher Höhepunkt des Saunabades ist wohl der »**Löyly**« – der Dampfstoß. Er wird durch den Wasseraufguss auf erhitzte natürliche Steine erzeugt.
Die verwendeten Steine können sehr verschieden sein, je nachdem wie sie strukturell aufgebaut sind, und welche speziellen Eigenschaften sie zeigen, entsprechend den unterschiedlichen Mineralien, aus denen sie bestehen.
Die in Saunaöfen zur Anwendung kommenden Steine müssen hitzefest bis ca. 900 °C (rotglühend) sein, starke Temperaturwechsel aushalten, gute Wärmespeicher sein, dürfen keine Risse und Gefügeunregelmäßigkeiten haben und beim Erhitzen keine Gase abgeben. Aus diesem Grunde sind alle aus Silikatmineralien aufgebauten Steine mit annähernd runder Form als geeignet anzusehen z. B. Granite, Gneise, Diorite, Basalte und Quarzite.

Löyly – der Dampfstoß

Steine müssen bis ca. 900 °C hitzefest sein

Ungeeignet sind alle Kunst-, Sand- und Kalksteine, ferner alle Steine mit einem Gehalt an Bitumen und Sulfiden, weil sie rauchbildend sind und geruchsbelästigend wirken.

ungeeignete Steine

Tabelle 11.1 *Qualitätskriterien guter Saunasteine nach Int. Sauna-Arch. 7, Heft 3, 1990*

Vorteilhafte Eigenschaften	entsprechende Steinqualität
Frei von Verunreinigungen, die sonst schädliche Gase oder Stäube bilden	Steine, aus Silikaten oder Oxiden bestehend ohne Sulfide, Asbest oder Uran
große Wärmekapazität (spezifische Wärme) (besonders bei Einmalheizung)	dunkle und schwere Steine, besonders aus Olivin, Pyroxen, Eisen- und Chromoxiden bestehend
gute Wärmeleitfähigkeit (besonders bei elektrischen Saunaöfen)	dichte Steine ohne Porosität und Risse
geringe und gleichmäßig Wärmeausdehnung	gleichfarbige, wenig verschiedene Minerale enthaltende Steine
mechanisch beständig gegen Desintegration, witterungsbeständig	feinkörnige, aus zähen oder elastischen Mineralen bestehende Steine
chemische Beständigkeit (verwitterungsbeständig, Minerale zerfallen nicht chemisch)	Steine ohne Sulfide und Karbonate, besonders aus OH-haltigen Silikaten bestehend (z. B. Amphibole) und Oxiden

Hitzeprobe

Die so genannte Hitzeprobe kann über die Eignung für den Saunabetrieb entscheiden. Die Steine sind über Feuer stark zu erhitzen und dann in kaltes Wasser zu werfen. Wenn die Steine nicht springen und auch keine Risse zeigen sowie geruchfrei sind, können sie für den Saunaofen verwendet werden.

Olivinstein

Im Handel sind verschiedene Saunasteine erhältlich. Der aus Finnland stammende »**Olivinstein**« wird aufgrund seiner Zusammensetzung und Haltbarkeit als besonders geeigneter Saunaofenstein bezeichnet und empfohlen für die Saunaöfen, die kontinuierlich geheizt werden, besonders für elektrische Saunaöfen.

Ratschläge zur Anwendung von Saunasteinen

Ratschläge zur Anwendung von Saunasteinen – Int. Sauna-Arch. 7 H.3 (1990):

- Saunaofen für **Einmalheizung** – unterbrochene Heizung:
  Große Steine unten, kleinere darauf für die beste Wirksamkeit.
- Saunaofen für **Dauerbeheizung** – ununterbrochene Heizung:
  Möglichst gleich große Steine verwenden, um gute Wärmeübertragung und Luftzirkulation zu erzielen. Bei Elektroheizung Steine nicht zwischen die Heizelemente pressen.

Allgemein:

- Steine sind vor dem Einsetzen in den Saunaofen sauber zu waschen.
- Die langsame Erhöhung der Temperatur schont die Steine. Auch gute Steine zerfallen im Laufe der Zeit: Überprüfung wenigstens jährlich notwendig, Austausch der Steine genügend oft nach Bedarf. Aufguss mit erwärmten Wasser schont die Steine, das Mineralgefüge bleibt länger erhalten.

Steinbedarf
Richtwert

- Der **Steinbedarf** richtet sich nach Ofenkonstruktion und Saunagröße.
  Als Richtwert kann man annehmen:
  - für Öfen mit **fortlaufender Beheizung**

Feuerungsofen	etwa 50 ... 120 kg Steine
Elektro-Ofen 4 ... 7 kW	etwa 15 ... 20 kg Steine, ∅ etwa 50 mm
Elektro-Ofen 8 ... 20 kW	etwa 25 ... 40 kg Steine, ∅ etwa 50 ... 100 mm

  - für Öfen mit **zeitweilig unterbrochener Heizung** bei

10 m^3 Rauminhalt	ca. 100 kg Steine, Lagendicke ca. 200 ... 300 mm
15 m^3 Rauminhalt	mind. 140 kg Steine, Lagendicke ca. 300 ... 400 mm
20 m^3 Rauminhalt	mind. 300 kg Steine, Lagendicke ca. 450 ... 500 mm

unterste Lage ∅ 100 ... 150 mm,
obere Lage ∅ 50 ... 80 mm.

12 Ausrüstung und Zubehör

Durch die Saunahersteller wird das gesamte Sortiment der Saunaausrüstung und des Saunazubehörs angeboten und ist einzeln erhältlich.

12.1 Sauna-Ausrüstung

- Elektro-Öfen mit Steuergerät, Feuerungsöfen mit Zubehör, Ofensteine
- Ofenschutzgitter für Wand- und Eckmontage
- Saunatüren unterschiedlicher Ausführungen
- Saunafenster
- Saunabänke, Banklatten für den Selbstbau
- Bankauflagen in unterschiedlichen Formen
- Rückenlehnen und Zwischenverkleidungen
- Bodenroste aus Holz und Kunststoff
- Saunaprofilhölzer unterschiedlicher Ausführung für den Selbstbau.

Eine Auswahl über die bisherigen Beispiele hinaus bieten die Bilder 12.1 bis 12.5.

Bild 12.1 *Saunasitzbank mit Rückenlehne gleichzeitig als Lichtleiste*
Werkfoto: Tylö, Klaus Schlenker GmbH, Stuhr b. Bremen

Bild 12.2 *Holzrost für Saunafußboden*
Werkfoto: Tylö, Klaus Schlenker GmbH, Stuhr b. Bremen

Bild 12.3 *Saunasitzbank, Rückenlehne und Kopfstütze*
Werkfoto: weka Holzbau GmbH, Neubrandenburg

Bild 12.4 *Kunststoffbodenrost, eine hygienische und strapazierfähige Alternative zum Holzrost*
Werkfoto: Tylö, Klaus Schlenker GmbH, Stuhr b. Bremen

Bild 12.5 *Holzliege in geschwungener Form als Aufsatz für Saunabank*
Werkfoto: Tylö, Klaus Schlenker GmbH, Stuhr b. Bremen

12.2 Sauna-Zubehör

- Saunakübel für den Aufguss in unterschiedlichen Ausführungen
- Fußbadekübel aus Holz in unterschiedlichen Größen
- Schöpfkellen aus Holz und aus Kupfer
- Thermometer, Hygrometer, Sanduhren
- Kräutertöpfe und -schalen für Saunaöfen
- Kopfstützen in den verschiedensten Ausführungen
- Türgriffe aus Holz in den unterschiedlichsten Formen
- Türschließer, unterschiedliche Modelle
- Luftgitter aus Holz und Kunststoff
- Handtuch- und Kleiderhaken in verschiedenen Ausführungen
- Saunahocker und Ruheliegen aus Holz
- Tauchbottiche aus Holz und Kunststoff
- Saunaleuchten in verschiedenen Ausführungen und Lampenschirme aus Holz.
- Fitness- und Massageutensilien.

Bild 12.7 *Kräutertopf, passend für die Saunaöfen Bi-O Max, Bi-O Tec, Bi-O Germanius, Germanius, Fin-Tec und Euro-Max*
Werkfoto: EOS GmbH

Die Bilder 12.6 bis 12.20 geben einen kleinen Einblick in das Angebot.

Bild 12.6 *Holzkübel mit Aufgusskelle aus Holz, Sanduhr, Hygrometer, Thermometer, Baderegeln,*
Werkfoto: weka Holzbau GmbH, Neubrandenburg

Bild 12.8 *Fußbadekübel, rustikal aus Holz – nur für Familiensauna*
Werkfoto: Tylö, Klaus Schlenker GmbH, Stuhr b. Bremen

Bild 12.9 *Sauna-Hygrometer, Sauna-Thermometer*
Werkfoto: Tylö, Klaus Schlenker GmbH,
Stuhr b. Bremen

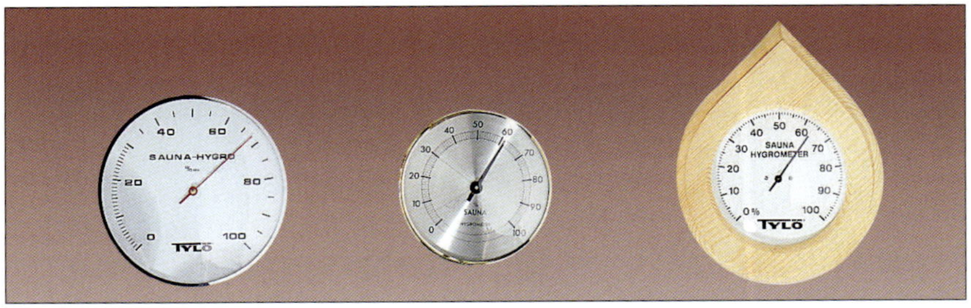

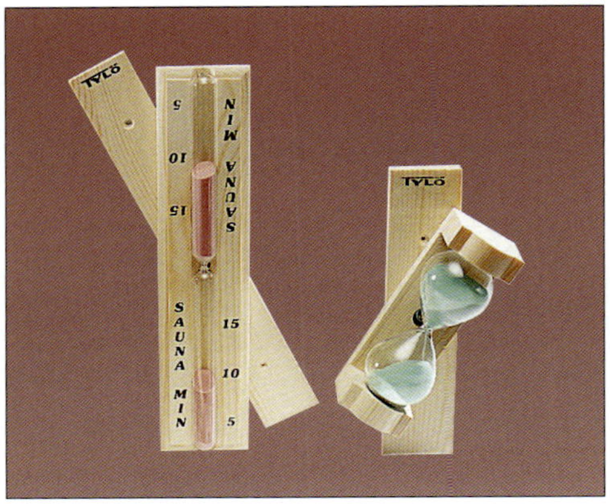

Bild 12.10 *Sauna-Sanduhren*
Werkfoto: Tylö, Klaus Schlenker GmbH,
Stuhr b. Bremen

Bild 12.11 *Kopfstützen aus Holz:*
1 höhenverstellbar
2 breitere Stäbe, geschwungene Form
3 schmale Stäbe, weiche gerundete Form
Werkfoto: Tylö, Klaus Schlenker GmbH,
Stuhr b. Bremen

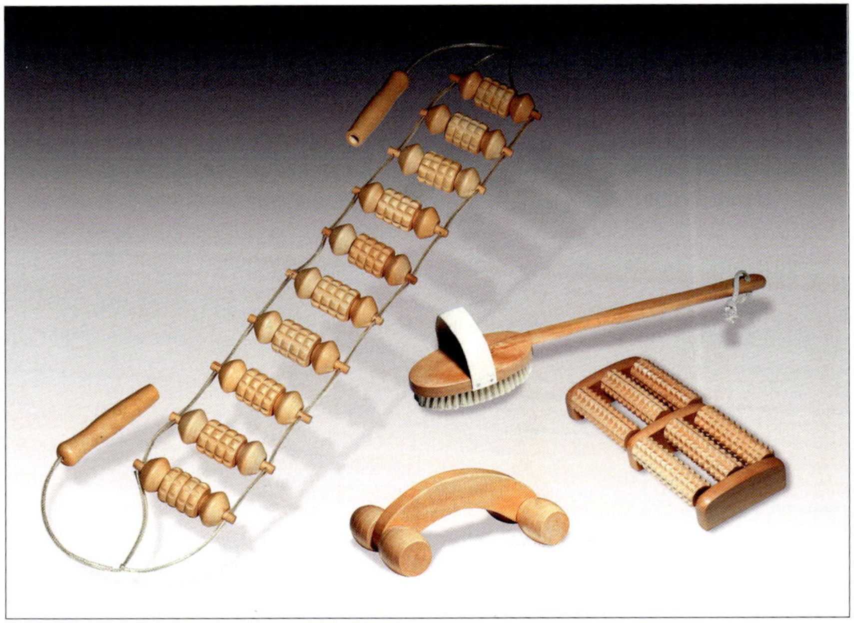

Bild 12.12 *Fitness-Fußmassageroller, Massageroller aus Holz, Rückenmassageband, Rücken-Körper-Massagebürste,*
Werkfoto: weka Holzbau GmbH, Neubrandenburg

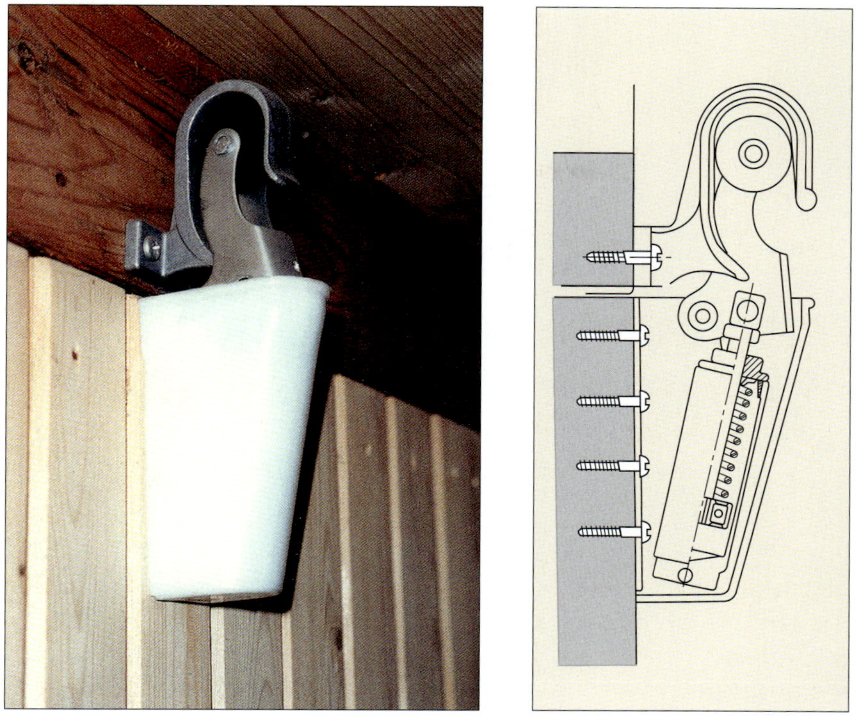

Bild 12.13 *Hydraulischer Obentürschließer. Rechts: schematische Darstellung Anbieter Tylö, Klaus Schlenker GmbH, Stuhr b. Bremen, Foto: Höckert*

Bild 12.14 *Rustikaler Türgriff aus massivem Holz, Werkfoto: Tylö, Klaus Schlenker GmbH, Stuhr b. Bremen*

Bild 12.15 *Dekorativer Türgriff, profiliertes Holz, Werkfoto: Tylö, Klaus Schlenker GmbH, Stuhr b. Bremen*

Bild 12.16 *Saunatür mit Mehrfachfalz und Rollverschluss*
Werkfoto: weka Holzbau GmbH, Neubrandenburg

Bild 12.17 *Schieber für Zuluftöffnungen aus Holz für Kabineninnenraum, Luftgitter aus hitzebeständigem Kunststoff für außen*
Werkfoto: Tylö, Klaus Schlenker GmbH, Stuhr b. Bremen

Bild 12.18 *Saunaleuchtenverkleidung in verschiedenen Ausführungen aus Holz*

Bild 12.19 *Saunaleuchte mit Kupferschirm in Raummitte, Foto: Höckert*

Bild 12.20 *Saunaleuchte mit Kupferschirm in Funktion – angenehme indirekte Raumausleuchtung*
Ausführung: FINNJARK GmbH & Co.KG, Foto: Natur-Therme Templin

Saunahersteller und Handelsfirmen für Sauna-Bau, -Ausrüstung und -Zubehör, die dem Deutschen Sauna-Bund e.V. angeschlossen sind.

Aquapower
Bahnhofstraße 63, 56299 Ochtendung
Tel. 02625 9586-91, Fax 02625 9586-93
E-Mail: info@aquapower-krautkraemer.de

Aqua-Technik GmbH & Co. KG
Visbecker Straße 52, 27793 Wildeshausen
Tel. 04431 9960-30, Fax 04431 996-033
E-Mail: info@aquatechnik.de
Internet: www.aquatechnik.de

Arche-Sauna Mülhausen GmbH & Co. KG
In der Stehl 1, 56729 Ettringen
Tel. 02651 7100-0, Fax 02651 7100-1
E-Mail: archesauna@freenet.de

Arend-Saunabau GmbH & Co. Betriebs KG
Werrastraße 18, 37242 Bad Sooden-Allendorf
Tel. 05652 958850, Fax 05652 4924
E-Mail: Arend-Saunabau@t-online.de
Internet: www.arend.de

AROSA Saunabau GmbH
Siemensstraße 13, 85080 Gaimersheim
Tel. 08458 32299-0, Fax 08458 32299-22
E-Mail: info@arosa-gmbh.de
Internet: www.arosa-gmbh.de

Atlas Saunabau GmbH
Alleestraße 27, 53721 Siegburg
Tel. 02241 60110, Fax 02241 67045

B & N Naturbäder OHG
Eichengrund 14
49525 Lengerich
Tel. 05484 96290-24, Fax 05484 96290-25
Internet: www.bn-naturbaeder.de

B & R Saunabau Ried KG
Am Wasser 4, 34576 Homberg-Caßdorf
Tel. 05681 2180, Fax 05681 60 8211
E-Mail: info@br-saunabau.de
Internet: www.br-saunabau.de

B + S Finnlandsauna
Industriestraße 15, 48249 Dülmen
Tel. 02594 9650 Fax 02594 96590
E-Mail: info@bs-finnland-sauna.de
Internet: www.welt-der-sauna.de

Bagros GmbH Schwimmbad-Sauna-Whirlpool-Solartechnik
Am Taubenbaum 17a, 61231 Bad Nauheim
Tel. 06032 9713-60, Fax 06032 9713-62

Balnea Erlebnisbäder GmbH & Co. KG
Eichfeldstraße 13a, 83339 Chieming,
Tel. 08664 98450, Fax 08664 984510
E-Mail: info@balnea.de

Baum's Holzteam GmbH
Nothberger Straße 66, 52249 Eschweiler/Rheinland
Tel. 02403 20064, Fax 02403 36544
E-Mail: info@baums-holzteam.com
Internet: www.baums-holzteam.com

Becker & Niemeyer Planungsbüro
Zum Rochusberg 3, 49143 Bissendorf
Tel. 05402 984704, Fax 05402 98 4705

Paul Bemberg GmbH & Co. KG
Biegelstraße 14, 74336 Brackenheim
Tel. 07135 98700, Fax 07135 13601
E-Mail: Saunabau@Bemberg.de
Internet: www.bemberg.de

blub life-Freizeitartikel GmbH
Am Delf 33-35, 26160 Bad Zwischenahn
Tel. 04403 94800, Fax 04403 948050
E-Mail: info@blublife.de
Internet: www.blublife.de

Chemoform GmbH & Co. KG
Heinrich-Otto-Straße 28, 73240 Wendlingen
Tel. 07024 92030-0, Fax 07024 92030-200
E-Mail: info@chemoform. de
Internet: www.chemoform.de

Corso Saunabau GmbH
Ringstraße 13, 49134 Wallenhorst
Tel. 05407 2044, Fax 05407 2043
E-Mail: info@corso-saunabau.com
Internet: www.corso-saunabau.com

Dittrich
Hamburger Frachtweg 8, 19079 Banzkow/Schwerin
Tel. 03861 301996, Fax 03861 301986

Saunafachgeschäft E. Döpp
Hauptstraße 131, 58332 Schwelm
Tel. 02336 14340, Fax 02326 81630

DORENA Freizeitanlagen GmbH & Co. KG
Münchner Straße 26, 82140 Olching
Tel. und Fax 08142 28018
E-Mail: info@dorena.de
Internet: www.dorena.de

Dufek Schwimmbad & Saunaspaß
Rupertistraße 23, 84524 Neuötting
Tel. 08671 71460, Fax 08671 73589
E-Mail: info@dufek.de
Internet: www.dufek.de

DWT Wassertechnik GmbH
Döckritzanger 8a, 06193 Sennewitz
Tel. 034606 279-0, Fax 034606 279-26
E-Mail: info@dwt-wassertechnik.de
Internet: www.dwt-wassertechnik.de

Schwimmbad-Sauna-Handel Ecker
Finkenweg 4, 53721 Siegburg,
Tel. 02241 68663, Fax 02241 52228
E-Mail: info@ssh-ecker.de
Internet: www.ssh-ecker.de

Egelner Fenstertechnik M. Wipperfürth
Wiesenstraße 1b, 39435 Egeln
Tel. 039268 3227-12/13, Fax 039268 2387
E-Mail: egelner-tischlerei@t-online.de

ege-Fensterbau GmbH u. Co. KG
Im Dorfe 12 a, 21228 Harmstorf
Tel. 04105 869685
EHA-Werk Ewald Hildebrandt GmbH & Co KG
Feldstaße 30, 44867 Bochum
Tel. 02327 9917-0, Fax 02327 9917-29
E-Mail: kontakt@eha.de
Internet: www.eha.de
Elsässer GmbH Eliga Saunatechnik
Alpenstraße 48, 86159 Augsburg
Tel. 0821 257970 Fax 0821 257974-0/44
E-Mail: info@elsaesser.de
Internet: www.eliga.com
EOS-Werke Günther GmbH
Adolf-Weiß-Straße 43, 35759 Driedcrf
Tel. 02775 82-0, Fax 02775 82-431
E-Mail: info@eos-werke.de
Internet: www.eos-werke.de
Fasel GmbH Elektronik
Am Galgenacker 3, 79232 March-Buchheim
Tel. 07665 92410, Fax 07665 41139
E-Mail: info@fasel-gmbh.de
Internet: www.fasel-gmbh.de
Dieter Fekken
Am Delft 29-31, 26160 Bad Zwischenahn
Tel. 04403 4427, Fax 04403 1599
E-Mail: feros@t-online.de
FINNJARK GmbH & Co. KG Sauna Dampfbad
Spaldingstraße 110, 20097 Hamburg
Tel. 040 336147, Fax 040 234831
E-Mail: info@finnjark.de
Internet: www.finnjark.de
Finnleo Sauna GmbH
Hauptstraße 27, 34593 Remsfeld
Tel. 05686 257, Fax 05686 273
E-Mail: info@finnleo.de
Internet: www.finnleo.de
FINNSA GmbH
Marburger Straße 35, 36304 Alsfeld
Tel. 06631 9688-0, Fax 06631 9688-96
E-Mail: info@finnsa.de
Internet: www.finnsa.de
Finsterbusch Saunabau
Annaberger Straße 341, 09125 Chemnitz
Tel. 0371 7711222, Fax 0371 7711223
E-Mail:info@sauna-pool.de
Internet: www.sauna-pool.de
Sauna Franz
Am Rieddächle 6, 71549 Auenwald-Hohenweiler
Tel. 07191 300423, Fax 07191 56657
E-Mail: info@sauna-franz.de
Internet:www.sauna-franz.de
Saunabau Geiger
Maria-Merian-Straße 4, 73230 Kirchenheim/Teck
Tel. 07021 98033-0, Fax 07021 980333-3
E-Mail: info@saunabau-geiger.de
Internet: www.saunabau-geiger.de
Grabner GmbH
Truderinger Straße 282, 81825 München
Tel. 089 451089-3, Fax 089 451089-44
E-Mail: info @cranpool.de
Internet: www.cranpool.de
Griesbeck-sauna
Seeburg 9, 83564 Soyen
Tel. 08071 94040, Fax 08071 94041
E-Mail: info@griesbeck-sauna.de
Internet: www.griesbeck-sauna.de
Stefan Gückel
Großenhainer Straße 16, 01689 Weinböhla
Mobiltel.: 0712 351 55 50
Josef Hartmann Schreinerei
Sauna und Wintergartenbau
Am Eichet 2, 86633 Neuburg-Rödenhof
Tel. 08431 47033, Fax 08431 3198
E-Mail: hartmann-sauna@t-online.de
Heinrich Hautzenröder Holzhaus- und Saunabau
Lanzenhainer Straße 26, 36358 Herbstein
Tel. 06643 229, Fax 06643 597
Internet: www.haroe-sauna.de
Herrmann, Otto-HOLZ & SAUNA
Holzstraße 17, 88339 Bad Waldsee
Tel. 07524 40430, Fax 07524 404040
E-Mail: mail@ herrmann-gruppe.de
Internet: www.otto-herrmann.de
Hilpert GmbH u. Co. KG Keramik Kachelofenbau
Nobelstraße 4, 36041 Fulda
Tel. 0661 92808-0, Fax 0661 92808-70
E-Mail: info@hilpert-fulde.de
Internet: www.hilpert-fulda.de
Martin Hoffmann Handelsunternehmen
Langenhaus 1a, 42369 Wuppertal
Tel. 0202 4660987, Fax 0202 4603941
E-Mail: helgi@wtal.de
Internet: www.helgi.de
Holz-Schödel GmbH u. Co. KG Holzgroßhandlung
Oelsnitzerstraße 87, 95028 Hof/Saale
Tel. 09281 7377-0, Fax 09281 7377-77
E-Mail: holzfachmarkt.hof@holz-schoedel.de
Internet: www.holz-schoedel.de
Hüttner GmbH Sportstätten und Saunaanlagen
Jahnstraße 2, 74182 Obersulm
Tel. 07134 960-10, Fax 07134 960-11
Jansen
Bachstraße 24, 52538 Gangelt-Breberen
Tel. 02454 6641, Fax 02454 8680
K. Jockers GmbH, Sauna Bau
Siemensstraße 16, 67454 Haßloch
Tel. 06324 92430, Fax 06324 80974
E-Mail: info@jockers.de
Intenet: www.jockers.de
Regina Kapfinger Verkauf von Saunaanlagen
Solarium Schwimmbad
Franz-Kobinger-Straße 9A , 86157 Augsburg
Tel. 0821 436589, Fax 0821 436592

Kemmlit-Bauelemente GmbH
Maltschachstraße 37, 72144 Dusslingen
Tel. 07072 1310, Fax 07072 131150
E-Mail: info@kemmlit.de
Internet: www.kemmlit.de

Kentrup
Industriestraße 10, 48653 Coesfeld-Lette
Tel. 02546 98052, Fax 02546 98054
E-Mail:info@kentrup.de
Internet: www.kentrup.de

M. Kerl
Am Höhlacker 3, 95326 Kulmbach
Tel. 09221 83370, Fax 09221 2455

Klafs Saunabau GmbH & Co. GmbH
Erich-Klafs-Straße 1 – 3, 74523 Schwäbisch Hall
Tel. 0791 501-0, Fax 0791 501-248
E-Mail: info@klafs.de
Internet: www.klafs.de

Klumpf GmbH Schreinerei
Berner Straße 47, 60437 Frankfurt
Tel. 069 5076667, Fax 069 5076757
E-Mail: info@klumpf.de
Internet: www.klumpf.de

Knüllwald HELO Sauna GmbH
Hüttenmühle, 34593 Knüllwald-Wallenstein
Tel. 05686 998-0, Fax 05686 998-147
E-Mail: info@knuellwald-sauna.de
Internet: www.knuellwald-sauna.de

KÖRNER Saunabau GmbH
Balinger Straße 98, 72459 Albstadt, Württ. Laufen)
Tel. 07435 1551, Fax 07435 1011
E-Mail: info@sauna-koerner.de
Internet:www.sauna-koerner.de

Franz Kopotz Saunafachmann
Merscheider Str. 281, 42699 Solingen-Merscheid
Tel. 0212 208773, Fax 0212 17835
E-Mail: info@saunafachmann.de
Internet: www.saunafachmann.de

Laden an der Ladenstraße + sako-sauna-bau + Schwimmbad shop
Drüpplingser Straße 41, 58640 Iserlohn-Drüpplingsen
Tel. 02378 913129, Fax 02378 123382

Mayer-Saunen- und Fertigmöbel
In der Stelle 28, 72810 Gomaringen
Tel. 07072 8180, Fax 07072 60892
E-Mail: mayer-sauna@t-online.de
Internet: www.mayer-sauna.de

MK Sauna und Freizeitbedarf
Schweizerstraße 44, 97526 Sennfeld
Tel. 09721 60318, Fax 09721 60373
E-Mail: info@mk-sauna.de
Internet: www.mk-sauna.de

Anton Müther GmbH
Münsterknapp 17, 45721 Haltern am See
Tel. 02364 93740, Fax 02364 167183
E-Mail: info@muether.de
Internet: www.muether.de

Nößner Robert
Sauna-, Dampfbad-, Solarium-, Fitness-Shop
Rathausplatz 3, 92637 Pirk b. Weiden i. d. Obpf.
Tel. 0961 7317, Fax 0961 5202
E-Mail: Noessner.Robert@t-online.de
Internet: www.mon.de/opf/noessner-haustechnik

OELLERS IMMEX
Produktions- und Vertriebs GmbH & Co. KG
Auf der Komm 1-3, 52457 Aldenhoven/Jülich
Tel. 02464 9906-0, Fax 02464 9906-26
E-Mail: sauna@immex.de
Internet: www.oellers-immex.de

Physioperl Therapie- und Gesundheitshilfen GmbH
Wassergasse 1, 36381 Schlüchtern
Tel. 06661 730900, Fax 06661 730901
E-Mail: info@physioperl.de
Internet: www.physioperl.de

Quelle AG
Thomas-Mann-Straße 50, 90329 Nürnberg
Tel. 0911 1420651, Fax 0911 1420658
Internet: www.quelle.com

RE-KO Freizeibedarf GmbH
Rheydter Straße 64, 41065 Mönchengladbach
Tel. 02161 12099, Fax 02161 12065
E-Mail: info@re-ko.de
Internet: www.re-ko.de

Rensch-Saunabau Renken u. Schröder GbR
Hasenwinkel 20 – 24, 29640 Schneverdingen,
Tel. 05193 6827, Fax 05193 2511
E-Mail: info@rensch-saunabau.de
Internet: www.rensch-saunabau.de

RÖGER GmbH, Sauna- und Solarientechnik
Hardtstraße 41 – 45, 74523 Schwäbisch-Hall
Tel. 07977 73-0, Fax 07977 73-10
E-Mail: sauna@roeger-sauna.de
Internet: www.roeger-sauna.de

Rothfuß & Kugel GmbH
Kreuzweg 10, 72218 Wildberg
Tel. 07054 5600, Fax 07054 8542
E-Mail: info@Kugel-Sauna.de
Internet: www.kugel-sauna.de

RUKU GmbH & Co. KG
Dietenheimer Straße 51, 89257 Illertissen
Tel. 07303 173-0, Fax 07303 173-98
E-Mail: info@ruku.de
Internet: www.ruku.de

Saunabau Hamburg
Wandsbecker Chaussee 37, 22089 Hamburg
Tel. 040 2542756, Fax 040 2512183
E-Mail: mail@saunabau-hamburg.de
Internet: www.saunabau-hamburg.de

SAUNALUX GmbH Products & Co. KG
Altenschlirfer Straße 11, 36355 Grebenhain
Tel. 06644 86-0, Fax 06644 86-299
E-Mail: info@saunalux.de
Internet: www.saunalux.de

SAUNEX-Saunabau GmbH
Steinbrinksweg 20, 31840 Hessisch Oldendorf
Tel. 05152 9510-0, Fax 05152 9510-2
E-Mail: info@saunex.de
Internet: www.saunex.de

SCHÄFER Sauna CORSO GmbH
Ringstraße 13, 49134 Wallenhorst
Tel. 05407 858584, Fax 05407 858486

T. Scharner GmbH Schwimmbad-Anlagen
Berliner Heerstraße 5, 38165 Lehre-Wendhausen
Tel. 05309 9901-0, Fax 05309 9901-50
E-Mail: verkauf@scharner-gmbh.de
Internet: www.scharner-gmbh.de

R. Schindler Schwimmbadbedarf
Kirchstraße 22, 73119 Zell
Tel. 07164 909383, Fax 07164 909382
E-Mail: Schindler.Schwimmbadbedarf@t-online.de
Internet: www.info@schindler-shop.de

Schneider's medizinische Badezusätze
Bosenheimer Straße 18, 55546 Hackenheim/Bad Kreuznach
Tel. 0671 68727, Fax 0671 73137
E-Mail: info@saunabedarf-schneider.de
Internet: www.saunabedarf-schneider.de

Seltmann Tischlerei & Saunabau
Dorfstraße 28, 04618 Göpfersdorf
Tel. 037608 22882, Fax 037608 22881
E-Mail: info@tischlerei-seltmann.de
Internet: www.seltmann-tischlerei.de

Sevri Sauna Fritz Seebauer
Am Zeller See 2, 86633 Neuburg a. D.
Tel. 08431 6707-0, Fax 08431 6707-49
E-Mail: info@servi-sauna.de
Internet: www.sevri-sauna.de

Silgmann GmbH & Co. KG
Traunsteiner Straße 16, 83395 Fürth
Tel. 08654 2132, Fax 08654 66672
E-Mail: info@silgmann.com
Internet: www.silgmann.com

Sixtus-Werke GmbH u. Co.
Urtlbachstraße 3, 83727 Schliersee
Tel. 08026 6096-0, Fax 08026 6096-60
E-Mail: info@sixtus.de
Internet: www.sixtus.de

SKAN-Sauna
Kohlenstraße 1, 34335 Hann. Münden
Tel. 05541 99 9840, Fax 05541 99 9839
E-Mail: info@skan-sauna.de
Internet: www.skan-sauna.de

H. Stremming, Saunabau
Gröblingen 73, 48231 Warendorf
Tel. 02581 64 00, Fax 02581 67 44

Steinfeld, Uwe Euro-Matic Kugeln
Steinbergstraße 12, 37216 Witzenhausen
Tel. 05542 932912, Fax 05542 71487
E-Mail: info@euro-matic.de
Internet: www.euro-matic.de

t. t. timme Schwimmbad Sauna Solarium GmbH
Berliner Straße 112, 38104 Braunschweig
Tel. 0531 372023, Fax 0531 373053
E-Mail: info@timme.de
Internet: www.timme.de

TEKA-Saunabau GmbH
Auf dem Dreisch 9, 334346 Hann. Münden
Tel. 05541 7090-0, Fax 05541 7090-50
E-Mail: info@teka-sauna.de
Internet: www.teka-sauna.de

Topras GmbH
Beethovenstraße 46, 85591 Vaterstetten
Tel. 08106 99583-20, Fax 08106 99583-21
E-Mail: info@topras.de
Internet: www.topras.de

Tylö Saunafreizeit Klaus Schlenker GmbH
Gottlieb-Daimler-Straße 30 – 34, 28816 Stuhr
Tel. 0421 8776126, Fax 0421 8776132
E-Mail: info@tylo.de
Internet: www.tylo.de

Uslarer Badeland
Zur schwarzen Erde, 37170 Uslar
Tel. 05571 925980

Frank Veith
Zeitzer Straße 77, 04600 Altenburg
Tel. 03447 313440, Fax 03447 313440

Waßmann GmbH Klempnerei
Bassumer Straße 62, 28816 Stuhr-Brinkum,
Tel. 0421 802222 , Fax 0421 891597

weka Holzbau GmbH
Johannesstraße 16, 17034 Neubrandenburg
Tel. 0395 42908-0, Fax 0395 42908-88
E-Mail: info@weka-holzbau.de
Internet: www.weka-holzbau.de

Wille Sauna GmbH
Lange Straße 28, 34593 Knüllwald/Remsfeld
Tel. 05681 930339, Fax 05681 930319
E-Mail: willesauna@t-online.de
Internet: www.wille-sauna.de

Heinz Witt Sanitärgroßhandlung
Ruschenstraße 37, 45133 Essen-Bredeney
Tel. 0201 424250 Fax 0201 422550
E-Mail: sauna-witt@arcor.de
Internet: www.witt-essen.de

WOLU Sauna Vertriebs GmbH
Neumarkter Straße 74, 81673 München
Tel. 089 454910-0, Fax 089 454910-90
E-Mail: info@wolu.de
Internet: www.wolu.de

QUELLENVERZEICHNIS

Bücher und Artikel

Anschriftenverzeichnis von öffentlichen Saunabädern in Deutschland, 12. Auflage, Deutscher Sauna-Bund e. V., 2000

Berghahn, Wolfgang: Schumann, Horst: Sauna-Handbuch. Das große Buch rund ums Schwitzen, Berlin: Trescher, 1992

Diem, Walter: Das Saunabuch. (Medizin und Gesundheit) Hamburg: Rowohl: TB, 1990

Gehrke, Axel: Sauna, Dampfbad, Whirlpool. Vergleichende experimentelle Untersuchungen der Wirkungen auf cardiovaskulere und endokrine Parameter, Stuttgart: Hippokrates, 1989

Gensow, H. J.: In der Hitze liegt die Kraft, Saunaregeln. Deutscher Sauna-Bund e. V. Zeitschrift CORON EXCLUSIV plus, Heft 1, 2002

Helamaa, E.; Äikäs, E.: Das Geheimnis des guten Löylys (The secret of good Löylys). Annuals of Clinical Research, 1988

Hüllemann, K.-D.: Welche Herz- und Kreislaufpatienten dürfen, welche sollten nicht saunabaden? Internationales Sauna-Archiv, 1988

Internationales Sauna-Archiv, Zeitschrift für Forschung und Praxis des Sauna-Bades und verwandter Fachgebiete

Krauss, Herbert: Die Sauna. 5. Aufl., Berlin: Sport und Gesundheit, 1991

Prokop, Ludwig: Sauna heute, Ärztliche Ratschläge. 2. Aufl. Wien: Perlen-Reihe 1992

Sauna; Sonderausgabe der Annuals of Clinical Research, 1988

Saunabetrieb und Bäderpraxis, Schriftenreihe, Heft 1, 1997

Seng, H.-H.: Heiße Stimmungen. Schriftenreihe Gastronomie, Heft 1/2, 2001

Schweinitzer, E.: Das Verhalten des Blutdrucks und der Schweißelektrolyte während des Saunabades bei Normaltonikern und Hypertonikern. Dissertation, Medizinische Fakultät der Freien Universität Berlin, 1981

Schwimmbad und Sauna; Schriftenreihe, Heft 7/8 und 9/10, 2000

Tiefenbrunner, F.: Forderungen des Hygienikers an den Saunabau und Saunabetrieb. Gesamte Hygiene, 1988

Regelwerke

(Aktuelle Änderungen beachten!)

DIN 18024, Teil 2; Bauliche Maßnahmen für Behinderte und alte Menschen in öffentlichen Bereichen

DIN 4102; Brandverhalten von Baustoffen und Bauteilen

Arbeitsstätten-Richtlinien (ASR)

Arbeitsstättenverordnung – ArbStattV

Unfallverhütungsvorschriften (VBG)

Staatliches Regelwerk der Unfallversicherungsträge

- Sicherheitsregeln für Bäder (GUV 18.14 oder ZH 1/111)
- Richtlinien für die Verwendung von Ozon zur Wasseraufbereitung (GUV 18.13 oder ZG 1/474)
- Merkblatt Bodenbeläge für nassbelastete Barfußbereiche (GUV 26.17/18)

Anbieterdetails/Bilder

RÖGER GmbH, Sauna- und Solarientechnik
Schwäbisch Hall

FINNJARK GmbH und Co. KG.; Sauna Dampfbad
Hamburg

Saunabau Geiger
Nürtlingen

Steinfeld, Heinz H. und Uwe Euro-Matic Kugeln
Witzenhausen 11 – Dohrenbach

Finnleo Sauna Produktions & Vertriebs GmbH
Remsfeld

NaturTherme Templin GmbH
Templin

Tylö Saunafreizeit Klaus Schlenker GmbH
Stuhr

Weka – Saunawelt
Neubrandenburg

SACHWÖRTER